古代朝鮮

井上秀雄

講談社学術文庫

序

明日香村高松塚古墳から、みごとな壁画が発見されたのは一九七二年三月のことである。この壁画の発見は古代の日朝関係に関して空前のブームをまきおこしたのであった。ブームである以上、それには数多くの問題点をはらんでいることはいうまでもないが、一九七一年七月の米中会談発表以来の東アジアにおける政治状況と無関係ではなかったように思う。

おそらく、これからのアジア諸国と日本との関係を考えようとする人たちにとっては、この壁画を通じて古代の日朝関係が明らかにされることは、たんに過ぎ去ったことへの懐古趣味ではなく、これからはじまろうとするアジア諸国との関係に新たに重要な手掛かりが与えられるだろうと予期したのではなかろうか。歴史の研究目的は未来史にあるとは、ギリシア以来いわれてきたことである。このたびはその歴史の本来の役割を遺憾なく果たしうる絶好の機会であった。

しかし、多くの人々の期待はかならずしも充たされたとはいえない。ブームのもつ特徴とはいえ、歴史研究の限界を越えた猟奇趣味の傾向が強まり、ややもすれば本来の目的が見失われがちになってはいないだろうか。ここでいま一度、古代の日朝関係を私たちがなぜ研究するのか、またその目的にそった研究のためにはどのような方法が必要なのか、を考えてみたい。

結論から述べるならば、古代の日朝関係を考えるのは、これからの日朝関係を考えるよりどころを求めるためのものである。古代は国家や民族が形成されようとする段階で、今日の日本と朝鮮とでの種々な相違が生ずる起点であると考えられるからである。また、その相違の原点が、古代の関係史の中に見いだされると思うからである。

とくに敗戦後、近代の日本がアジア諸国から遊離していただけでなく、侵略戦争を繰り返してきたという反省がおこり、新しい友好関係を結びたいという気運が高まった。それにもかかわらず、アジア諸国から日本はエコノミック・アニマル、経済的侵略者とみられ、はては軍国主義復活とまでいわれて、国際関係のむつかしさに困惑している。

どうしてこのように、日本人の気持ちとアジア諸国との間に大きな溝ができたままになっているのであろうか。この溝が埋まらないかぎり、日本とアジア諸国との友好関係が前進しないことは明らかである。それには何が問題なのであろうか。

高松塚壁画古墳の問題が発掘以来時間がたつにしたがって、ややもすれば本筋から離れようとするのは、ひとえに私たちの研究の態度に問題があるのではなかろうか。

たとえば、壁画の源流を求めるために朝鮮の壁画がしばしばとりあげられる。しかし、それはただ日本の壁画と類似しているか否かということにとどまり、朝鮮の壁画そのもののもつ芸術的な価値や歴史的な意義などに関心が発展しないのはなぜだろう。また、日本の古代国家成立には朝鮮諸国との関係がきわめて密接であることは、中学校の教科書以来、繰り返し聞かされてきたことであろう。それだのに、どうして当時の朝鮮の歴史の展開について無関心でいられるのだろうか。

私は、今日アジア史の研究が日本でなされなければならない理由のもっとも重要なことは、アジアの理解を日本人的な発想で受けとめるのでなく、アジアの歴史の中から、日本の歴史研究に欠落しているものを学ぶことだと考えている。

アジア大陸から隔絶された島国で、恵まれた風土の中で展開された歴史や、その歴史の中で作られた日本人の感覚は、良きにつけ悪しきにつけ、きわめて特殊なものになっている。とくにアジアの他の民族の一般的な国際感覚は日本国内の社会感覚とかなり大きなへだたりがある。そのことをよほど積極的に意識していないと、アジアの歴史を日本人的な感覚でのみ受け取ることになってしまう。それではアジアを理解するのでなく、アジアを日本人の発想で括《くく》ることにしかならない。

むろんアジアの歴史の中から学ぶということは、ただたんに、アジア諸地域の研究者の意見を鵜呑みにすることではない。この点で心に残ったことは、一九七二年十月七日、天理大学で行なわれた朝鮮学会でのソウル大学教授金元龍《キムウオルリョン》氏の講演である。同氏は盗掘をまぬがれ完全な姿で発掘された百済の武寧王陵発掘の責任者であり、韓国の代表的な研究者でもある。

同氏の武寧王陵発掘の講演は懇切丁寧で、そのうえ明快なものであった。しかし、同氏はきわめて謙虚に、「韓国の考古学研究は軌道に乗りはじめてまだ十数年であるので、日本の研究者の意見を聞きたい」といわれ、講演後、武寧王陵やその時代についてお互いに率直に話しあうことができた。この氏の態度からも、学ぶということは、たんに受動的に他人の意見を聞くことでなく、自分の能力のおよぶかぎりの努力をして、意見を充分整理したのちに、謙虚に自説の欠点を指摘してもらうことであることだと教えられた。

ところで敗戦後、植民地時代の朝鮮史研究は、厳しい批判に繰り返しさらされた。たとえば、朝鮮総督府を中心とする植民地政策やその上に成り立っていた当時の考古学的学術研究は、ほとんど日本人研究者によって独占され、朝鮮人学者には重要な発掘調査などの機会が与えられなかった。したがって、戦前の研究は一方ではその水準の高さは認められながら、結局は研究のいっそうの深まりや拡がりを持ちえず、さらには歴史研究の根幹であるべき、その地に生きる人々の未来に何かを資するということができずに終わったといえる（戦前の朝鮮史研究については有光教一「半島に埋もれた文化交流の謎を掘る」『半島と大洋の遺跡』新潮社、一九七〇年、を参照されたい）。

解放後、朝鮮人研究者による発掘調査等が進められるにつれ、地域住民の支援が広がり、さらに朝鮮人全体の関心が高まるにつれ、遺跡等の存在も広範かつ多数知られるようになった。また遺物の解釈も、朝鮮の風土や民族的感覚に即応した説明が加えられるにつれて、古代史の全体像も次第に具体的に究明されつつある。たとえば、北朝鮮を代表する文化遺産の一つである壁画古墳の発見は、戦前は十六ヵ所にすぎなかったが、今日では四十ヵ所〔補注〕を越えるといわれている。また武寧王陵は、朝鮮考古学最大の発見といわれるが、これまた朝鮮における考古学的関心の拡人がその発見の基礎となったといえよう。

こうした事実を見る時、一国の文化水準、学問の発展がいかに民族の独立と不可分に結びついているかを考えざるをえない。戦前の研究に対する批判も、そこにあった。その批判の基本は、日本の研究者が侵略者としての立場を捨て、朝鮮を対等な民族と考えねばならないという点にあった。

しかし、このような単純明快なことが繰り返し問題となったこと自体が注意をひく。このような繰り返しは、日本人にとって、異民族を対等な存在として考えることが、いかに困難なことであるかを教えている。このような思想的な混乱が、研究者のみならず一般社会人にも広く見られた。

そのうえ、東西の対立が朝鮮を分断し、いっそうその混乱が増大すると、社会的には朝鮮問題はタブーとして避け、研究者もまたその風潮に従って、研究から遠ざかる者が少なくなかった。一九六五年に日韓条約が妥結すると、日本人は再び大韓民国へ利潤を求めて進出した。この時期も、条約妥結の反対運動が一時的にもりあがったけれども、政治・経済上の責任追及のみで終わり、日本人全体のもつ異民族観にまで遡ることはほとんどなかった。

今日、南北朝鮮では政治・社会・思想などの面で対立しているにもかかわらず、民族的な立場で自主的な統一をしようとしている。このことは私たちも長年期待してきたことであり、世界の政治状況が大きくかわろうとしているとき、もっとも先駆的な役割を果たす世界史的な意味をもつものである。一方、人類史上まれにみる平和国家樹立を日本は国是（憲法）としている。しかし、このことの実現は世界史を根底から変革する重大な事業であり、日本が孤立してなしえることではない。

さいわい、もっとも近い朝鮮でも、南北の平和的統一という世界史的な事業にとりくみ、その成果に学ばねばならないもののあることを予測するとともに、この日本の国是をもっともよく理解・協力してもらえるのもこの朝鮮ではないかと思われる。ともに世界史的な大事業を抱え、とくに日本の場合は朝鮮などアジア諸国の協力なしにはなりたたない国是を持ちながら、なお朝鮮への理解と関心が充分だとはいえない。

高松塚古墳の調査・研究を機会に、従来若干交流のあった韓国の研究者だけでなく、一九七二年秋にはじめて来日した朝鮮民主主義人民共和国の研究者とも直接学術の交流ができるようになった。私にとっても研究上さまざまな示唆を受けてきた社会科学院歴史研究所所長金錫亨《キムソクキョン》氏と一九七二年十月八日にお話しすることができ、今後の研究に新たな展望をえた。とくに今後、南北朝鮮の研究者との交流が深まるにつれて、日本にその成果がより広く伝えられるとともに、日本の歴史学界にも朝鮮史の研究が正常に発展する機会にめぐまれるであろう。朝鮮史の研究が正常に発展すれば、日本史の研究もまた抜本的な改善が行なわれ、やがてアジア史全体の再構成に通ずる道が開けよう。

本書は以上のようなことを念願しつつ、私の貧しい研究を基礎に、古代朝鮮を概観してみた。

古代史研究は史料が少ないので、考古学・民俗学などの各分野の研究成果を援用し、さらに他地方の研究成果を利用して体系化しなければならない。そのうえ、古代史研究は国家や民族の形成に関心が集中し、ときには理念が優先する。これらのことは必要なことではあるが、史実に優先するわけにはいかない。断片的な史料の多い古代では、その史料の性格を明らかにし、その史料の語る限界を守って、個々の史実を忠実に再現することからはじめる必要がある。そこで戦前の研究をも含めた日本の研究や南北朝鮮の研究成果に導かれながらも、ともかく自分の目を通じて、個々の事実の語るところを尊重し、そのうえで、史実相互間の関連を求めながら古代朝鮮を復原したいと願った。

そうして、可能なかぎり古代朝鮮を支えた人たちの努力やその発展の経過から、私たちの見失いがちな基本的な人間のあり方や社会の構造を求めようと考えたのが本書である。

〔補注〕東潮著『高句麗考古学研究』（吉川弘文館、一九九七年）によれば、高句麗壁画古墳は七十四基を数え、そのうち朝鮮民主主義人民共和国国内に五十一ヵ所、中国吉林省・遼寧省に二十三ヵ所ある。

〔付　記〕本書では特別な場合を除いて、「朝鮮」で統一した。「朝鮮」の名称を使用する理由は、歴史的・民族的な立場で統一を期待しているからであり、学術用語として長く使われてきたからでもある。

現実には今日、大韓民国と朝鮮民主主義人民共和国との二つに分かれているが、これは第二次世界大戦後の大国間の冷戦によって生じたもので、今日では両国政府も統一を共同の目的にしている。本書では、現在の大韓民国地域を朝鮮南部、朝鮮民主主義人民共和国地域を北朝鮮とも記している。

さらに本書では地名・人名のふりがなを、古代関係のものは漢音で、現代のものは現代朝鮮語発音で記した。古代関係のふりがなも、将来は現代朝鮮語発音によるべきかと思うが、本書では日本の実情を考慮して漢音を採用した次第である。

目次

古代朝鮮

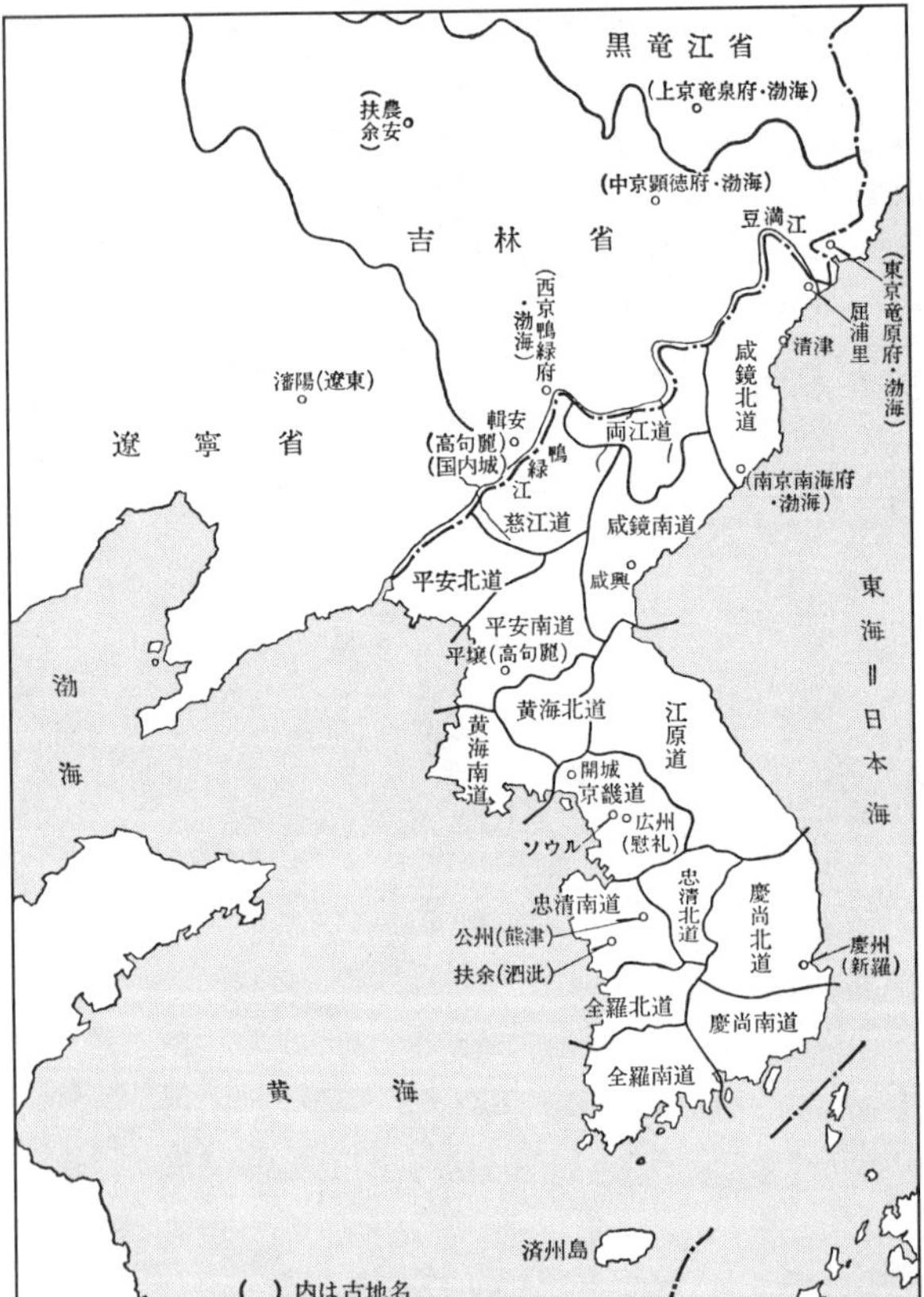
黒竜江省
(上京竜泉府・渤海)
(農安 扶余)
(中京顕徳府・渤海)
吉林省
豆満江
(東京竜原府・渤海)
屈浦里
清津
咸鏡北道
(西京鴨緑府・渤海)
瀋陽(遼東)
遼寧省
輯安(高句麗)(国内城)
鴨緑江
両江道
(南京南海府・渤海)
慈江道
咸鏡南道
咸興
平安北道
平安南道
平壌(高句麗)
東海=日本海
渤海
黄海北道
黄海南道
江原道
開城
京畿道
広州(慰礼)
ソウル
忠清北道
慶尚北道
忠清南道
公州(熊津)
扶余(泗沘)
慶州(新羅)
全羅北道
慶尚南道
全羅南道
黄海
済州島
( )内は古地名
古代朝鮮全図

第一章　初期の朝鮮

1　原始社会

旧石器時代

一九六二年、朝鮮の東北端、中国東北部・ソヴィエト（現・ロシア）との国境をなして流れる豆満江《トウマンガン》河口の屈浦里《クルポリ》で旧石器時代の遺物が発見された。一九四九年に日本で最初の旧石器遺物が相沢忠洋氏の手で桐生市に近い岩宿から発見されたのに遅れること十三年である。日本海を越えて、ナホトカ・ウラジオストックを一五〇〜二〇〇キロにのぞむこの地から発見された旧石器は後期の搔器・削器・尖頭器・敲打器・剝片石器などで、およそ数万年前のものと推定されている。

朝鮮に旧石器人の存在した痕跡は、すでに一九四〇年、直良《なおら》信夫氏によって報告されている。しかし、当時は日本に旧石器文化の存在が知られていなかったため、この報告は学界で認められなかった。さらに当時、日本の考古学者は朝鮮人を遺跡の調査・研究に参加させず、そのため、朝鮮考古学研究は住民の協力を得られない考古学研究であり、さらに、学界の定説をもって新事実の発見さえも拒否される状態であった。戦前の植民地政策がいかに学問の発展をさまたげたかを示している。

屈浦里の発見からさらに二年後の一九六四年、韓国西部、黄海にそそぐ錦江《クムガン》流域の石壮里《ソクチャンニ》からも旧石器が発見された。その後の調査も加わり、今日では朝鮮半島全域に旧石器人のいたことがほぼ明らかになった。

新石器時代から鉄器時代へ

朝鮮の新石器時代は、日本の縄文時代と同様、紀元前数千年からはじまる。当時朝鮮で使用された土器は櫛の歯でつけたような文様で櫛目《くしめ》文《もん》土器といい、いまのところ、豆満江・鴨《アム》緑江《ノッカン》・大同江《テドンガン》・漢江《ハンガン》・洛東江《ナクトンガン》などの河川下流域や咸鏡南道《ハムギョンナムド》(注)・慶尚南道《キョンサンナムド》などの海岸地帯などに集中的に分布している。その器形や文様では縄文式土器と異なっているが、文化段階としては対応するものが多い。またときに櫛目文土器の遺跡から縄文式土器が発見されることもあり、朝鮮と日本との交渉がきわめて古くからあったことを示している。

新石器時代後期には無文土器が多く使用され、朝鮮ではその器形からコマ形土器あるいは無文土器とよばれ、日本の弥生式土器よりやや早く、紀元前七世紀にはじまるとも推測されている。この無文土器には大別して三つの地域性があり、西北朝鮮の典型的なコマ形土器の

江華島の北方式ドルメン（左）と金海邑の南方式ドルメン（右）

地域と、東北部の櫛目文土器の影響を残した地域と朝鮮南部とがあげられる。朝鮮南部の薄手の丹塗磨研土器は、北九州のものときわめて類似している。

この時期になると、石包丁などの発見から農耕がはじまったことがわかる。金属器の使用もはじまり、日本より一時期早く青銅器時代をむかえる。前七〜前六世紀以後の青銅器は朝鮮独自のものもあるが、北方スキタイ文化の影響が強いといわれる。この時期に大同江・臨津江《イムジンガン》・北漢江《プカンガン》などの大河の上流域を中心にドルメン（支石墓）があり、前三世紀までつづいた。その後、西暦紀元前後まで朝鮮南部の海岸地帯や洛東江・栄山江《ヨンサンガン》・錦江流域では地上に塊石だけをおく南方式支石墓となり、日本にもこれが伝えられた。

鉄器の使用は西北朝鮮で前四〜前三世紀ともいわれ、北中国の燕《えん》の明刀銭の分布から第二次青銅器文化と鉄器文化の伝来経路は、遼東半島から鴨緑江中流をへて大同江上流にはいり、平壌《ピョンヤン》地方に定着したと推測される。この経路はのちに高句麗の王都となった輯安《しゅうあん》地方を通っていることや、燕からの亡命者満《まん》の移住と建国にもかかわるものとして注目されている。

この時期になると中国文化の影響が顕著にみられ、北方文化の影響が後退する。この時代の細形銅剣の場合は、中国の万里の長城の外側にあたる遼寧省朝陽県十二台営子の土壙墓から発見されたものが祖型と考えられ、これが遼東地方から大同江下流に広まり、前三世紀のころになると、地域的な特色が強くみられ、朝鮮式銅剣となる。この形態が朝鮮半島に分布するとともに日本西部にも伝わった。朝鮮南部（慶尚南北道《キョンサンナムブクト》）から西日本で広くみられる細形銅剣は、西暦紀元前後にはじまるとみられる。

この銅剣の分布と変形の過程でわかるように、当時、〝東夷《とうい》〟といわれた東アジアの諸民族は、中国からの亡命者が伝えた中国文化を、その地方の住民が作りやすく、かつ使いやすいように変形し、ときにはその用途までも変えながら、より遠隔の地に伝えてゆく。中国人の立場からいえば、自分たちの文化を消化しきれず、粗悪・低級な文化に堕落させたと極論するかもしれないが、それぞれの地域で新たな文化を自分たちの社会の要求に応じて変形したもので、むしろ自主的に新文化を消化したと考えてよい。

中国の青銅器や鉄器文化の一部分が伝えられても、すぐ中国式の生活様式にはなれない。まして気候・風土の相違があり、社会的な要求も当然異なっていたので、新しくもたらされた文化を自分たちの生活にあうように利用したのであるから、自主的な文化の受容とみるのが正しい。

（注）道は朝鮮の地方行政のもっとも大きい単位で、中国の省にあたるものである。現在の朝鮮の地方行政単位は道―市―郡―面―里または洞である。朝鮮の道制は高麗成宗十四年（九九五）の十道制設置にはじまる。

原始共同体

この時代の住居は数十センチほどの掘りさげた半竪穴住居で、一辺が五～六メートルほどの隅丸方形の中央に炉をおき、竪穴の周囲に柱をおき、天幕形の屋根をかぶせていた。集落は小高い丘の斜面に五、六個程度の半竪穴住居がある小規模のものであった。

しかし、この小集落が孤立していたのではなく、かなり広範囲の共同体組織があったと思われる。たとえば、長さ一七メートルにもおよぶ長方形の竪穴式住居が発見され、おそらくここは数個ないしは十数個の集落が集会所として利用したと思われる。朝鮮の地形や初期農耕の生産様式から推測すれば、一箇所に多数の人が集中できず、五、六軒程度の小集団で農耕に有利な場所を占めたが、自然流水の利用など生産活動の必要から、数個ないしは十数個の集落がつねに密接な関係をもたなければならなかった。

この集団は農耕儀礼を通じて呪術者を中心とする共同体意識の強い集団で、ときには近隣諸部族との対立もあり、軍事的な集会も必要であったと思われる。ここでいう原始共同体は、一般的な概念の血縁的な社会集団ではなく、史料に即し、地縁的な村落共同体として考えている。

2　古朝鮮

"古朝鮮"と"朝鮮"

記録の上で、あるいは伝承の上で、朝鮮における人間の歴史が問題にされるのは、神話・伝説時代から前二世紀までの古朝鮮《こちょうせん》時代以後のことである。

　現在、古朝鮮の名称は近世の朝鮮王朝〔補注〕（一三九二〜一八九六）にたいし古代の檀君《だんくん》・箕子《きし》・衛氏《えいし》の三つの朝鮮を総称するものとして用いられている。しかし、すでに高麗《こうらい》《コリョ》時代（九一八〜一三九二）から古朝鮮の名があり、この時期には史実としての衛氏朝鮮や中国王朝の植民地朝鮮にたいして、神話・伝説の檀君朝鮮あるいは箕子朝鮮を古朝鮮と呼んでいた。

　檀君神話と箕子伝説は、高麗時代の階級を代表する二大思潮である。檀君神話は一二三一年からはじまるモンゴルの侵入に対抗する全国的な農民の義兵《ぎへい》闘争を基盤とする被支配階級の民族主義的な思潮である。これにたいし箕子朝鮮伝説は、新羅《しんら（しらぎ）》《シルラ》儒学の伝統を継承する高麗時代の儒学家たちが、中国の賢人と尊崇する箕子を礼賛する支配階級の儒教思潮である。

　朝鮮で自国名を朝鮮とするのはこの高麗以後である。しかし、中国での朝鮮の呼称は戦国時代末期に編纂された『管子』（前六四五年死亡の管仲の著。ただしこの部分は前三〇〇年

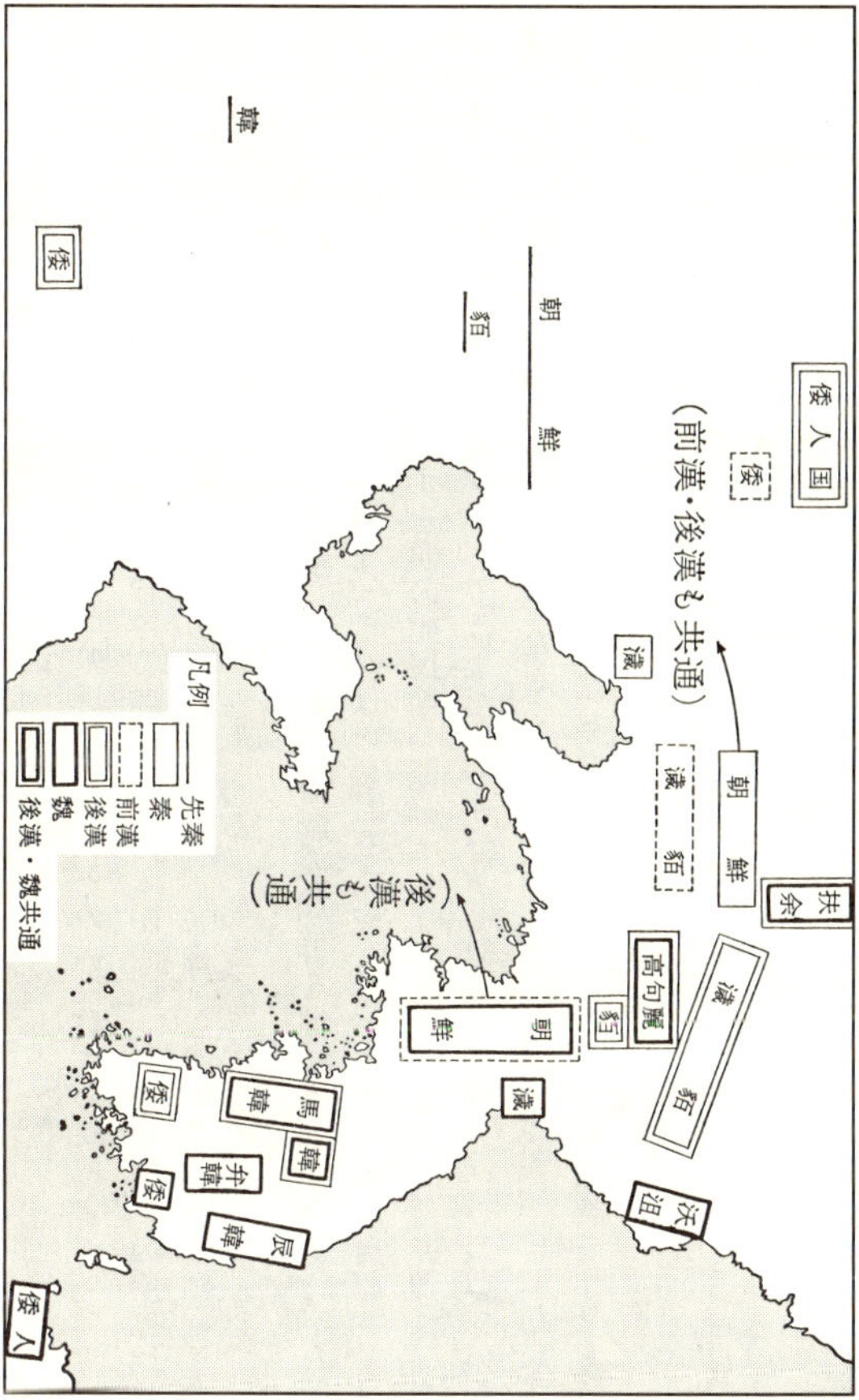

3世紀以前の中国人の東方異民族居住地観

ごろの加筆）や『戦国策』（前漢の劉向《りゅうこう》の校定。ただしこの部分は前二五〇年ごろの記録）に始まり、北方の異民族居住地域――現在の河北省方面――を総称した。

前漢のはじめの『尚書大伝』（秦から前漢はじめの伏生《ふくせい》の『尚書』の講義ノート）で、儒学者の立場から箕子朝鮮説をだし、同じころ編纂された『山海経《せんがいきょう》』（『山海経』の成立は長期にわたる。この部分は戦国末説と前漢初説とがある）や『方言』（前漢末の揚雄の著）では朝鮮の地名が現在の遼寧省方面にあてられている。

『史記』（前一〇四～前九一年、司馬遷の編纂）は武帝が朝鮮を植民地にした前一〇八年からわずか四年後に編纂に着手し、前九一年にはいちおう完成した。そのため『史記』では主として現在の西北朝鮮を中心とする漢の植民地を朝鮮としながらも、戦国時代や漢代前半の朝鮮が混同して用いられている。ここではまだ箕子朝鮮が植民地の朝鮮と結びついていないが、秦代から西北朝鮮を植民地にしていたという歴史的な植民地合理化説がではじめている。これをうけた『漢書』（後漢の班固が八二年編纂）が初めて箕子朝鮮伝説を作りあげたのである。

その後、〝朝鮮〟は後漢・魏・晋の楽浪《らくろう》・帯方《たいほう》二郡に限定して使われるが、中国の思想界では儒教の東方崇拝が出先官僚からの朝鮮賛美と重なって飛躍的に発展し、あたかも歴史的事実のように克明な描写がなされた。三一三年の楽浪郡滅亡以後、中国では〝朝鮮〟の地域名はほとんど使用されなくなった。

なお、今日いわれている衛氏朝鮮《えいしちようせん》は当時用いられた名称ではない。衛氏の〝衛〟はその字義に国境・辺境などという意味があり、その姓氏が不明なためこの字を借用した。また〝朝鮮〟も国名ではなく、前の例と同様地名である。その国名がわからないままにその地名を借用して、三世紀後半の『魏略』（晋の太康年間〔二八〇～二八九〕、魏の郎中《ろうちゆう》魚豢《ぎよけん》の編纂）が造作して衛氏朝鮮と国号に似せて使用したものである。

現在の朝鮮の研究者は、中国人が朝鮮というまえから、これを国名ないし地方名としていたと主張しているが、その具体的な事例をみることはできない。同じように〝倭《わ》〟の呼称が中国人により付けられ、日本に定着するまでには朝鮮以上の変遷があった。さらに〝日本〟の呼称が百済《ひやくさい（くだら）》《ペクチェ》人によって付けられたように、国号として正式に採用するのはそれぞれの国民であっても、その発端は多く外国人によるものなのである。

〔補注〕朝鮮王朝は、一八九七年に国号を大韓帝国と改称し、日本に併合される一九一〇年まで、この国号が使われた。

檀君朝鮮

檀君朝鮮についてもっとも古いまとまった伝承は『三国遺事』(注)の古朝鮮条である。

天神桓因《てんしんかんいん》の子桓雄《かんゆう》は人間世界を治めるため、太伯《たいはく》山の頂上に降りてきた。そのとき同じ穴に住んでいた熊と虎が、桓雄に祈願して人間になるための修行をした。虎は途中で修行を放棄したが、熊は修行をおえて人間の女になった。やがて桓雄と結婚し、檀君王倹《おうけん》を生んだ。檀君は中国の堯帝即位五十年に、平壌城に都し、はじめて朝鮮と称した。国を治めること千五百年で、周の武王が箕子を朝鮮に封じたので、阿斯達《あしたつ》の山神となった。

檀君神話の中核となるこの伝承は、熊が呪術と修行によって人間となり、天神の子を生むというシャーマニズム信仰である。この伝承の源流は高句麗《こうくり》《コグリヨ》や百済の始祖生誕伝承で、中国禹《う》の生誕伝承にも通じ、熊にたいする信仰は、アジア・ヨーロッパ大陸から北アメリカにまで広く分布している民間伝承である。檀君神話も高麗前期までは、平壌地方の民間信仰の一つであったと思われる。

この伝承が広まる十二世紀前半から十三世紀前半にかけては、宮廷貴族政治が崩壊し、武臣の権力争奪がおこるとともに全国的な民乱が長期にわたって続発した。一二三一年にモンゴルの侵入がおこると、高麗武臣政権は都を江華島《カンファド》に移した。騎馬戦に強いモンゴル軍も狭い海峡を渡れず、高麗王朝は安泰であったが、国民をモンゴル軍の蹂躙にまかせることになった。

しかし高麗の国民は各地でこの侵略軍と戦い、支配者の庇護はなくても、自分たちの村を守るため最後まで戦った。このように侵略軍と戦う農民の中に、支配者とは別な愛国心が広範に広がっていったと思われる。その愛国心の象徴が檀君神話なのであった。

そうした事情をふまえたものか、『三国遺事』の檀君神話は、現実の支配者との関係を厳しく拒否している。朝鮮でも日本ほどではないが、建国神話は現実の支配者を認める目的のために語り継がれているのであるが、この檀君神話は現実の高麗王朝はもちろん、高句麗や新羅の王朝とさえ結びつけようとしていないのである。

この神話はきわめて古い朝鮮の史実を伝えるものではない。史実との関連を求めるあまり、この神話の歴史的意味をとらえないで、国家形成の古さや民族形成の早さを誇るのは東アジアの尚古史観によるものではなかろうか。この神話がたとえ一片の史実を含まなかったとしても、支配者に見捨られた高麗農民が、この神話を心の支えとして侵略者と戦ったことにもっとも崇高な歴史的事実があったといわなければならないであろう。

（注）『三国遺事』は高麗の僧一然《いちねん》（一二〇六〜八九）が晩年に編纂した歴史書。『三国史記』（高麗中期の著名な政治家・儒学者の金富《きんぷ》軾《しき》が一一四五年に編纂）に漏れた三国時代の記事を収録したもので、新羅・加羅《から》および仏教史料が豊富である。民間信仰の檀君神話を巻頭にあげたことは、朝鮮の歴史観の特色を示すものといえる。

箕子朝鮮

『史記』（世家第八巻）によれば、前一一二二年に殷の王族の賢人箕子《きし》を周の武王が朝鮮王としたという。箕子は殷の紂《ちゅう》王の暴虐をいさめたが、紂王を説得することができなかった。そこで彼は自分の正しさを主張するのは、君王の悪事を世にひろめることになるといって狂人をよそおった。殷にかわった周の武王は箕子をあがめて家臣としなかった。のちに周に朝貢する道すがら殷の古都にたちより、そのさびれた姿を悲しんで麦秀歌を作ったという。儒教を大成した孔子は、箕子をもっとも代表的な名賢として尊崇した。

箕子朝鮮伝承は中国の儒学者の一学説からおこり、この説を受け容れた楽浪郡の役人たちが本国にたいし、朝鮮を東夷の中でもっとも開けた地域であることの理由づけに、この説を強調したことから、中国人のなかに定着した。さらに中国の朝鮮支配を推進した次の魏の時代に、箕子朝鮮伝説はいっそう拡大し、箕子朝鮮の王統や中国との関係史まで作為された。またこれにつられ衛氏朝鮮の後裔が韓王となり、三世紀になってもなお箕子を祀る人たちが朝鮮にいたという。

このような中国人による箕子朝鮮伝説は、それを朝鮮支配の大義名分としたもので、史実とはかかわりのないことである。朝鮮人で箕子朝鮮の伝承を信じたものは三世紀にもいたが、おそらく、それは楽浪郡・帯方郡の中国人役人と接触をもった朝鮮の豪族であり、特殊な例にすぎない。一般には朝鮮諸国はそれぞれ固有の建国神話をもっていた。

高麗王朝では、儒教の流布と尚古思想の発展によって、箕子朝鮮伝説が広くゆきわたり、平壌に箕子を祀る堂が建てられ、箕子の墓も造られた。十四世紀末に朝鮮王朝が高麗王朝のあとをうけて建国したときには、中国の明《みん》にたいし冊封《さくほう》を受けるとともに箕子朝鮮の例をひいて自治を主張した。その後、朱子学の発展とあいまって朝鮮王朝時代には箕子朝鮮伝説が史実として政策的にとりあげられ、箕子の井田《せいでん》趾をはじめ種々の遺跡やこれに関する著作の刊行までおこなわれたのであった。近代にはいり、ヨーロッパ史学の発展と、中国文化一辺倒であった朝鮮知識人の自国文化再発見にともない、箕子朝鮮の存在は否定されることになった。

このように檀君朝鮮も箕子朝鮮も朝鮮文化を考えるには貴重な資料であるが、史実を示す史料ではない。日本の古代史研究者の中にも、記紀の神話をとりあげて、日本の原始社会を解明できるとするものがいるが、神話はあくまで記紀編纂当時の思想・信仰を示すものとしなければならない。かりにその記述の中に前代の政治状態や社会組織に関するものがあったとしても、それはその時代の理想や現実によって改変され、つけ加えられ、おそらく原形をとどめないまでに変えなければ、長い間、伝えられることはできなかったろう。

朝鮮の場合も同様で、檀君や箕子の朝鮮を史料に即して史実を追究できると思うことはきわめて危険である。科学的にいえば、この時期の朝鮮は考古学的研究の成果を中心に民族学・民俗学・言語学などの成果を加えて推測するよりほかはない。

朝鮮文化を形成した要素は多様で、朝鮮半島に居住した人々のみに限定して考えるべきではない。のちに高句麗人・百済人となった人の中には、中国東北三省にいた南ツングース人系諸民族の活動が目立つ。この地方の文化は前八〜前七世紀から前三世紀ごろに北方のスキタイ文化やアルタイ文化、やや遅れて中国文化に刺戟・影響されて独自の鉄器文化を形成した。おそくとも前三世紀ごろまでには、朝鮮半島全土に影響をおよぼしたが、この地方に住む住民の文化もすでにある程度発展をみせていたので、それぞれの地域で受けとめ方が異なっていた。

また朝鮮南部には中国中部以南の海洋文化もかなり大きな影響を与えている。この時期に古代国家を想定する鉄器文化の発展は認められるが、その規模や内容を推測しうるほど遺物の発見例が豊富でないように思われる。

朝鮮民族の起源

朝鮮の初期国家成立についての文献史料は、ことごとく中国史料によらなければならない。この史料提供者は漢民族の膨張過程で、周囲の異民族を文化程度の低い未開野蛮の種族とみてきた。そして、これら異民族を支配・教化することが、中国支配者の任務であるとの立場で記述されている。

また、漢民族の支配領域の拡大にともなって、東方の諸民族の実態が時代とともに拡大していく。現存の史料からいえば、朝鮮半島の事情が明らかにされたのは前二世紀以後である。それ以前の問題については濊《かい》・貊《はく》・韓《かん》などといった種族名を追究しなければならない。

李址麟《イジリン》氏の『古朝鮮の研究』（朝鮮科学院、一九六三・二）では、これらの種族名を用いた古典をそのまま朝鮮民族の主要な種族と認め、さらに、それ以前の東夷諸民族の中に朝鮮文化の源流を求めようとしている。しかし、これは文献の扱い上、いささか慎重さを欠くものでなかろうか。

漢民族の視野が黄河中・下流域に広がるのは殷末、前十一世紀といわれている。その後、周の勢力圏は一時、北は今の北京付近、南東は揚子江下流域にまで及んだらしい。しかし華北地方はなお異民族の勢力が強く、漢民族の燕国が北京方面に進出するのは前五世紀中葉以後といわれ、前三二三年にいたって、燕は戦国時代の諸国の一つと数えられるにいたった。このような事情から、それ以前の東夷、すなわち漢民族に対抗する東方また東北方の異民族といわれるものが、今日の河北・山東両省方面にいたと思われる。

このような漢民族の支配領域拡大に応じ、彼らの東方の知見も拡大・移動する。三世紀の魏の積極的な東方諸民族との提携政策によって、現在の東北三省・朝鮮・日本の事情がいちおう明確になった。それ以前はこの地方の地名や民族名についてもきわめて流動的で、三世紀の名称を基準に、それ以前の中国文献史料を考えるわけにはいかない。

三世紀の朝鮮では、その北部から中国の東北三省にかけて濊貊《かいはく》系諸族がおり、南部には韓族がいたとしている。そこで従来、濊貊・韓両種族の源流を求めて朝鮮の原始社会の追究がなされてきた。

その中で濊貊に関する研究がとくに盛んで、池内宏氏の説（「佟佳江《とうかこう》流域の先住民と貊・濊貊・濊の称」『満鮮史研究　上世編』所収）までは濊貊を一種族と見ていたが、戦後、三上次男氏は濊貊分離説（「濊人とその民族的性格」『古代東北アジア史研究』所収）をたて、さらに三品彰英氏はつぎにしめすような濊貊の時代的変遷説（「濊貊族小考」『朝鮮学報』第四輯所収）をだした。今日、日本でもっとも進んでいると思われるものは、この三品説である。その要旨を紹介する。

まず濊貊などの民族関係文献を史料としてとり扱う場合、各史料の時代およびその性格に即して、個々に考察する必要がある。先秦時代の貊（貉）は北方民族の総称で、濊は秦代にはじめて現われる北方の一民族名である。漢代になると濊貊という熟語ができ、濊という現実の民族名と古典的な北方諸族の総称の貉とを結びつけて、北方系であることを示した。王莽《おうもう》の時代（在位八〜二三）に大きな変化があり、貉は総称から特定の氏族名に変わり、この時期の濊貊は濊と貉あるいは濊族の中の貉という意味になった。このような史料の記述上の変化によるもので、貊族が東方に民族移動したとするのは誤りである。二〜三世紀の中国文献で貊だけが用いられるときは、かならず鴨緑江流域の高句麗部族をさすようになる。三世紀の濊は民族名で、王莽時代の総称名と混同してはいけない。また漢代初期における濊君南閭《かいくんなんろ》は遼東郡に近い濊族部落の有力君長であったらしく、三世紀の濊

（咸鏡《ハムギョン》・江原《カンウォン》両道の日本海岸）に直結してはならない。漢代で総称的な濊は、三国時代の扶余《ふよ》・高句麗・沃沮《よくそ》・濊を包括する民族名で、これら諸族は本来、同源同系であったが、環境による生活文化の変化がみられる。

このように、漢民族の政治勢力の強弱とこの方面への関心の度合に応じて、彼らにとってこの地方の実情はしだいに明らかになっていった。それにつれて、前代で用いた種族名を前代と同様にはかならずしも使用しなかった。これは中国人の東夷思想にもとづくもので、侵略の対象種族を客観的に把握した記述を期待することはできない。それぞれの時期の侵略王朝が、当面の政策樹立の必要から調査し、その侵略の成果を誇示するために記述された記事であることを、これら史料解読の基本的視点としなければならない。

このような観点からみて、三品説は今日もっとも妥当な学説といえる。倭に関する記事も、じつはこれと同様な性格をもっているのである。しかし、その記事に対する同氏の見解は残念ながら明らかにされないままになっている。

衛氏朝鮮

さきにもふれたように、衛氏朝鮮という名の国はなかった。衛氏朝鮮は、楽浪郡などの前身にあたるが、その国名さえも忘れてしまうほど漢代の中国知識人は植民地朝鮮に対して関心を示さなかった。しかし、周辺の諸民族は尊大な中国知識人の考えがどうであろうと、着々と自分たちの社会を発展させた。西北朝鮮にも中国の燕国からの亡命者満《まん》を中心に、はじめて中国王朝と対等な国家が形成されていった。

このいわゆる衛氏朝鮮についても、後世、中国知識人の関心が朝鮮に向けられるに従って、それぞれの思想を基盤に史実の造作が進められるので、史実を追究するためには、もっとも古い史料を基本に考えるのが安全である。そこで『史記』によって衛氏朝鮮の概貌を述べたい。

朝鮮王になった満は燕国からの亡命者である。これよりさき、燕の全盛期には真番《しんばん》・朝鮮も燕にほぼ服属していた。前二二二年に秦が燕を滅ぼしたとき、この地方は遼東郡の領域外であった。漢が前二〇二年に中国を統一すると、盧綰《ろかん》を燕王とした。ただ朝鮮は遠くて守りがたいというので、前からあった遼東郡の塞《さい》（燕の長城か）を修理し、浿水《ばいすい》（鴨緑江説もあるが、ここでは遼河か）までを燕の領土とした。前一九五年、燕王盧綰が匈奴《きょうど》へ亡命したさい、満は一千余人を率いて朝鮮に亡命し、真番・朝鮮の異民族や、中国の燕や斉からの亡命者を支配して王となり、都を王倹（現在の中国遼寧省遼陽市説もあるが、朝鮮平壌市説をとる）に定めた。

前一九五〜前一八〇年に、遼東太守が満を外臣とし、満に遼東郡外部の異民族を支配させた。そのかわりに異民族を遼東郡内部へ侵入させず、またこの地方の異民族が朝貢するのを妨げないとの約束ができた。そこで満は周囲の村落を侵略し、真番・臨屯《りんとん》などをも服属させて、その領土は数千里四方におよんだ。

満の孫、右渠《うきょ》の時代になると、漢からの亡命者がしだいに多くなった。右渠は漢にいっこうに朝貢しないばかりか、真番周辺の諸国が朝貢しようとするのを妨げた。そこで前一〇九年に漢は右渠と戦い、翌年、これを滅ぼした。

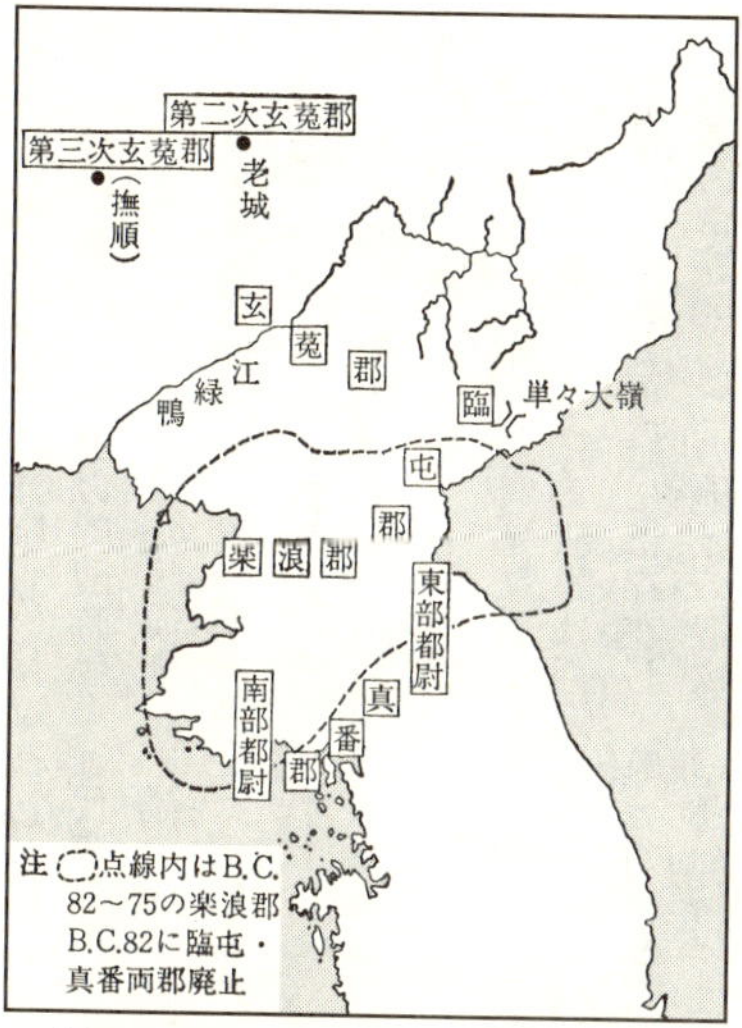

燕国時代の朝鮮および漢四郡の変遷
（李丙燾『韓国史・古代篇』より作図）

この『史記』の記事に若干補足すれば、中国の戦国時代に河北省方面に燕国ができ、前四世紀の後半、昭王（前三一一～前二七九）時代に非常な発展をとげた。前二八四年、将軍秦開《しんかい》は東方に勢力をのばし、造陽《ぞうよう》から襄平《じょうへい》にいたる長城を築き、上谷《じょうこく》・魚陽《ぎょよう》・右北平《うほくへい》・遼東・遼西の諸郡をおいた。

さらに、真番・朝鮮をも服属さ

せたというが、この時期の真番・朝鮮の位置が、漢代以後のものと同一であるとはいえない。『資治通鑑《しじつがん》』（中国の戦国時代～五代末の編年体の通史。一〇六五～八四年、司馬光が編纂したもの）に引用された後漢末の応劭《おうしょう》の説では、真番国はのちの玄菟《げんと》郡としている。後漢末の玄菟郡は現在の遼寧省撫順方面で、前漢時代のそれは中国の吉林省南部から朝鮮の慈江《チャガン》道《ド》方面である。また、先秦時代から漢代にかけての朝鮮については、北朝鮮の学界の遼寧省説と日本の学界の西北朝鮮（のちの楽浪郡方面）説とがある。（注1）この相違はたんに地名比定の差異ではなく、古朝鮮全体の理解の相違による。

北朝鮮の学界では遼寧省方面の金属器発生を中国のそれよりも早く、かつ無関係のものと認定した。ここでは箕子朝鮮は否定されるが、濊貊族による先進的な古朝鮮国家が遼寧地方におそくとも前五世紀には存在し、燕と対立していたと考えている。

日本の学界でもこの地域の遺物・遺跡の特異性を認めてはいるが、中国文化の受容による変質とみている。この見解の是非は科学的な諸分野の検討をまたねばならないが、文献学上では両説ともに一面的といわねばならない。

すでに述べたように、前漢時代の中国での〝朝鮮〟の使用法は三種類ある。第一は先秦時代の用法に起因する燕に接した東方の異民族であり、第二は漢代に侵略した西北朝鮮であり、第三は儒教の東方賛美に便乗して、漢の植民地を美化ないしは正当化するために作為された箕子朝鮮である。北朝鮮の学界は地域的に第一説をとり、日本の多くの説は第二説を固守し、いずれも朝鮮の呼称が多様に分化していたことを認めていない。

北朝鮮の学界では、この時期をすでに強大な古代国家の成立した時代と見ているが、その根拠としてとりあげた「犯禁八条」は箕子朝鮮の伝承記事で信憑性の乏しい史料である。さらに、これにつづく刑法二条――殺人者は死刑。傷害者は賠償。窃盗者は奴婢とする――を奴隷所有者階級の存在を実証するものとしている。しかし、この刑法三条は、原始的な共同体機構の強固な社会に広く認められる刑法で、奴隷社会の実証にはならない。むしろ、その社会組織の基本は共同体の色彩の強いものといえよう。しかし、三上次男氏の指摘する[注2]ように、中国より渡来・定着した豪族たちも加わり、政治的にはかなり広範囲の部落連合体をなし、衛氏朝鮮の政治基盤となっていたと思われる。

（注1）北朝鮮の学界の通説は改訂版『朝鮮通史』上巻、一九六二年刊による。
（注2）「朝鮮半島における初期古代国家形成過程の研究」（『古代東北アジア史研究』所収）

3　漢人支配と自立への道

衛氏朝鮮の滅亡

前二〇〇年といえば、日本が縄文時代から弥生時代に移りかわったころである。そのころ日本の社会では大きな変化が起こっていた。今までは自然に生えている木の実をとり、若草を摘み、自然の獣を求めて狩猟するなど、何千年も続いた自然物採集の生産から、しだいに米作農業に移りかわりつつあった〔補注〕。朝鮮海峡をへだてた朝鮮南部でも、少し前からこのような生産の大転換が行われつつあった。

　生産の仕方が変わることで、やがて社会のしくみも変わってゆくが、それでもまだ特定の人たちが武力を背景として人々を働かせる権力支配といった社会にはなっていなかった。しかし、現在の西北朝鮮や中国の遼寧省方面では、ちょうどこのころから、この権力支配がはじまり、原始的共同体社会を守ろうとする人たちと支配者との間に、激しい対立と抗争が始まっていた。

　中国の戦国時代後半から、燕を中心とする北部中国と朝鮮の諸族との間で交易が開かれ、前一九五年、燕国が漢と対立し滅亡すると、燕人満が土着勢力やそれ以前に渡来した中国人を結集して、西北朝鮮に衛氏朝鮮を建設した。この段階では、まだ中国の統一王朝漢が朝鮮に直接政治勢力を拡大していなかった。

　前一二八年、衛氏朝鮮に反対する濊君南閭《かいくんなんりょ》たちが、二十八万人を率いて遼東郡に降った。漢の武帝は滄海《そうかい》郡をおいてこの地方を支配しようとしたが、失敗におわった。その理由を『史記』や『漢書』では滄海郡への道路建設の困難さにもとめているが、おそらく南閭たちが衛氏の支配をきらって漢に服属したにもかかわらず、その使役が過酷で、しかも自立できないなどの不満から、漢への服属をも中止したのであろう。

この濊君南閭の支配する社会はいかなるものか不明であるが、衛氏朝鮮から離れたことも、わずか三年で漢の支配を脱したことも、この社会が中国人支配を受けいれなかったことを示している。この地方の政治組織がかなり広範にわたっていたにもかかわらず、中国の支配形態と異なり、その社会構造にも大きな差異のあったことを予想せしめる。この社会・政治形態の相違が次にくる中国の朝鮮四郡の支配に抵抗する原動力とも考えられる。

前一〇九年、漢の武帝は衛氏朝鮮を討った。これは朝鮮が匈奴と連合することを怖れたためでもあるが、朝鮮の開発が進んだことに主な原因がある。漢は四方に勢力を伸ばし、強大な世界帝国を建設したが、すでに開発の進んだ地域が植民地として有利であることを知っていた。そこで衛氏朝鮮に対する交渉も最初から強圧的・挑発的な態度でのぞんだ。朝鮮王右渠は、山東半島の斉から渤海湾を渡った海軍と遼東郡の陸軍あわせて五万の大軍を迎え撃ってこれを破り、さらに七千人の海軍をも撃破し、漢に一時侵略を停止させるほど大打撃を与えた。

漢の武帝は和戦両様の策をとったので、朝鮮の大臣に内応する者さえ現れた。戦闘ではしばしば漢軍が破れ、容易に朝鮮を服従させることができなかった。やがて大臣や将軍があいついで漢に降り、翌年、右渠は内応の大臣尼谿相参《にけいそうさん》の家臣に殺されたが、なお大臣成巳《せいし》は王城を死守し、容易にこれを降すことができなかった。彼もまたのちに内応者に殺害され、ようやく漢は朝鮮を支配することができた。

衛氏朝鮮は滅亡したが、その際アジア諸地域に強力な侵略をすすめた漢の武帝の軍は再三撃退された。朝鮮王右渠の子長《ちょう》をはじめ大臣路人《ろじん》・韓陶《かんとう》・参《さん》、将軍王唊《おうきょう》など王族・貴族があいついで漢に降ったにもかかわらず、長期にわたって漢軍と戦えたのはなぜであろうか。後世の例からいえば、このような王族や中央貴族には中国の支配権力に従属する傾向がみられても、地方豪族やこれを支える民衆——各地域の共同体——には自守・自立の傾向が強い。おそらくこの勢力が侵入した漢軍と長期に戦ったものと考えられる。

このような根強い民衆の反抗があったためか、漢は降ってきた王族・貴族を功臣として冊封し、民衆の反抗に備えている。将軍王唊は平州侯に、大臣韓陶は荻直《てきちょく》侯に、同参は澅清《しんせい》侯に、同路人の子最《さい》は涅陽《でつよう》侯に、朝鮮王右渠の子長は幾《き》侯にそれぞれ封ぜられている。しかし、やがてそのうち、参と長とは謀反を起こしたものとして抹殺され、他の三人も彼ら一代でその官位を奪われた。これは漢の朝鮮政策で、前代の王族・貴族を優遇して反抗の手掛かりを与えず、その間に郡県体制を整備し、郡県体制が整備されると、彼等の役割はおわったものとして、その官位を奪っていったのである。

〔補注〕日本最大級の縄文遺跡といわれる青森県の三内丸山遺跡から五千五百〜四千年前の貯蔵穴や、栽培植物、大型竪穴住居跡が、つぎつぎに発見され、縄文時代が自然採取生計でないことがわかってきた。

漢の郡県支配

前一〇八年、衛氏朝鮮の地に楽浪・臨屯・玄菟《げんと》・真番の四郡をおいたという。この四郡の位置については、西北朝鮮から元山湾《ウォンサン》地方に限定する説と、朝鮮半島のほぼ全域におよぶとする説とにわかれる。私は前者の説をとりたい。

前八二年には真番・臨屯両郡が廃止され、その一部が玄菟・楽浪二郡に吸収された。このとき玄菟の郡治が高句麗県（現在の中国吉林省通溝）に移された。さらに前七五年、玄菟郡が遼東郡に吸収され、高句麗の西北の玄菟城（現在の中国遼寧省老城・興京方面）に名目のみが残された。このような郡県の消滅や移動の原因を『魏志』東夷伝は、この地方の住民が郡県の支配を嫌って抵抗したためであるとしている。また『後漢書』東夷伝には、この地方の風俗がしだいに悪化し、法律もかつての八条から六十数条にふえたとしている。

ここに見える法律の増加は郡県の官僚からみれば治安の悪化であるが、この地方の住民からみれば共同体の秩序を破壊するのが郡県支配である。この支配と戦って共同体を守ることはこの地方の住民にとって、たんに旧秩序を維持したいという感情論ではなく、郡県支配の収奪に対応できるほどの生産力をもたないところに根ざした抵抗であったと考えられる。

郡県支配を強行しようとする場合、生産様式を根底から改めさせる権力＝軍事力が必要になる。郡県側の立場からすれば、強大な軍事力を投入することによる財政の支出は、それに見あうものがなければならない。たとえば、その支出が直接郡県の収奪に見あわないとしても、この地方の異民族が匈奴などと連合して漢本土を襲撃する危険を除去するとか、できればその地方の住民を中国文化に同化して、領土を拡大するなどの利益がなければ、郡県を維持する必要はなくなる。

この地の住民からすれば、郡県支配の収奪と旧秩序の破壊が、地域住民により多くの幸福を与えうるものであるならば、郡県支配を歓迎したであろう。しかし、郡県官僚の支配意識や政策には地域住民に対する配慮が欠如し、住民の反抗とこれを抑圧する法律の増加となった。ときには地方勢力が郡県支配を排除するのに成功したことさえあった。

このような郡県支配による共同体秩序の破壊とこの郡県勢力を排除するため、従来の共同体を越えた広範な地域住民の政治的な結合とが、この地方の住民に部族連合国家から小国家への発展をもたらしたものと考えられる。さらに、小国家が連合する気運さえ生じたのであろう。

前七五年に事実上、玄菟郡が崩壊し、遼東郡内に名目的に玄菟郡が作られ、鴨緑江中流域が郡県支配から脱した。このことからただちに強大な国家が成立したとはいえないにしても、高句麗建国の素地になったことだけはたしかである。現存最古の朝鮮の歴史書『三国史記』が高句麗の建国を前三七年としたことはそのまま史実と認められないが、高句麗の建国が前一世紀中葉とすることには賛意を表したい。

『漢書』王莽《おうもう》伝によれば、西暦八年、王莽が漢を倒し、新国を建てると、四方に使節をだした。このときすでに高句麗は扶余とともに外臣の印綬を与えられ、その独立が承認されている。ついで一二年、王莽は匈奴を攻撃するため高句麗に出兵を要求した。しかし、高句麗王騶《すう》（高句麗の始祖東明王朱蒙《しゅもう》の別名鄒牟《すうむ》の略）はこの出兵を拒否したので、王莽は高句麗を討ち騶を斬った。このとき新国の厳尤《げんゆう》は、王莽の出兵に反対して次のようにいっている。

高句麗人が法を犯し従わない。王の騶も異心をもっている。そこで郡県に命じて彼らを慰撫するのがよろしい。今やたらに反逆の罪をきせると、本当に反乱を起こすだろう。そうすれば、扶余の諸種族もきっとこれに同調する。まだ匈奴を征服しておらず、そのうえ、扶余や濊貊（高句麗や朝鮮北部の諸族）もまた反乱を起こす。そうなれば大変な事態になるだろう。

王莽は厳尤の言葉に従わず、高句麗を討ち騶を斬ったが、厳尤のいったように、この地方の諸族がいっせいに反乱を起こし、さらに、南方の異民族まで反乱を起こした。このように、中国周辺の諸族は政治的統一がなくても、条件によっては、中国の権力にたいする反対運動で統一される。その範囲はきわめて広く、北方の匈奴から東方の濊貊にかけてだけでなく、西方の羌《きょう》・氐《てい》、南方の滇《しん》・閩《びん》にまでその影響がおよんでいる。このことから中国の侵略にたいする広範な運動が起こったからといって、ただちに統一国家を想定するのは、必ずしも妥当な見解とはいえない。

後漢の異民族政策と郡県支配の変質

新を亡ぼし、漢を復活した後漢《ごかん》は軍備を縮小し、植民地政策を変更した。西暦三〇年、楽浪郡の中国人系在地豪族王調《おうちょう》が反乱を起こし、半年以上も楽浪郡を占拠した。この反乱を契機に、地方豪族を県侯とし、一部の郡県を侯国として、その内政の自治を認めた。これは後漢の政策だけでなく、朝鮮諸族の発展を示すもので、王調の反乱でも、郡吏が彼の命令に従わねばならないほど、在地勢力が政治的に発展していたためである。

四四年になると、朝鮮南部の国家形成が進展し、楽浪郡に朝貢するものが現れた。ついで五七年にも朝鮮南部の倭(注)・韓族の朝貢が伝えられている。

後漢時代は朝鮮半島の支配にほとんど関心を示さず、楽浪郡の組織も在地の豪族を主体としたもので、実質的な中国の郡県支配は、遼東郡に移ったといえる。遼東郡の支配の実態は朝貢による服属異民族の利益と武力討伐とを組み合わせたものである。

たとえば『後漢書』祭肜《さいとう》伝によれば、遼東太守に着任後八年、彼は北方の鮮卑《せんぴ》族を招いて財宝を与え、朝貢するように説得した。この誘いに応じた鮮卑の大都護偏何《へんか》に朝貢品を上まわる賜物を与えた。これを伝え聞いた高句麗などは、敵対行為をやめ、あいついで朝貢し土産の貂《てん》の皮や良馬を献じた。そこで後漢の世祖は通例の賜物の倍も与え、彼らを懐柔した。朝貢貿易の利をさとった偏何たちは遼東郡に協力を申しこんだ。そこで祭肜は彼らに匈奴の襲撃を命じ、中国の伝統的な異民族政策である異民族間の対立抗争を起こさせる政策をとったという。

後漢の東方政策が各地の在地勢力を認め、積極的な懐柔政策をとった目的は匈奴対策であった。そのため朝鮮支配の根拠地は楽浪郡から遼東郡にしりぞいたにもかかわらず、一世紀中葉には朝鮮南部の韓・倭が遼東郡に朝貢したという。前漢から新にかけての武力制圧より後漢の懐柔政策が、一世紀の段階では成果をあげ、東方諸民族と後漢との対立はなかった。

1〜2世紀の朝鮮

二世紀にはいると、高句麗・扶余を中心に遼東郡との対立が再び起こってきた。一〇五年、高句麗は遼東郡の六県を一時奪ったが撃退され、一一一年には扶余が楽浪郡を攻めた。一一八年には高句麗が玄菟・楽浪を攻め、一二一〜一二二年には高句麗が馬《ば》韓《かん》・濊貊諸種族とともに遼東郡の玄菟城を攻撃している。このとき扶余は遼東郡について高句麗などと戦っている。

高句麗の建国神話によれば、始祖東明王《とうめい》は扶余の王族から出たもので、両国は同一種族ではある。しかし、当時両国はともに遼東郡への進出をはかり対立していた。扶余が北方寒冷の地松花江流域から温暖な遼河流域への進出を望み、高句麗が鴨緑江中流域の山間部から農耕地に恵まれた遼東郡への進出を望むことは、その経済的基盤を拡大するためには当然の要請といえよう。ただ両者が共通の目的をもっていたため、共同して遼東郡に当たりえなかった。その対立を利用するところに後漢の巧みな異民族支配の政策があったといえよう。

ここに見える馬韓や濊貊はそれぞれ統一された政治勢力ではなく、その一部が高句麗の要請にもとづいて遼東郡との戦いに参加したものであろう。しかし、これらは楽浪郡に近接した地域に居住しているにもかかわらず、それをこえて遼東郡との戦いに参加していることを見れば、楽浪郡の実質的な支配力は、玄菟郡と同様ほとんどなかったものといえよう。一三二年、高句麗が遼東郡の西安平県《せいあんへい》（現在の遼寧省安東市《アンドン》付近）で、楽浪太守の妻子を捕らえ、帯方県令を殺害していることからも、楽浪郡が当時遼東郡西安平県方面に移動していたとみることができよう。

一六七年、扶余王夫台《ふだい》は二万の大軍を送って玄菟郡を襲ったが失敗している。翌一六八年には鮮卑《せんぴ》族や濊貊族が幽州・幷州《へい》（現在の河北・山西両省北部・内蒙古南部）に侵入したが、翌年には度遼《たくりょう》将軍橋玄《きょうげん》の支援を得た玄菟太守耿臨《こうりん》によって高句麗軍は破れ、再び遼東郡に従属することになった。

このように二世紀は、扶余・高句麗が互いに牽制しながら遼東平野に進出をはかった時期である。玄菟・楽浪両郡は名目的に存在しているが、実質的には遼東郡に吸収されていた。後漢王朝自身は積極的な東方政策をもたなかったので、遼東郡太守を中心とする郡県勢力と扶余と高句麗との三者の遼東平原争奪期ともいえる。

遼東郡の支配に尽力した後漢では、朝鮮北部の事情についてさえほとんど関心を示していない。まして、朝鮮南部ないしは日本列島への関心はほとんどなかったといってよい。それゆえ、韓・倭の記事は朝貢記事か来襲記事に限られ、それぞれ二度しかあらわれていない。このような『後漢書』本紀――同「東夷伝」は次に述べる『魏志』・『魏略』に依拠した後世の編纂なので、基本的な原典とはなしがたい――からすれば、倭奴国王の金印の真偽を含めて、倭そのものを再検討しなければならない。結論的にいえば、倭・韓は併記され、その所在も明確にしていない。これらが明確な認識をもたれるのは、次に述べる公孫氏遼東郡領有時代になってからであろう。

（注）倭は日本のことだけを指すと考えてきた平安時代以来の考え方は史料にあわない。中国で倭ということも時代によって変化している。前漢時代では北方、現在の内蒙古地方の倭と朝鮮南部の倭とがあったとみられる。後漢時代の倭は北方、朝鮮南部のほかに南方の倭もある。魏・晋時代でも朝鮮南部の倭は日本列島の倭人より中国人にとって確実な存在であった。

〔参照〕拙著『任那日本府と倭』東出版、一九七三年。

4　高句麗の発展

遼東太守公孫氏と初期高句麗

二世紀後半から三世紀中葉にかけて、日本では邪馬台国《やまたい》が成立し、卑弥呼《ひみこ》が登場する時期である。二世紀後半にかなり長年月の動乱がつづき、おそらく三世紀にはいって、戦いに疲れた諸国が話しあったうえで女巫卑弥呼を擁立することになったのであろう。この邪馬台国が成立する過程では種々大陸諸地域の影響を受けたようであるが、間接的影響で受容した文化や、影響を受けた事件にも、かなり国内事情が優先し、受容するかどうか選択できた。

朝鮮では日本と事情がかなり異なっている。朝鮮南部は中国人の関心の薄かったところであるが、それでも中国の植民地政策によっては血を流さなければならなかった。まして、北部の高句麗では遼東平原の領有をめぐって、中国のみならず他の民族とも死闘をくり返さなければならなかった。

発想を異にした文化や行動様式の異なる社会慣習、そしてそれらを背景とした政治的対立は、異民族の場合いっそう凄惨をきわめ、妥協なき対立となった。とくに中国侵略軍は異民族文化を認めず、服従を強要したからである。こうして民族の命運をかけて中国と遼東郡と争うなかで、国家形態を飛躍的に発展させた高句麗および二世紀後半から三世紀にかけての東方諸民族の動向とはどのようなものであったのであろうか。

後漢は一八四年に勃発した大規模な宗教的農民反乱＝黄巾《こうきん》の乱をはじめ、五斗米道《ごとべいどう》といった道教的教義に支えられた民衆反乱などがあいつぎ、王朝は危殆に瀕していた。そしてこの機会に地方豪族もまた反旗をひるがえす者が多かった。それゆえ、遼東郡の支配も事実上放棄されていた。そのため『後漢書』には遼東郡に関する記事は本紀で桓帝の永康元年（一六七）で終わっている。これ以後は『三国史』『魏書』によらなければならず、公孫《こうそん》氏の所伝により記載されている。

このころ玄菟郡太守（長官）であった公孫域《こうそんよく》は事実上自立した。彼はその子豹《ひょう》を早く失ったが、子と同名の将来有望な少年を養子に迎え政権を譲ろうとした。これが公孫度《こうそんたく》である。

公孫度は遼東郡襄平県の出身者であったが、父の延が下級の郡吏となって玄菟城に移任した。彼もまた十八歳で玄菟郡の下級郡吏になった。公孫域に見いだされたのも郡吏の時代であり、彼の後援によってやがて遼東太守になったが、下級官吏出身であったことから郡中の豪族が彼を軽視した。そこで彼は遼東郡の豪族で彼に服従しない者百余家を亡ぼしてしまった。遼東郡では大小百数十の豪族が存在し、その上に郡の太守が彼らの勢力に依存して就任していたのである。公孫度がこの権力構造をどのようにして破壊したかその経過は伝わっていない。おそらく、公孫域の勢力を背景に、権力を確立していったのであろう。

彼は遼東郡の支配権を確立すると、高句麗や烏丸《うがん》を討って勢力を拡大した。しかし遼東郡太守公孫氏と高句麗との関係は、かならずしも対立関係だけではなかった。たとえば、一六九年に、前年、幽州・并州に侵入した鮮卑族や濊・貊族の中心勢力である高句麗を玄菟郡太守耿臨《こうりん》が攻撃し、これを討って降服させ、遼東郡に隷属させた。しかし三年後には早くも高句麗は自立して、遼東郡と対立した。遼東郡の軍隊が高句麗を討つため出兵したが、かえって大敗した。このような攻防がくり返されるうちに、公孫度は高句麗の自立を認め、高句麗もまた遼東との対立を避け、一九〇年には公孫度に従って富山《ふざん》討伐の軍隊を派遣している。

一九七年、高句麗の故国川王《ここくせん》が薨ずると、その兄弟が王権を争った。この時期の高句麗では王位継承がモンゴルのクリルタイ方式(注)をとり、王位継承の選挙権をもつ有力な五部族が王位継承の資格者をそれぞれ擁立し、支援部族の強力なものが王位についた。このとき、発岐《はっき》(抜奇《ばつき》)と延優《えんゆう》(伊夷模《いいも》)とが競ったが、兄発岐を支持する者は涓奴部《けんぬぶ》のみで、他の四部は弟の延優を支持した。

発岐は遼東郡の公孫氏に救援を求めいちおう王位についた。延優はその支持者たちに推されて新国をたて、今の中国吉林省輯安《しゅうあん》に都を移した。発岐はその後、公孫氏によって遼東郡に移住させられ、その子が高句麗国を治めたが、やがて新国に吸収され、新国が高句麗を名のるようになったのである。

この事件は高句麗の国家形成に重大な意味を持つことになった。その内政では高句麗の政治構造が五つの地域をそれぞれ基盤とする涓(消《しょう》)奴部・絶奴部《ぜつぬ》(掾那部《えんな》)・順奴部《じゅんぬ》・灌奴《かんぬ》部・桂婁《けいろ》部の五族であった。この五族は一定の地域を基盤とした部族国家で、高句麗はこの五族を中心とした部族連合であった。この事件を契機として、王都が今の通溝から輯安へ移動するが、地域を基盤とする部族連合国家では王都の移動が五族の勢力分野の変動を意味している。

さらに王位継承法がこの時期から父子相続の傾向をもち、王直属の官僚がしだいに主要な官職につくようになり、土権の強化拡大がみられる。高句麗は滅亡の時期まで、この五族的性格を残すが、官僚体制的な性格を強めた後世の五部制への転機がこの事件であったといえる。

この事件で注目される今一つのことは、発岐が涓奴部の武力を背景に延優を攻撃したが、延優は王宮の門を閉じて兄との武力対決を避けたということである。

発岐の攻撃は三日にわたったが、他の四部など貴族層は発岐を支援する者がなかった。この事件と事情は若干異なるが、『旧唐書』の高麗伝に、高句麗の国政を総覧する大対盧《だいたいろ》が交代するとき、勢力の伯仲する貴族が武力でその地位を獲得する場合もあったという記事がある。そのとき王は宮門を閉じてその争いには介入しなかったという。このことはおそらく、高句麗では以前のクリルタイ方式の王位継承戦が衰え、農業社会における推戴形式の王位継承へ移行する過程を示すものといえよう。

このとき発岐が遼東郡に支援を求めたことは、東方諸国の支配階級が種族内闘争に敗れたとき、しばしばとる方策であるが、この方策は種族内の反発が強く、多くは失敗している。このような方策は種族的な自覚と国力の増大とにともなってしだいに減少していった。

（注）クリルタイとは蒙古語で集会の意味。北方遊牧民族の間では古くから大小の部族集会が行われていた。クリルタイ方式は部族集会で、部族長や国王の候補者選定・選挙・即位・遠征・法令の発布など重要な国政を討議・決定した。

後漢王朝の廃滅と魏の進出

後漢時代後半は、さきにふれたように王朝の朝鮮半島に対する支配機能が低下し、韓族や濊族の勢力が強くなった時代である。そのため楽浪郡の民で韓族居住地域に移住する者が多かった。

公孫度が遼東郡を支配すると、楽浪郡を復興し、さらに東方の濊族や南方の韓族を支配するため、二〇五年ごろ、楽浪郡の屯有《とんゆう》県（現在の黄海北道《フワンヘプクド》黄州《フワンジユ》方面）以南を帯方郡とし、朝鮮南部の倭族や韓族を支配した。この時期の朝鮮南部支配の実態は中国本土の王朝が直接支配したのではないから詳細な記録を残していない。公孫氏の立場からしても、当面の対立勢力は西方の後漢王朝、北方の烏丸、東方の高句麗であって、朝鮮南部の韓・濊・倭の諸種族支配は、せいぜい高句麗を牽制する程度の機能しかもっていなかったと思われる。

時はあたかも、中国史上に名高い後漢末、魏・呉・蜀対立の三国時代であった。

中国北部の魏、南の呉、西の蜀は、魏の曹操の子曹丕《そうひ》が二二〇年に後漢王朝を廃滅したあとも互いに覇権を競った。こうして遼東郡や朝鮮半島に最も近い魏も呉・蜀と対立していたため、東方に対する関心が薄かった。そこで呉王孫権が遼東の公孫氏と国交を開き、魏の背後をおびやかすことになった。公孫氏と呉との国交を知ると、魏は公孫氏の両属政策を激しく攻撃した。

2～3世紀の朝鮮と毌丘倹の侵略要路

二三三年十二月、度の子公孫淵《こうそんえん》がたつと、呉の使者を斬って魏への忠誠を示した。このとき呉の中使秦旦《しんたん》・張群《ちょうぐん》など六十余人が高句麗にのがれ、呉王の詔勅を高句麗の東川《とうせん》王に伝えた。その中に遼東地方を与えてよいとの言葉があったので、東川王は呉国と同盟を結ぶこととした。しかし、二三六年七月に高句麗は呉の使胡《こ》衛《えい》を斬って、その首を幽州に送った。このように高句麗が対呉政策を急変したことは、翌二三七年からはじまる幽州刺史（長官）毌丘《かんきゅう》倹《けん》の東方進出に関連している。

呉王孫権が遼東郡太守の公孫淵や高句麗の東川王と結んで、東方から魏を牽制したことは、魏にとって大きな脅威であった。そこで当時北方の鮮卑族や烏丸《うがん》族を討って勇名をとどろかした幽州刺史毌丘倹に、魏の明帝は遼東郡および高句麗討伐を命じたのであった。同年七月、毌丘倹は公孫淵と戦って勝てなかったが、翌二三八年正月、司馬宣王を派遣し、八月に公孫淵を討ち滅ぼした。このとき、高句麗は魏軍のために一千人の将兵を派遣した。

このとき魏は公孫淵を南方から攻めようと楽浪・帯方二郡をおさえた。こうして魏は後漢以来久しく放置していたこの二郡を復活するとともに、朝鮮南部の韓族諸国や日本の邪馬台国に対して積極的な政策をとったのである。このような魏の政策は当面遼東ならびに高句麗への出兵に対応するものであるが、さらに、東方諸民族との連携を通じて呉国を側面から圧迫しようとする戦略でもあった。

二四四年、幽州刺史毌丘倹が高句麗を攻撃し、その王都丸都《がんと》城をおとしいれた。高句麗は六年前の魏の遼東郡出兵には援軍を送ったが、その後しばしば遼東郡に侵入した。おそらくその理由は、遼東地方に進出しようとする高句麗が魏と連携・支援したにもかかわらず、魏は高句麗の要求を認めなかった。そのため、高句麗は魏と対立するようになったものと思われる。

このような関係は朝鮮南部の韓族と楽浪・帯方二郡との関係でもみることができる。この両郡が復活した当初は韓族の小国王たちが二郡を通じて魏との接触を歓迎し、魏から与えられた印綬や衣服を喜んで着用したという。これは倭の女王卑弥呼の場合も同様であって、当時の朝鮮や日本では中国の王朝と正式な国交を持つことが自己の権威を高めるものと考えられていた。

しかし、高句麗王や韓族の諸首長たちは、魏の政策と利害が対立し、ついには軍事的な衝突さえ起こすことになる。韓族諸国の場合、『魏志』韓伝によれば次のように記載している。

楽浪郡が以前から韓族諸国を支配していた。帯方郡ができて、辰韓諸国をこれが支配するようになったが、そのうち八国を楽浪郡の支配下に移そうとした。その説明で通訳官が誤訳したため、韓族諸国の王が怒り、連合して帯方郡を攻めた。そのとき、帯方郡の太守弓遵《きゅうじゅん》と楽浪郡の太守劉茂《りゅうぼう》とが連合して韓族と戦った。この戦いは激烈をきわめ、帯方郡太守弓遵が戦死するほどであったが、二郡はようやく韓族諸国の連合軍を撃破することができた。

二郡と韓族諸国との対立は、たんに行政区画の変更やそれにともなう通訳官の誤訳程度ではこれほど激しい戦闘にはなるまい。おそらく二郡が韓族諸国に対し、かなり強引な内政干渉をしたことが真の原因であろう。

高句麗の場合は、韓族より国家形態が進んでいただけでなく、早くから遼東地方への進出をはかっていた。魏が本格的な東方支配を行なうようになると、遼東地方はその根拠地になった。そのため高句麗との対立は魏の東方支配のもっとも重要な遼東地方の攻防をめぐるもので、魏の基本的な戦略にかかわるものである。

こうして魏は幽州刺史毌丘倹を派遣し、高句麗王都を占領したのである。翌年、再び毌丘倹は高句麗を攻め、沃沮《よくそ》からさらに粛慎《しゅくしん》（ロシア領沿海州）の南部にいたった。魏の再度の侵入に敗れた高句麗の東川王はほとんど単身で遠く南沃沮（現在の咸鏡南道《ハムギョンナムド》）までのがれた。この王の逃避行にはこれまで高句麗を支えてきた五つの部族国家である五族の支援はなく、わずかに東部の密友と紐由《ちゅうゆ》ら高句麗王直属の五部の家臣だけが活躍しており、戦後の論功にも、土地を持たない彼等に食邑が与えられることになった。すなわち、高句麗の王権が五族に基盤をおく時期から官僚制的性格を持つ五部への過渡期にあたることが知られる。

いずれの地域でも、最初の国家が成立する時期には的確な文献史料がない。中国周辺の場合には主として中国の侵略や中国への侵略が、中国人の記録として残された。しかも中国人の立場も、商人、出先の官吏・軍人、王朝の役人、儒学者などと多様である。たとえば朝鮮や倭などの地名・民族名などが、見方の相違ではなく事実の違いとしてあらわれ、さらにそれを観念的に統一しようとするためいっそう事実から遠ざかっていく。

このような史料的な困難さにもかかわらず、今日の朝鮮文化を築きあげてきた人たちに共通してみえる特徴がもっとも古い時期からみられる。その特徴とは、支配者層が侵略軍に妥協ないし服属することがあっても、民衆は容易に侵略を認めず、これと激しく戦った。また侵略軍との戦いに幾度か大敗を喫しながらも、これに挫けないどころかその敗北を教訓として新たな発展をしてきた。その先端をきったのは高句麗であり、次章でみるように、やがて南部の百済や新羅も同じような苦難の道をきりぬけて、それぞれ初期の国家を形成したのであった。

第二章　原始国家の形成

1　小国家群――馬韓・弁韓・辰韓

『魏志』韓伝

二三八年、魏が公孫淵を亡ぼすと、朝鮮南部の韓族や日本の邪馬台国から使節が朝貢しはじめた。韓族は一時、魏の郡県と対立するが、二四六年、韓の那奚《なけい》等数十国が朝貢をはじめると、再びこの地方との国交が回復した。

魏の東方政策は遼東郡を起点とし、楽浪・帯方二郡を前進基地としていた。前章でふれた二四四年の毌丘倹《かんきゅうけん》の遠征でもわかるように、その政策の対象とする国は高句麗を第一とし、これに付随して扶余・沃沮《よくそ》・挹婁《ゆうろ》・濊《かい》の諸地域にも侵入した。これにたいし、朝鮮南部の韓族地域には積極的な軍事行動をとっておらず、この地方の事情は韓族や倭人の朝貢によって知るにすぎなかった。このような魏の東方に関する関心の相違が『三国志』の中の『魏書』(通説にしたがって、以後、『魏志』と略称する。『三国志』は晋の陳寿が太康年間〔二八〇

〜二八九）に編纂）の関係記事にもあらわれている。

『魏志』で東方諸国のことをまとめたのが「東夷伝」である。その序文に前述の事情とともに、この地方では中国ですでに忘れられた儀礼がなお存続していることと、『史記』や『漢書』の不備な点を補うことをあげている。儀礼が存続しているという前提が箕子朝鮮伝承を大胆に拡大・造作させることになり、前史の不備を補おうとする気負いが、情報源の異なるため各種の史料を列記していた漢代史料を、編者陳寿《ちんじゅ》が自己流に解釈して、一連の説話にしている点に注意しなければならない。このことについて、今西龍氏は『魏志』と同類の『魏略』を批判して、「『魏略』は詳にして正に非ず、『史記』は粗なれども正なりとす」といわれたことが思いおこされる。

『史記』や『漢書』など前漢時代の史料は、さきに述べたように東方諸国の名称がまだ固定せず、史料によって異なったものを同一名称で呼ぶことが少なくなかった。『魏略』や『魏志』ではそれら異質の史料を自己の見解で整理しただけでなく、東方の君主国という儒教的な概念に依存しているところもあるので、これらを注意しながら「東夷伝」の中の韓伝の性格を考えてみたい。

朝鮮南部の韓族は、馬韓《ばかん》・弁韓《べんかん》・辰韓《しんかん》の三韓にわかれていると『魏志』では述べている。しかし、その実態は必ずしも明らかでなく、韓族の亜種が三つに限定されるか否か、またその居住地の比定にも異論がでている。しかし、韓族についてはじめてまとまった記述をした

『魏志』の影響力は大きく、新羅統一以後、長い間、朝鮮のことを三韓と呼んでいた。

韓伝は「東夷伝」の他の伝と異なり、同一種族の記事を四つの項立てにわけている。とくに弁辰伝は二度登場している。また以下でふれるように従来問題とされてきた辰国・辰王の記事が混乱しているし、辰韓の支配国であったとする辰国の記事が辰韓伝にみられず、韓伝や弁辰伝にのみ記載されている。このように記事の混乱している諸韓伝は、倭人伝と同様基本になる記事がなかったため、各種の伝聞記事を列記せざるをえなかったものと思われる。

ここでは、韓伝の中で古くから問題とされている辰国・辰王記事についてまずとりあげたい。韓伝によれば「辰韓はいにしえの辰国である」とし、「辰王は月支《げっし》国を治めている」としている。辰国と辰王との関係を、直接結合する史料はないが、その文字から辰王を辰国王の意味と理解すれば、かつて辰国王が辰韓を支配していたが、魏の時代では馬韓の一国である月支国のみを治めていたといえよう。

このような考え方は弁辰伝の記事にあらわれている。「その十二国は辰王に従属している。辰王はつねに馬韓人を用いてこれにあてている。代々あいついできた。しかし辰王は自立して王となることができなかった」とある。この文章ははなはだ理解しがたく、その十二国とはこれが弁辰伝の記事である以上、当然弁辰＝弁韓の十二国という意味にとられるが、じつはこの文の前に弁韓・辰韓あわせて二十四国の国名が列記されているのである。韓伝の記事全体から推測すれば、その十二国は弁韓ではなく辰韓をさすことになろう。

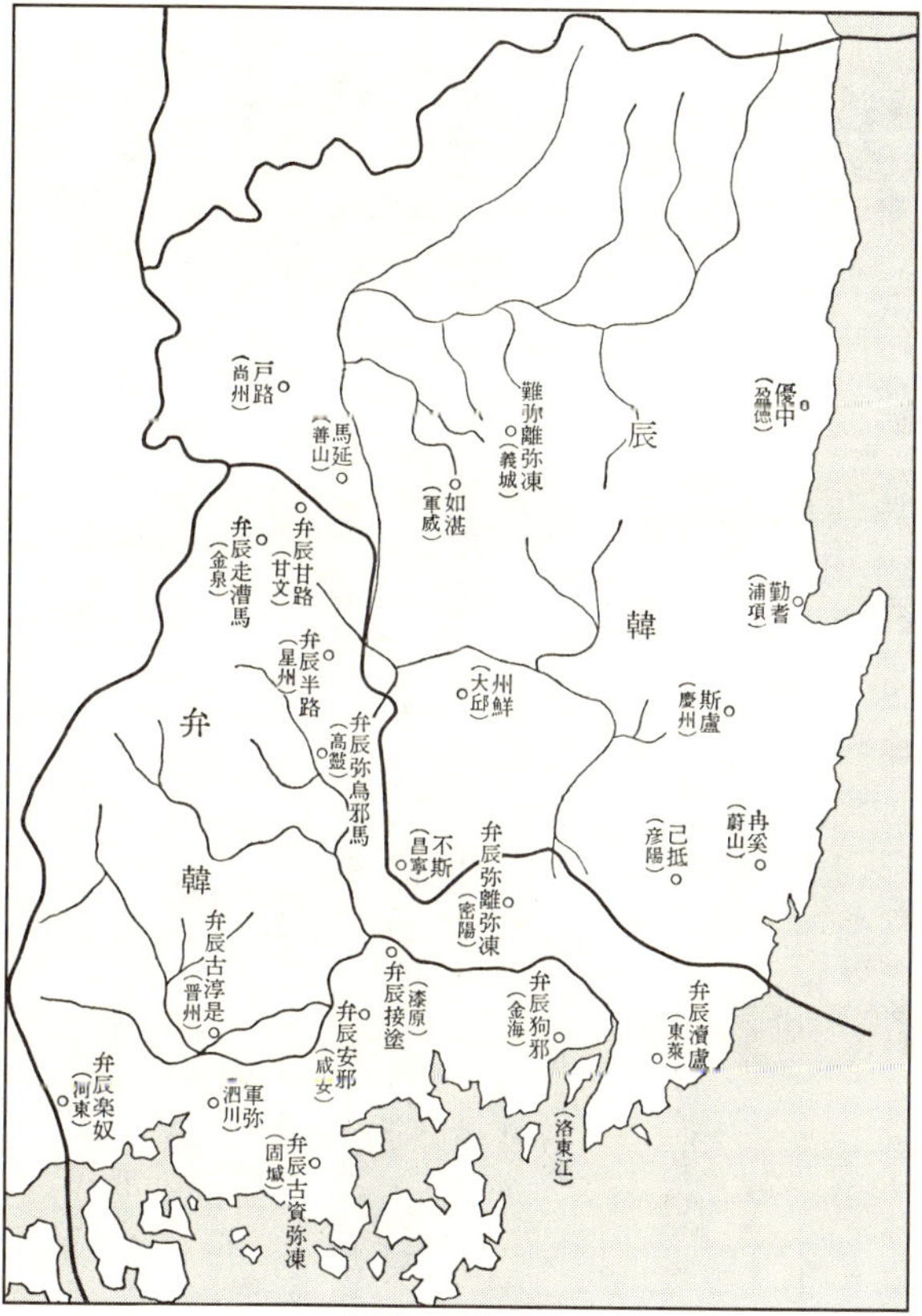

戸路（尚州）
馬延（善山）
難弥離弥凍（義城）
如湛（軍威）
辰
優中（盈德）
弁辰甘路（甘文）
弁辰走漕馬（金泉）
勤耆（浦項）
韓
弁辰半路（星州）
州鮮（大丘）
斯盧（慶州）
弁
弁辰弥烏邪馬（高霊）
冉奚（蔚山）
己抵（彦陽）
不斯（昌寧）
弁辰弥離弥凍（密陽）
韓
弁辰古淳是（晋州）
弁辰接塗（漆原）
弁辰安邪（咸安）
弁辰狗邪（金海）
弁辰瀆盧（東萊）
弁辰楽奴（河東）
軍弥（泗川）
弁辰古資弥凍（固城）
（洛東江）

弁辰韓地名比定図

次に辰韓十二国が辰王に代々従属してきたといいながら、辰王が自立して王となることができなかったとも記している。この記事は一見不合理にみえる。しかし、クリルタイの王位継承方式や新羅の和白《わはく》による王位擁立方式(注1)とも理解できなくはない。『魏志』や『魏略』の編者がこれら特殊な王位継承方式を知っているとすれば、当然その方式について今少し丁寧な注釈があってよいと思う。

このような不可解な記事を追究した三品彰英氏は、『史記』から『漢書』へ伝写される間に衆国を辰国と誤記したことから『魏志』の辰国・辰王説が生じたもので、史実と認めがたいことをしめされた(注2)。朝鮮でも日本でもこの三品説を認める研究者は少ないが、しかし、他にこの三品説を否定しうるほど有力な学説(注3)はないのである。

(注1) 和白は新羅の大等《だいとう》(慶州地方の族長)会議をいう。『新唐書』東夷伝新羅の条に、「事必ず衆と議し和白と号す。一人異にすれば則ち罷む」とあって、全員一致の合議政体であった。おそらく新羅の原始時代からある集落会議に源流するものと思われる。

(注2) 三品彰英「史実と考証」(『史学雑誌』第五五編第一号)

(注3) 今西龍「百衲本《ひゃくのうほん》史記の朝鮮伝に就きて」(『朝鮮古史の研究』)は辰国肯定説で、これに反論したのが注2の三品説である。それ以後の研究者でこの問題を議論した論考はない。

いくつかの疑問

『魏志』東夷伝では、前漢以前の歴史記述で疑わしいものが多い。たとえば韓伝の箕子《きし》朝鮮後裔説もその一例である。

すなわち『史記』や『漢書』では燕《えん》の亡命者満《まん》が朝鮮王になったとき、それ以前の燕・斉《せい》の亡命者や土着民を支配していたという。それが『魏略』や『魏志』になると、箕子朝鮮伝説と結合し、箕子の後裔否《ひ》やその子準《じゅん》の名が作られた。さらにこれをうけた『後漢書』（南朝宋の范曄《はんよう》の編纂）は朝鮮王準を箕子の四十余世の孫とし、また、準が満に攻め亡ぼされたとき、海を渡って韓地に行き韓王と自称したともいっている。『後漢書』では準が馬韓を撃破して韓王になったので、それ以後、馬韓の人が辰王になるのだと、前述の辰王馬韓人説に付会している。

このような韓王説の成立は前漢の『毛詩《もうし》』（前十世紀末～前六世紀初の歌謡を集めた『詩経』に前漢初の毛萇が注解を加えたもの）が前七世紀春秋時代の華北地方における漢人の韓侯と燕国との関係を詠ったものを後漢の『潜夫論《せんぷ》』（一四七～一六七年に後漢の思想家王符《おうふ》が著したもの）が朝鮮の韓族と燕の亡命者満とのことに付会したことにはじまる。

このように、過去の記事が不明確である場合には、同名異種の史料を付会し、合理化しようとする努力は、いずれの時代の歴史家にも共通してみられる現象である。

『魏志』韓伝が現実の問題としてとりあげた点で、重要な二、三の問題を考えてみたい。まずその地理的位置を「韓は帯方郡の南にあって、東西は海であり、南は倭と接している」「韓には三種類あって、馬韓・辰韓・弁韓という。馬韓は西にある」「辰韓は馬韓の東にあ

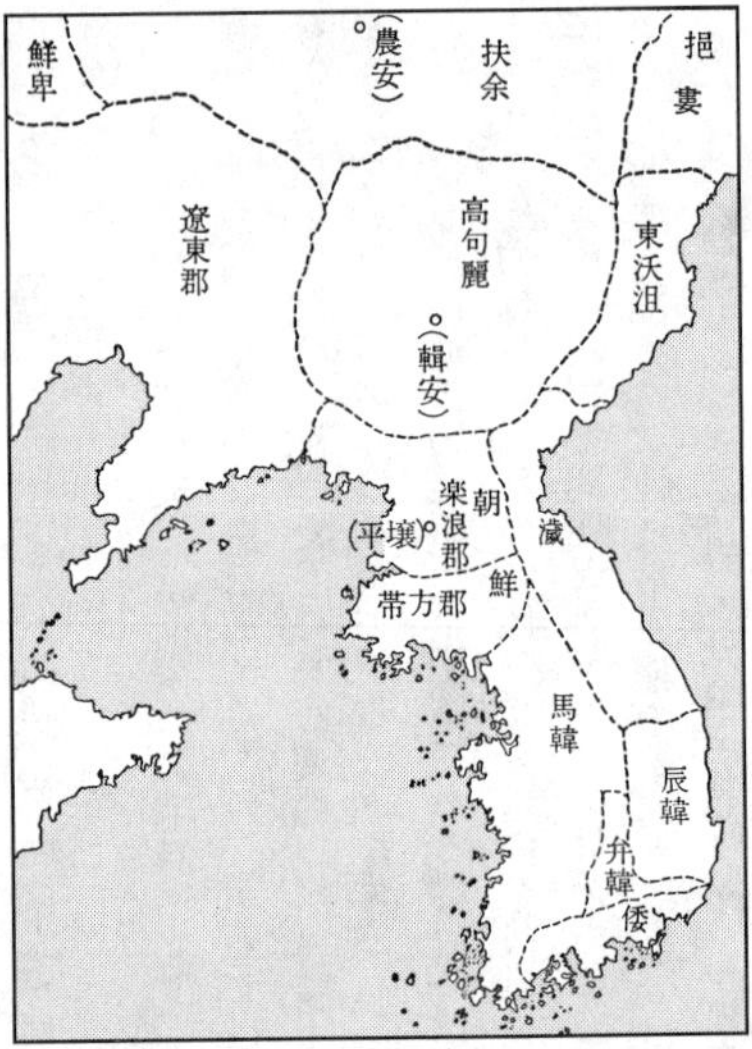

「東夷伝」による諸民族の地理的位置

る」「弁韓は辰韓と雑居している。弁辰の瀆盧《とくろ》国は倭と境を接している」といっている。なお濊伝に「濊は南方で辰韓と接している」ともある。これら「東夷伝」の各条の地理的位置を図示すると上の地図のようになる。

ちなみに『魏志』の編者が考えている倭の地理的位置は二様あって、一つはこの図にみられるように朝鮮半島南端部であり、これとはまったく史料系統の違うものが倭人伝にいう海島の倭である。倭人伝は韓伝以上に混乱しており、その地理的位置も五つの史料系統を異にする記事を併記している。多くの倭人伝研究者が史料系統を異にする記事を合理的に解釈しようとしているが、東夷伝全体の中でこの問題を解明する必要があろう。

魏時代の東方諸民族でいちおう統一国家の形態をとっていたのは扶余と高句麗のみで、他は集落連合国家ないしは地域別の小国家の段階であった。朝鮮半島東北部の沃沮《よくそ》族や東部の濊族は、高句麗の支配下に属することもあって、共同体を基盤とする社会組織が強固であるが、政治的な統一国家を形成するにいたっていなかったのである。

韓族地方の風土

ところで、この朝鮮南部の韓族は、どのような風土、どのような社会を構成していたのであろうか。

まず馬韓の居住地は現在の全羅南北道《チョルラナムブクト》・忠清南北道《チュンチョンナムブクト》および京畿道《キョンギド》の漢江以西の地域とみられる。弁韓はほぼ慶尚南北道の洛東江《ナクトンガン》以西に、辰韓はほぼ同江以東に比定できる。この地方は近世の朝鮮王朝時代に三南（全羅・慶尚・忠清各南北道）の穀倉地帯と呼ばれるほど、農耕に適した気候・風土である。しかし、馬韓地方と辰韓・弁韓地方とではかなりきわだった地形の相違がある。

馬韓地域の東辺は小白《ソベク》山脈にさえぎられ、この地域には車嶺《チャリョン》・蘆嶺《ノリョン》両山脈もあるが、多くは一〇〇メートル以下の高低でつづく丘陵地帯である。これにたいし、弁韓・辰韓地帯は太《テ》白《ベク》山脈と小白山脈に囲まれ、さらに両山脈の支脈が縦横に走っている。そのうえ中央を流れる洛東江は海抜がきわめて低く、その傾斜度は日本で比較的ゆるやかな淀川《よどがわ》に比べても比較にならないほどゆるやかである。

淀川は河口から約七五キロで海抜八五メートルの琵琶湖に達する。淀川の傾斜度は一キロあたり一・一三メートルである。これにたいし洛東江は河口から約一二〇キロの咸安邑《ハマン》で海抜八メートルである。また三〇〇キロ上流の安東市《アンドン》で、洛東江の水位は海抜八〇メートルである。咸安邑までの洛東江の傾斜度は一キロあたりわずか六・七センチで、淀川のそれにくらべ実に十七分の一である。また安東市までの洛東江でもその傾斜度は一キロあたり二六・七センチで、淀川の傾斜度の約四分の一である。

この傾斜度のゆるさは流域の排水を遅らせることになり、その河岸の沖積平野が近代まで農耕地として利用できなかった理由でもある。弁韓・辰韓の小国はかなり上流まで洛東江を避け、その水位より一〇メートル以上も高いところに位置している。

次にこの地方のいま一つの地理的な特色には、盆地や谷あいが多いことである。類型的にいえば、現在の郡、おそらく辰韓・弁韓時代の一小国は、三〇〇〜七〇〇メートル程度の山に囲まれ、その中を五〇メートル前後の丘陵が、各面（郡の下の行政区域。日本の村にあたる）を分断している。各面は二、三の谷あいをもち、その谷あいが農地になっていた。おそらくこの谷あいで水利権をめぐって最初の政治的な団結――しいていえば集落国家――ができ、面程度の地域が集落連合国家の領域となったのである。

農業でもっとも必要な水の利用は、谷あいの傾斜地でもっとも有効に利用される。それだけに水の配分は農民が生活を懸けて争うところであり、農民の実生活で生産と政治が直結する場である。面はそれぞれの谷あいから流れ出た水を再度利用しうる扇状地を含めている。

谷あいと扇状地との水利問題はそれほど深刻ではないが、ときに関連をもつ。

また、洛東江やその支流などによって作られた沖積平野が少しはあるが、この沖積平野を部分的にしろ農地として利用するのは、近世の朝鮮王朝時代になってからである。この沖積平野は四周の山に降りそそいだ雨がここに集中するが、洛東江が超緩傾斜であるため、その雨水はこの沖積平野に停滞する。そのためせっかくの沖積平野が農地にならず、この点が日本の古代農業ひいては古代国家と大きな違いを生じた理由であろう。

日本の学界では四世紀後半、任那《にんな》日本府がこの地方にできたため、六世紀になっても弁韓地域がなお小国家の分立状態がつづいたと説明している。これは日本の学界の研究があまり詳細多岐にわたって進みすぎたため、種々の前提ができ、そのしわよせを朝鮮南部に持ちこみ、その説明のためにこのような任那日本府を作りあげたのである。

あとで詳しく述べるが、任那日本府の名称は五九七年に百済が大和朝廷に国交の再開を求めるため、大和朝廷に迎合する歴史書『百済本記』を記述する際に作った語句である。朝鮮古代史側からいえば、大和朝廷の朝鮮南部侵略を認めなければならない根拠はない。

この地方の小国分立が長期にわたったことは、この地方の地理的条件——山脈による分断と洛東江の超緩傾斜——によるのであって、これを大和朝廷の朝鮮南部侵略の傍証とすることはできない。また河川の水系をたどって国家形成が進展する限界は、その水を農業用水として利用できる場合にかぎられる。一見類似した性格をもつ古代の淀川と洛東江との関係も、国家形成に関連してみるとき、その役割ははなはだ相違する。

前者は国家形成を促進する役割を果たし、後者はそれを阻害する性格をもっている。洛東江は個々の小国を分断するだけでなく、その西岸と東岸が、弁韓と辰韓に分けられるほど厳しい地形条件となっていたのである。

韓族の社会

『魏志』韓伝によれば、三韓地方は濊族地方以北よりも生産力が豊かで人口も多く、馬韓五十余国のうち大国は一万余戸、小国でも数千戸であって、総計十余万戸といわれている。辰韓・弁韓地域は地形的な制約もあって、馬韓より小国の規模がやや小さく、二十四の小国中、大きいものは四千〜五千戸、小さいものは六百〜七百戸で、総計四万〜五万戸であったという。

これらの小国王は臣智《しんち》・険側《けんそく》・樊濊《はんかい》・殺奚《さつけい》・邑借《ゆうしゃく》など固有の称号をもっていたが、魏はこれら小国王に、国の大小や魏との親疎に応じて魏《ぎ（の）》率善邑君《そつぜんゆうくん》・帰義侯《きぎこう》・中郎将《ちゅうろうしょう》・都尉《とい》・伯《はく》長《ちょう》など官号を与えていた。

韓族と楽浪郡など中国との政治接触はかなり新しい。後漢の建武二十年（四四）からはじまっている。しかし、後漢末には韓族は楽浪郡に深くくいいり、二〇五年ごろには、中国の遼東郡の公孫康が帯方郡を新たにたてて、韓族の侵入にそなえなければならないほど強力に

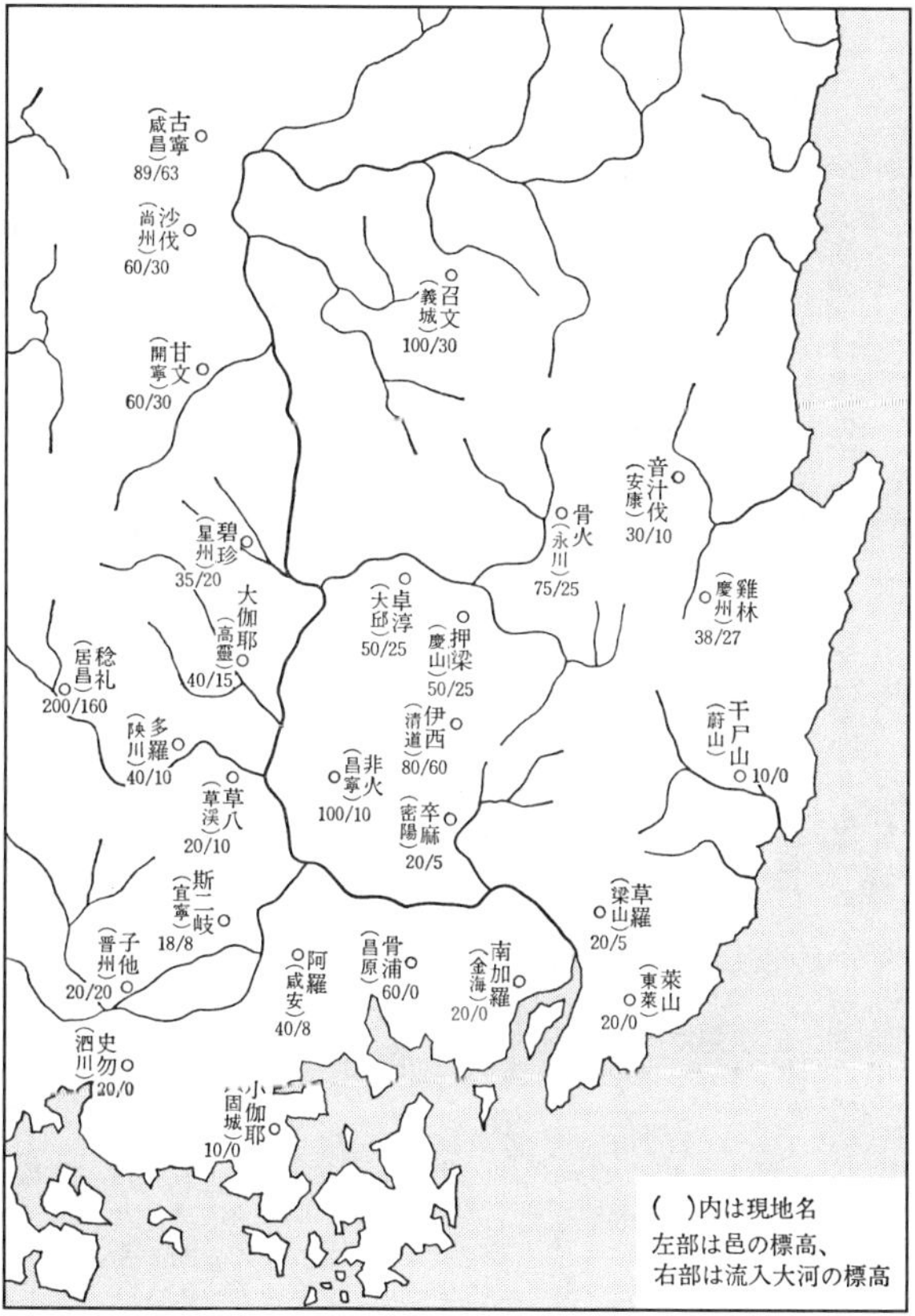
古寧(咸昌) 89/63
沙伐(尚州) 60/30
甘文(開寧) 60/30
召文(義城) 100/30
音汁伐(安康) 30/10
骨火(永川) 75/25
碧珍(星州) 35/20
卓淳(大邱) 50/25
雞林(慶州) 38/27
大伽耶(高靈) 40/15
稔礼(居昌) 200/160
押梁(慶山) 50/25
伊西(清道) 80/60
多羅(陜川) 40/10
干尸山(蔚山) 10/0
非火(昌寧) 100/10
草八(草渓) 20/10
卒麻(密陽) 20/5
斯二岐(宜寧) 18/8
草羅(梁山) 20/5
子他(晋州) 20/20
阿羅(咸安) 40/8
骨浦(昌原) 60/0
南加羅(金海) 20/0
萊山(東萊) 20/0
史勿(泗川) 20/0
小伽耶(固城) 10/0
(　)内は現地名
左部は邑の標高、
右部は流入大河の標高

慶尚道古代小国図

なっていた。さらに魏時代には対韓族政策の失敗から帯方郡が韓族諸国に攻撃され、郡の太守が戦死するほどであった。

このような韓族の中国郡県に対する対策や小国王の称号や小国の人口の大きさから、ややもすると彼らの社会構造もかなり進んだものと思われがちである。しかし当時の韓族の社会は初期農耕の共同体的性格が強く、まだ権力支配の段階にはいたっていなかったといえる。『魏志』韓伝ではこのような状況の韓族社会をつぎのように描いている。「その風俗は法規が少なく、国や村には首長がいるけれども、村人といっしょに住み、充分支配することができない。ひざまずいて敬礼する作法さえない」「しかしその国が危急な場合には、首長の命令で国の集会所に集まり、城郭を築くなどのことをする」。これは、平素から法規で支配体系を整えている中国社会とは異なった支配体系のあることを示している。

そのほか農村共同体としての性格を示すいくつかの習俗が伝えられている。たとえば、成年式の行事として「多くの勇ましい少年たちは皆、背中の皮に穴をあけ、太い縄をこれに通し、その先に一丈余の大木を結びつけ、一日中、大声をあげながらこれをひきずり、痛いなどと弱音をはかず、きめられた聖地まで大木をひきずりながらたどりつくと、一人前の健児と認められる」とある。これは後世、新羅の花郎《かろう》《ファラン》の苦行に通ずるもので、三品彰英氏はアメリカ・インディアンの成年式に類似した行事のあることを指摘されている。

また農耕儀礼として次のようなことが記されている。「毎年五月に種蒔きがおわると神を祭る。このとき村人が総出で歌や舞をまい酒を飲む。昼夜休みなく数十人が交互に舞い、調子をあわせて、あるいは高くあるいは低く活発に踊り、その音楽の節は中国の民間舞踊である鐸舞《たくぶ》に似ている。十月、収穫がおわったときにもまたこのような祭りがある」。これにたいして高句麗や濊などは十月の収穫祭だけしか伝えていない。高句麗は山谷が深く、良田があってもそれだけでは生活のできない半農半狩で、韓族地域の農耕生産を主体とするものと祭祀の方法も異なっている。

次に刑罰について第二の弁韓伝で「法俗はとくに峻厳である」としているが、その内容を伝えていない。これに関連して韓伝では次のような記事がある。

韓族は鬼神を信じており、国や村にはそれぞれ天神を祭る人が一人いて、天君《てんくん》といわれている。また諸国にはそれぞれ特別な村があって蘇塗《そと》といい、大木に鈴や太鼓をかけて鬼神を祭っている。罪を犯して逃げてきた者も、この村の中に入ると捉えられない。そこでこの地方の人はよく罪をおかす。この蘇塗を作る意味は仏教に似ている。この地方の善悪は中国のそれと異なっている。

国や村で権力の弱い行政的な首長のほかに司祭者の天君がいるのは、未開社会のウォーチーフ（War-Chief）とピースチーフ（Peace-Chief）の存在を連想させる。扶余伝には「扶余の古い習慣では天候が不順で穀物がみのらないと、その責任は王にあるといい、あるいは退位させられ、あるいは殺害された」とある。狩猟的性格もある扶余の王権と純然たる農業社会の韓族とでは同一に論じられないが、形式的にみれば、韓族の支配権はまだきわめて微弱であることが知られる。

この蘇塗《そと》は古代社会に広くみられるアジールで、日本の近世に存在した「かけこみ寺」のようなものである。権力社会に住む中国の知識人からみれば、この蘇塗の存在が規範を乱し、犯罪を促進するものと映った。しかし、韓族の善悪の規準が農村共同体の秩序維持にあって、法制的ないしは儒教的な善悪観とは基本的に異なることが知られる。この点では扶余・高句麗・濊の刑罰が『魏志』の編者には理解しやすかったのであろう。

扶余伝では「殺人者は死刑で、家人は奴婢にされる。窃盗の場合、十二倍の返済を要求する」とある。高句麗では牢獄がなく、村落の首長などが合議して罪科をきめる。刑量は扶余と同じであるが、村落支配まで権力の及んでいることが知られる。濊伝では村落間の侵犯についての罪科が定められ、村落間の法的規制があったことをしめしている。韓伝ではこれらの点についてまったくふれていないのは、共同体的規制であって、法的支配として理解しえなかったためであったかと思われる。

『魏志』東夷伝の支配関係記事は、扶余・高句麗などと韓族とでは対照的である。扶余では国王のもとに六加——地方に勢力をもつ中央貴族——がいて、村落には豪民と下戸《げこ》との階層が明確にわかれている。高句麗でも地方に基盤をもつ中央貴族の五族がおり、大家と下戸との階層が明瞭に分化している。

これにたいして韓族は郡から与えられる称号には差異があっても、国内や村落内部での階級的な差異は描きだされていない。第一の弁韓伝では「その風俗では道行く人があうとさき皆互いに道を譲る」とあって、身分の上下による対応を示していない。むしろ「北部の韓族で、帯方郡に近い諸国は中国の儀礼や風俗を多少知っているが、遠くにいる韓族はちょうど囚人や奴婢が集まっているようなもので」とあり、『魏志』編者の立場からすればまことに無秩序な状態にみえた。

このような韓族の政治制度や社会秩序からすれば、三世紀の韓族社会はまだ権力支配を知らない農村共同体の社会であったと思われる。そうすれば、箕子の後裔がその家臣とともにこの地に移り住んで韓王朝をたてたとする伝承や、辰韓に辰国・辰王の統一国家がそれ以前に存在していたとする記事を認めることはできないであろう。

2　楽浪・帯方二郡の滅亡

二郡滅亡の経過

二六五年、晋が中国を統一し、二七四年二月に幽州の五郡を分割して平州をおいた。平州は昌黎《しょうれい》・遼東・楽浪《らくろう》・玄菟《げんと》・帯方《たいほう》の五郡二十六県一万六千百戸を統治した。これによって現在の遼寧省から朝鮮西北部一帯を支配することになった。この晋の平州設置によって、東方諸族、とくに馬韓・辰韓《しんかん》地方の諸国が晋に朝貢するようになった。『晋書』の咸寧二年（二七六）から元康元年（二九一）までの記事にみられる晋と東方諸国との関係は表1のようである。

二八五年、鮮卑《せんぴ》族の首長慕容廆《ぼようかい》が遼西方面に勢力をはっていたが、この年に扶余《ふよ》国を攻め、その王依慮《いりょ》を自殺させ、王族を沃沮に走らせ、扶余国を占領し、一万余人を捕虜にして遼西にひきあげた。扶余国は東夷校尉《こうい》何龕《かがん》らの援助を得て慕容廆の軍を破り、再建することができた。

永嘉の乱（三〇七〜三一二）が起こると、慕容廆は鮮卑大単于《だいぜんう》と自称し、遼東郡に勢力を伸ばしたが、高句麗の美川《びせん》王がしきりに遼東郡に出兵し、三一一年八月には鴨緑江河口の西安平県をおとしいれた。そのため、遼東郡と楽浪・帯方二郡との連絡路はたち切られた。さらにこの年、匈奴の漢王劉聡《りゅうそう》が晋の都洛陽を攻めおとし、遼東郡などへの支援はまったく不可能であった。

このころ楽浪・帯方二郡を支えていたのは遼東郡太守張統《ちょうとう》であったが、三一三年、楽浪郡太守王遵《おうじゅん》は張統と計って楽浪郡を放棄することにした。当時、遼東郡を実質的に支配していたのは慕容廆であった。慕容廆は遼東郡内に形式的に楽浪郡をおき、張統に楽浪郡太守、王遵に楽浪郡参軍事の称号を与えた。

高句麗の美川王はこの年十月、楽浪郡を占領し、男女二千余人を捕虜にした。翌年九月、

		（帝　紀）	（馬　韓　伝）	（辰　韓　伝）
（二七六）	咸寧二	二月東夷八国帰化 七月東夷十七国内附		
（二七七）	咸寧三	是歳東夷三国内附	（馬韓）来	
（二七八）	咸寧四	三月東夷六国来献 是歳東夷九国内附	（馬韓）諸内附	
（二八〇）	太康元	六月東夷十国帰化 七月東夷二十国朝献	馬韓遣使入貢方物	辰韓王遣使献方物
（二八一）	太康二	三月東夷五国朝献 六月東夷五国内附	馬韓主遣使入貢方物	辰韓復来朝貢
（二八二）	太康三	六月東夷二十九国帰化		
（二八六）	太康七	八月東夷十一国内附 是歳馬韓等十一国遣使来献	馬韓至	辰韓又来
（二八七）	太康八	八月東夷二国内附	馬韓至	
（二八八）	太康九	九月東夷七国詣校尉内附		
（二八九）	太康十	五月東夷十一国内附 是歳東夷絶遠三十余国来献	馬韓至	
（二九〇）	太熙元	二月東夷七国朝貢	馬韓詣東夷校尉何龕上献	
（二九一）	元康元	是歳東夷十七国詣校尉内附		

表1　『晋書』にみえる晋と東方諸国との関係表

美川王はさらに帯方郡に侵入し、これを倒した。おそらく晋の時代にはいって盛んに朝貢していた馬韓・辰韓なども、帯方郡討滅には高句麗とともに参加していたものと考えてよかろう。

二郡滅亡の影響

三一三年の楽浪郡滅亡と翌年の帯方郡滅亡とは、前一〇八年の漢の朝鮮四郡設置以来の中国の朝鮮諸種族支配に終わりを告げたものであった。朝鮮における中国の郡県支配は、その諸種族にたいし政治・経済・文化の面で多くの影響を与えてきた。しかしその影響は朝鮮諸種族が自発的に中国文化を受容することを許さず、政治支配に付随して中国文化の模倣を強要するものであった。

政治形態では北方の高句麗が貊《はく》族を統一し、濊族や沃沮《よくそ》族をも従属させる初期統一国家の形態をとり、中国の郡県と対立しうる勢力となっていた。その社会構造はまだ共同体の組織を強固に残す地縁的な政治集団の連合体制である五族の制度から、王権の支配力が強化された官僚的性格をもつ五部の制度へ移行しつつある段階であった。

ただ高句麗は楽浪郡を中心とする朝鮮の郡県より遼東郡との間に主要な関係をもっていたため、この楽浪・帯方二郡の滅亡がただちに高句麗の政治形態や社会構造に影響を与えたわけではない。二郡の滅亡がより大きな影響を与えたのは南方の韓族にたいしてである。

三世紀後半、晋王朝になって急激に増加した馬韓・弁韓の朝貢記事は、辰国問題とは別個に韓族の国家形成への胎動を示すものといえよう。このような気運の中で、楽浪・帯方二郡の滅亡は韓族諸国の国家形成を促進する役割を担った。二郡滅亡以後六十年にして、中国との国交は馬韓諸国から百済国に、辰韓諸国から新羅国にかわったのである。

3　高句麗の南下と広開土王陵碑

五胡十六国時代と高句麗

楽浪・帯方二郡が滅亡しても、高句麗《こうくり》《コグリョ》の関心はなお遼東平野への進出にあった。三一九年、平州刺史東夷校尉崔毖《さいひ》は慕容廆が遼東郡を含む平州の実権を握っているのをこころよく思わず、ひそかに高句麗や鮮卑族の段部《だんぶ》や宇文部《うぶんぶ》と結託して慕容廆を亡ぼし、平州を分割統治しようとした。しかし、戦いに敗れ、崔毖は高句麗に逃れた。また三三三年、慕容廆が死に、その子皝《こう》と仁とが対立したが、仁が敗れ、仁の部下佟寿《とうじゅ》や郭充《かくじゅう》などが高句麗に逃れた。また三三八年に慕容皝が趙を討ち破ると、趙の有力者宋晃《そうこう》・游泓《ゆうおう》らが高句麗に逃れた。

この時期は晋が南に移り、中国北部は異民族の武力抗争がつづくいわゆる五胡十六国時代である。高句麗はこれらの戦いに敗れた亡命者を迎えいれ、国政を整え、軍備を拡張した。

さらに高句麗は三三〇年に後趙に朝貢し、三三六年に東晋に朝貢して、慕容皝の勢力拡大を外交的に抑制しようとした。

この時期は高句麗だけでなく、周辺諸民族王朝が漢人や他の種族の亡命者などを積極的に登用して、それぞれの国家形態を整備し、軍事力を拡大した。また多様な外交関係を樹立して、諸国間の相互依存と相互牽制とをおこなっていた。高句麗はこれらの諸強国が激しく対立する複雑な国際環境の中で東北地方の強国として登場したのである。

国名	建国者	種族	滅国者	存続期間
漢(前趙)	劉　淵	匈奴	後　趙	304〜329
成(漢)	李　雄	氐	東　晋	304〜347
後　趙	石　勒	羯	前　燕	319〜351
前　燕	慕容皝	鮮卑	前　秦	337〜370
前　涼	張　軌	漢人	前　秦	313〜376
前　秦	符　堅	氐	西　秦	351〜394
後　燕	慕容垂	鮮卑	北　燕	384〜409
後　秦	姚　萇	羌	東　晋	384〜417
西　秦	乞伏国仁	鮮卑	夏	385〜431
後　涼	呂　光	氐	後　秦	386〜403
南　涼	禿髪烏弧	鮮卑	西　秦	397〜414
北　涼	沮渠蒙遜	匈奴	北　魏	401〜439
南　燕	慕容徳	鮮卑	東　晋	400〜410
西　涼	李　暠	漢人	北　涼	400〜421
夏	赫連勃勃	匈奴	北　魏	407〜431
北　燕	馮　跋	漢人	北　魏	409〜436

表2　4〜5世紀の五胡十六国興亡

しかし遼西郡に基盤をおき平州を支配していた慕容皝は、三三七年に自立して燕国をたてた。燕国は段部や後趙などとも戦ったが、三三九年、高句麗にも侵入した。高句麗の故国原《ここくげん》王は燕軍が国境を突破し新城に迫ったので、講和を申しいれ、朝貢することになった。

その後、燕はしばしば高句麗と対立し、三四二年には大挙して高句麗に侵入した。故国原王は国力をあげて戦ったが、敗れて単身東方に逃亡した。燕は高句麗が大敗しても、やがて立ちなおって災いとなるので、王母や王后だけでなく先王の屍も虜にする必要があると考えた。そこで燕王皝は高句麗美川王陵を暴いてその屍も持ち帰ってしまった。

そこで故国原王《ここくげん》は翌年、王の弟を燕に入朝させ、謝罪したので、父美川王の屍を返してもらうことができた。三四九年には後趙の臣で燕と戦って敗れ高句麗に亡命していた先の東夷護軍宋晃を燕に送って恭順の意を示し、三五五年、さらに高句麗は燕に謝恩使を派遣して、ようやく王母周氏の帰国を許された。このとき燕王儁《しゅん》は高句麗王を冊封《さくほう》して征東大将軍営州刺史楽浪公とした。高句麗王が中国の王朝から冊封を受けるのはこの時にはじまる。このときの冊封は燕が後方を固めて華北に進出するための外交政策であったが、こののち長く朝鮮諸国王が中国の諸王朝より冊封をうけるはじめとなった。

高句麗故国原王三九年（三六九）九月に、王は二万の軍隊を率いて百済の雉壌《ちじょう》に侵入した。百済の近肖古王は太子須《しゅ》を派遣し、これを討たせた。このとき百済から高句麗に移住した斯紀《しき》という者が、ひそかに太子に高句麗軍の弱点を教えたので、太子は高句麗軍を撃破することができたという。百済はあとにも述べるように、この近肖古王の時代に国力が充実し、はじめて高句麗や東晋と接触するようになったのである。

高句麗故国原王四一年（三七一）、王は再び百済を攻撃するため大同江を渡ったが、百済の伏兵に敗れた。勢いにのった百済軍は近肖古王みずから三万の兵を率いて平壌城を攻め、ついに故国原王を戦死させ、大勝を博した。この時期の高句麗はさきに燕国に決定的な敗北を喫し、ここで百済のため国王が討ちとられるなど、その軍事力はきわめて低下していた。

故国原王戦死のあとをうけた小獣林《しょうじゅうりん》王（在位三七一〜八四）はもっぱら国力の充実に腐心した。同王二年（三七二）、秦王符堅《ふけん》は高句麗に僧順道《じゅんどう》や仏像・経典を送った。これは高句麗仏教公伝のはじめである。ついで同王四年（三七四）には僧阿道《あどう》が魏から来て仏教を広め、翌五年（三七五）には肖門《しょうもん》寺・伊弗蘭《いふつらん》寺を建て、順道と阿道とを開山とした。ここに朝鮮の仏教が始まったのである。

また三七二年には大学を建て、高句麗にはじめて儒教による教育が開かれた。さらに翌年にははじめて律令《りつりょう》を頒布したという。このときの律令は晋の泰始四年（二六八）に公布された律令の系統をひくものともいわれるが、高句麗の律令がまったく伝えられていないので、その内容を知ることができない。高句麗の制度で比較的頻繁に現れる官制でも、この時期に大きな変化がみられないので、新羅法興王代の律令始行記事と同様、従来の慣習法を成文化した程度の改革とみるのが穏当であろう。

高句麗の小獣林王が儒仏受容・国制整備をおこなう間に、朝鮮南部では百済が三七二年に東晋に入朝し、近肖古《きんしょうこ》王は鎮東将軍領楽浪太守の称号を東晋より与えられた。また三七七年には新羅が高句麗とともに秦に入朝し、三八二年には新羅国王楼寒《ろうかん》が秦の符堅に入朝し美女を献じた。そのとき符堅が新羅の使者に「朝鮮のことについて、あなたの報告は昔と違っているのはなぜなのか」と問うたのに対し、「ちょうど中国が時代によって変遷し、国名が変るようなものです」と答えたと『太平御覧《たいへいぎょらん》』（宋の李昉《りぼう》らが九七七〜九八三年に編纂。この部分は亡逸した『秦書』による）に伝えている。

ここでみえる新羅国干楼寒《ろうかん》とは、奈勿《なこつ（なむる）》麻立干《まりつかん》の麻立干にあたり、麻立干は新羅語で王を意味する。符堅との問答でわかるように、四世紀後半の五胡十六国の変動期の影響で、朝鮮南部の韓族に国家形成の気運が高まり、馬韓の北部に百済が、辰韓の東部に新羅が成立し、あいついで国際社会に登場してきた。

広開土王陵碑

広開土王陵碑

このような情勢の中で一時なりをひそめていた高句麗が、再び領土拡大をはかった。そうして高句麗の最盛期を作りだしたのは、広開土王代（在位三九一～四一二）・長寿王代（在位四一三～四九一）である。このうち広開土王については没後二年して建立された墓碑――日本で一般に好太王碑といわれる――があり、その中に倭の記事があるので、明治時代から注目されてきた。近年、この碑文の改竄について再び論議が起こ

っている。(注)

(注)　広開土王陵碑の所在地は現在の中国吉林省通化専区輯安県の城外東北約四キロの将軍塚と大王陵（いずれも広開土王陵と比定）の中間に現存。王の没後二年、長寿王によって同王二年（四一四）九月二十九日に建立。碑石、梯形の四角柱状の角礫凝灰石に多少手を加えたもので、高さは六・三メートル、幅一・四〜一・九メートル。碑文文字、第一面は十一行、第二面は十行、第三面は十四行、第四面は九行で、各行四十一文字、総計千八百二字である。各文字は平均一二センチ平方で、陰刻の深さは一九六三年現在、約六ミリ。この碑は長く苔蔓に埋もれ、一八八〇年、この地の農民が発見し、翌年、清の懐仁県の役人関月山がその一部を拓本にとっている。一八八四年、日本陸軍の砲兵大尉酒匂景信が日清戦争への諜報活動中この碑の拓本をえて、その解読を参謀本部で行った。この碑文中、倭・任那関係の記事を造作したのでないかとの疑問が提出されている。〔参考／李進熙『広開土王陵碑の研究』〕

戦後、この地方への立ち入り許可がながくおりなかった。ほぼ半世紀ぶりに、「仙台市日中友好協会吉林省訪問団」に許可がおりた。寺田隆信・井上秀雄編『好太王碑探訪記』（日本放送出版協会、一九八五年）はこのときの詳しい調査報告書である。

碑文第一段——開国の伝承

この碑文は三段からなり、第一段は高句麗の開国伝承と建碑の事情で、第二段は王の功績で、第三段は守墓人烟戸《えんこ》に関するものである。〈第一段〉の開国伝承は『三国史記』の朱蒙《しゅもう》伝承と類似した点が注目される。朱蒙伝承の概略は次のようである。

扶余王解夫婁《かいふろ》は子がなく山川の神を祭って嗣子を求めた。そうすると金色の蛙形の小児を得て金蛙《きんあ》と名づけこれを養い、位を譲った。金蛙は鴨緑江の河神の娘柳花《りゅうか》をとらえて問うと次のように答えた。「私は天帝の子解慕漱《かいぼそ》と自称する者と交わった。その後、彼は帰ってこなかった」。金蛙はこの話を不思議に思って柳花を部屋の中に閉じこめた。柳花は日の光にあたると妊娠して大きな卵を生んだ。金蛙はこれを嫌って犬や豚に与えても喰べないし、道に捨てても牛馬がこれを避けた。金蛙はこれを割ろうとしたが殻を破ることができなかったので、卵を柳花に返した。やがて殻を破って朱蒙が生まれ、七歳になると弓を射ることが非常に巧く、百発百中したという。金蛙の王子たちは彼を嫌って殺そうとしたので、柳花は彼に南方に逃れるようにいった。佟佳江《とうかこう》まで逃げてきたところ追手が迫ったので、川に向かって朱蒙は「自分は天帝の子で、河神の孫である。追手が迫っているのでなんとかして欲しい」といった。すると、魚や亀が浮きあがって橋を作った。その後、さまざまな苦労を重ね、ついに朱蒙は高句麗を建国したという。

碑文では、この朱蒙伝承の主要な部分を簡略に述べている。この朱蒙伝承は歴史神話ともいわれ、現実の扶余との関係を強調するとともに、天帝・河神との結合を主張する神話である。天神と水神との結合や卵生神話は大洋文化圏の神話要素で、朱蒙伝承はその北限とされている。日光感精神話（日の光にあたって妊娠する神話）は大陸文化圏の神話要素で、高句麗社会の文化を考えるうえに重要な手掛かりとなる。

碑文第二段――広開土王の業績

《第二段》は広開土王が四方に領土を拡大した業績を賛美した部分であるが、倭の記事のあることから種々に論議をよび、改竄《かいざん》された可能性のもっとも多いところである。この部分の大要は次の通りである。

三九五年、王はみずから碑麗《ひれい》（沃沮地方）を討伐した。翌六年、王は水軍を率いて百済国を討った。その理由は、百済と新羅はもとから高句麗に隷属し朝貢していたが、倭が辛卯の年（三九一）に海を渡り百済などを打ち破って臣下としたためである。王は百済の多くの城を占領したにもかかわらずなお抵抗したので、漢江を渡り、王城を攻めた。百済王は多くの貢物をだし、家臣になることを誓ったので、王の弟などを人質として凱旋した。

三九八年に息慎《そくしん》（粛慎《しゅくしん》）地方に出兵し、服属させた。翌年、百済は先年の誓を破って倭と和通した。そこで王は百済を討つため平壌にでむいた。ちょうどそのとき新羅からの使いが「多くの倭人が新羅に侵入し、王を倭の臣下とした。どうか高句麗王の救援をお願いしたい」と願いでたので、大王は救援することにした。四〇〇年、五万の大軍を派遣しした。

て、新羅を救援した。新羅王都にいたると、その中にいっぱいいた倭軍が退却したので、これを追って任那・加羅に迫った。ところが安羅《あんら》軍などが逆をついて、新羅の王都を占領した。

四〇四年、倭が帯方地方（今の黄海道《ファンヘド》地方）に侵入してきたので、これを討って大敗させた。四〇七年には五万の大軍を派遣し、今の京畿道北部で兜と鎧一万余領の戦利品を得るほど大勝した。四一〇年には東扶余を討ってこれを服属させた。

この王の功績を記録した部分では、北方の粛慎・東扶余と南方の倭・百済などを討って朝鮮半島と中国の東北三省をほぼ隷属させたといっている。『三国史記』でもほぼ類似した記事がみられるが、碑文にはない燕《えん》との交渉・対立が多く伝えられている。これによれば遼東郡での攻防が伝えられ、高句麗は遼東平原をほぼ手にいれたようである。

広開土王の治世二十二年間で、これほど広大な領土を獲得したのは王の政治的・軍事的な才能による。しかし、高句麗国の政治体制が地方部族の連合体制である五族制から、しだいに王制の官僚体制へ移行する過程で、征服王朝に変化したことがわかる。このような高句麗の征服王朝の性格――王権の確立過程――を示すものとして、第三段の記事が注目される。

碑文第三段——守墓人烟戸と王権の確立

〈第三段〉は広開土王の王陵を守護清掃する守墓人烟戸《えんこ》三百三十戸の構成とその由来とである。この部分については従来の研究者がほとんど関心を示さなかったところであるが、高句麗——広く東アジア諸国についても——の征服王朝の成立基盤に関する重要な史料である。

第三段の前半は三百三十の烟戸の詳細な構成、主として城（城は地域社会を代表するもので、小国を意味する）を単位として、国烟と看烟をそれぞれ一〜十戸あて提供している。これを表示すると左のようになる。なお比定地名については酒井改蔵「好太王碑文の地名について」（「朝鮮学報」八）および朴時亨《パクシヒョン》著『広開土王陵碑』（社会科学院出版、一九六六年）などによる。

このような守墓人烟戸の設置について、きわめて注目される記事がこれにつづいている。

	地名	国烟	看烟	比定地名
民	(1)売勾（句）余民	2	3	
	(2)東海賈	3	5	
	(3)敦城（于）		4	地理志「新城州、本仇次忽或曰敦城」
	(4)亐城		1	
	(5)碑利城	2		咸鏡南道安辺
	(26)巴奴城韓		9	
	(27)□模盧城		4	臼模盧地＝京畿道広州北方？
	(28)各模盧城		2	黄海道兎山の西北石頭里
	(29)牟水城		3	
	(30)幹弓利城	2	3	京畿道豊徳の古名貞州か
	（？）	？	？	

区分	守墓人	国烟	看烟	比定地
旧	(6)平壌城民	1	10	平安南道平壌
旧	(7)□連		2	
旧	(8)住婁人	1	43	
旧	(9)梁谷		2	（大梁水＝太子河の流域
旧	(10)梁城		2	
旧	(11)安夫連		22	
旧	(12)□谷		3	
旧	(13)新城		3	丸都城東北　○瀋陽
旧	(14)南鮮城	1		金州　○興京
旧	合計	10	100	
新来韓濊	(15)沙水城	1	1	
新来韓濊	(16)牟婁城		2	
新来韓濊	(17)豆比鴨岑韓		5	京畿道開城
新来韓濊	(句)			
新来韓濊	(18)勾牟客頭		2	京畿道金浦
新来韓濊	(19)求底韓		1	
新来韓濊	(20)舎蔦城韓濊	3	21	
新来韓濊	(?)			
新来韓濊	(21)古烟耶羅城		1	
新来韓濊	(22)□古城	1	3	
新来韓濊	(23)客賢韓		1	
新来韓濊	(且)			
新来韓濊	(24)阿旦城		10	江原道伊川郡安峡
新来韓濊	(25)雑珍城			京畿道朔寧郡
新来韓濊	(31)弥舊城	1	2	
新来韓濊	(城)		(13)	
新来韓濊	(32)□□□		3	
新来韓濊	(33)豆奴城	1	2	忠清南道燕岐郡
新来韓濊	(34)奥利城	2	8	不明
新来韓濊	(35)須鄒城	2	5	就鄒城＝不明か
新来韓濊	(36)百残南居韓	1	5	男居城＝長端郡余尾か　忠清南道海美郡余美
新来韓濊	(37)大山韓城		6	忠清南道鴻山郡
新来韓濊	(38)農売城	1	1	忠清北道槐山か、京畿道三槐の槐台里か
新来韓濊	(39)閏奴城	2	22(23)	忠清南道唐津郡順城面
新来韓濊	(40)古牟婁城	2	8	徳山
新来韓濊	(41)瑑城	1	8	揚城（京畿道楊根）か
新来韓濊	(42)味城		6	
新来韓濊	(43)就咨城		5	
新来韓濊	(44)彡穰城		24	京畿道南陽南方海を隔てた半島形内の三槐
新来韓濊	(45)散那城	1		忠清南道結城
新来韓濊	(46)那旦城		1	京畿道安城
新来韓濊	(47)勾牟城		1	京畿道金浦
新来韓濊	(48)於利城		8	京畿道利川の南川？
新来韓濊	(49)比利城		3	
新来韓濊	(50)細城		3	忠清南道木川郡細城山
新来韓濊	合計	21	189 (200)	
総合計		31	289 (300)	

広開土王は生前に次のような遺言を残した。「歴代の王は遠近の旧民を集めて墓守りにした。自分が思うには、旧民はしだいに弱くなっている。もし自分が万年ののちまで自分の墓を安全に守ろうとすれば、ただ自分がみずから侵略した韓・濊の民を墓守りにするよりほかはない」。そこで遺言通り韓・濊から二百二十戸を烟戸にした。しかし、彼らが従来のしきたりを知らないだろうから、遺言とは異なるが旧民から百十戸を烟戸にした。（中略）また広開土王が命令をだして「今後、守墓人を売買してはいけない。富裕な者でもかってに買ってはいけない。もし命令に反すれば、売った者は刑罰に処し、買った者は守墓人にせよ」ともしている。

この史料は高句麗王陵の烟戸制度が大幅に変更されたことを伝えている。広開土王より前の烟戸は五族制度にもとづいて高句麗本来の住民――おそらく五族の有力者から提供した奴婢たちであろうが――で構成されていたものが、広開土王は旧民（五族の民）がしだいに弱くなったので彼らを烟戸にしないのだといっている。

しかし、この広開土王時代は先にも見てきたように、高句麗最大の版図を作りだした征服王朝で、その中心となって活躍したのは五族の民である。高句麗では次の長寿《ちょうじゅ》王代も領土拡大をつづけており、旧民が弱くなったとは考えられない。ここで旧民がしだいに弱くなったというのは、彼らの持つ戦闘力が弱くなったのではなく、広開土王の立場からいえば、旧民にはもともと王に対する忠誠心がなかったと考えたのではなかろうか。

広開土王は自分の死後、万年にわたって自分の墓を守護してくれる者として、自分の侵略した韓・濊諸国の民を考えている。今日の常識でいえば、被侵略国の民が王陵をいつまでも守護するとは考えられない。これは広開土王のひとりよがりなところもあるが、他面では根拠のある考え方でもある。

当時の高句麗の政治機構はしだいに部制＝王の官僚体制になりつつあるが、なお五族すなわち有力な旧小国王が王の即位を左右し、重要な国政は彼らによっておこなわれていた。征服王朝となった広開土王は旧民である五族の政治介入を嫌って部制を発展させた。またこの碑文にもみられるように、韓・濊諸国の中で、広開土王を慕い、仕えようとする者も少なくなかった。このように被征服地域の豪族や住民は今日と異なり、征服者と対立するだけでなく征服者の持つ武力やその背後の文化に強い憧憬を感じ、征服者に協力して新たな世界を建設しようとする一面をもっていた。

五族の政治介入を嫌った広開土王は、部制とともにこのような被侵略地域の勢力とも手を握って五族勢力に対抗しようとしたのではなかろうか。このような例は、後で述べるように新羅や日本の場合にも類似した現象が起こっている。

広く古代国家成立の段階で王権のあり方を考えると、東アジアでは当初から強力な王権が存在したのではない。先にもふれたように共同体社会での王権は——この時期の支配権力を王権といえないかもしれないが——共同体成員に厳しく束縛され、今日の支配権力とはまったく異質なものであった。生産力の拡大にともなって共同体を越えた強力な結合が要求され、小国家を形成する段階ではしだいに武力が重視されてくるが、扶余や高句麗の場合、『魏志』東夷伝に伝えられるようなシャーマン的機能がなお王権の主要な性格であった。この小国家の連合したものが広開土王時代の高句麗である。

この時期には政治の実権が小国家の王たちにあって、彼らの合議により、ときには彼らの武力闘争によって国政が決定された。各地を征服し領土を拡大した広開土王時代には、先に述べたように被征服地域の豪族たちが高句麗の国政上の実権がだれにあるにせよ、形式的な代表者である広開土王に恭順の意をあらわすものも少なくなかった。さらには種族的な対立感情を越えて、この王のもとで新しい国家建設の希望をいだく者さえあらわれた。広開土王のように特殊な能力のある王であれば国政の実権を五族から奪って王権を確立したいという欲望を禁じえないであろう。

このような王権確立の方向は少数の中央貴族に国政の実権をゆだねる五族制度より、広く地方豪族も国政に参加できる道が開ける点で、歴史的な発展ととらえることができよう。

征服王朝の出現は古代国家への第一歩である。(注) 部族連合国家では支配階級の中に三つの階層が成立し、各階層間の矛盾が発生する。形式的には最頂点をなす王が、中間層の中央貴族に擁立され、実質的な支配権力をもっていなかった。下層をなす地方豪族は国政に参加することなく、中央貴族に隷属しなければならない。

このような支配階級の矛盾を含む部族連合国家が征服王朝に転化するのは、この碑文に示されているように、王の政治的才能と被征服地域における強大な統一国家形成の期待とであろう。古代国家の英雄時代とは、まさに被征服地域の豪族をも巻き込む統一国家礼賛の時期であったのであろう。

（注）一般に征服王朝とは、他民族を征服して建国した王朝のことであるが、日本や朝鮮の古代では農耕生産を基調としていたため、遊牧・狩猟的生産社会で行われた征服王朝は成立しなかった。古代国家が成立してゆく過程で、生産活動とくに農耕生産に不可欠な水利権をめぐる対立が最初の段階の国家（村落国家）を形成する契機となる。この村落国家が水利権や耕地などの争奪をめぐり対立する中でより広範な国家が成立し、呪術的な宗教政治が行われる。
この段階から、より広い地域を支配する国家形成は、内的な発展より外的な影響・圧力による。政治機構が未熟で、王権が確立していないにもかかわらず飛躍的な領土拡大がみられる。これを日本や朝鮮の征服王朝と呼び、この時期から国家権力が強力に作用しはじめる。ただし、この場合の征服は、各地域からの貢納と軍事力の提供を要求する程度である。

第三章　三国の興亡 (1)

1　百済と倭

伯済国と百済建国神話

高句麗は遼東平原へ進出しようとして、中国の諸王朝と対立した。これにたいして百済は揚子江以南に移動した漢民族の王朝と結び、国際外交と中国文化導入とに大きな役割を果たした。日本の国家形成では百済との関係が重視され、儒教・仏教の伝来、政治制度や美術関係での開発にはとくに重要な役割を果たした。

百済は、『魏志』韓伝の伯済国《はくさい》が周囲の小国を統合して、漢江《ハンガン》下流西岸地域をその支配下におき、都を慰礼城《いれい》（現在の京畿道河南市）にさだめた。百済の神話によると、始祖温祚王《おんそ》は高句麗の始祖朱蒙《しゅもう》の子で、朱蒙の長子類利《るいり》が扶余から高句麗へきたので、温祚は兄沸流《ふつりゅう》とともに漢江西岸に移住したという。この神話は、百済の王家が高句麗の王族の分かれであることを示すものと受けとられてきた。しかし、漢江地域はその古地名からみても、高句麗と同種の濊貊《かいはく》族の居住地で、百済の王室は高句麗の王族の移住と見るより、この地域の居住民と見るのがよいが、権威づけのため、高句麗王室と同族であることを強調した神話といえよう。

『魏志』の伯済国から百済国に発展した経過を示す史料は見当たらない。百済の名がはじめて中国史料に見られるのは『晋書』帝紀咸安二年（三七二）正月の条で、このとき百済は東晋に朝貢している。同年六月に東晋から使者が派遣され、百済王余句《よく》（余は扶余の余、句は近肖古の古と音通、百済の近肖古王をさす）に鎮東将軍領楽浪太守の号を授けた。朝鮮南部の韓族は中国の晋にしばしば朝貢していた。『晋書』東夷伝によれば二七七〜二九〇年に馬韓から八回の朝貢があり、辰韓からは三回の朝貢があった。

しかしその後、晋の支配力が弱まり、三一三年には楽浪郡が高句麗軍に占領され、晋の王都も三一一年、三一六年に五胡によって占領され、晋は都を建業《けんぎょう》（現在の中国江蘇省南京）に移し、黄河流域を五胡に奪われた。また、遼東地方では慕容氏の燕国と高句麗とが対立し、中国の南北朝ともに朝鮮南部に関心を持つ余裕がなかった。

前燕が三七〇年に前秦の符堅《ふけん》に亡ぼされ、遼東地方がいちおう安定すると、三七二年に百済が東晋に、三七七年に新羅が高句麗とともに前秦に、それぞれ朝貢した。このとき、百済や新羅は中国側の誘いに乗じて朝貢したのではなく、両国が積極的に東アジアの国際外交に参加したのである。とくに百済は三八四年に東晋にも朝貢し、三八七年の朝貢では太子余暉《よき》

（後の阿莘《あしん》王）に使持節都督鎮東将軍百済王の号が東晋より与えられた。

中国王朝との冊封関係

このように東方異民族の王に中国の王朝が官号や将軍号を与え、いわゆる冊封《さくほう》体制をとるのは東晋時代にはいってからである。

高句麗の場合は前章でもふれたように、三五五年に燕王から征東大将軍営州刺史楽浪公高句麗王の号を与えられている。それまでは外臣として国王の号を与えるだけであったが、この時から内臣の官号や将軍号を与えるようになったのである。その理由についてはしばらくおくとして、この時、十四年間、人質となっていた故国原《ここくげん》王の母、周氏がようやく帰国を許されている。

三五五年に燕が高句麗の人質である王母周氏を釈放し、高句麗との対立関係を除去すると同時に高句麗王を冊封したことは、当時前燕の最盛期にあたり、北方の匈奴《きょうど》を降し、中原の魏を滅ぼした時期であったためである。とくに燕王慕容氏は鮮卑《せんぴ》族で、高句麗に対し漢族王朝ほど異和感をもっていなかった。そこで対立的な不信感がとけると、存外、内臣としての待遇を与えるのに抵抗を感じなかったのかもしれない。

燕王が高句麗王にどのような感情をもっていたにせよ、外臣の異民族国王に内臣の将軍号・官号を与えたことは、対立する諸国に影響を与えた。東晋も三七二年に百済王余句《よく》に鎮東将軍領楽浪太守の号を与え、燕の東方外交に対応せざるをえなかった。これを機会に四周の外臣を冊封する外交政策が東晋はじめ中国の諸王朝で採用されるようになった。

三七二年に百済の近肖古《きんしょうこ》王が東晋から冊封を受けたのは、主として百済の積極外交の成果と思われる。『三国史記』によれば百済は前年十月、近肖古王みずから三万の兵を率いて平壌城を攻めた。そのとき高句麗の故国原王もみずから陣頭に立って防戦していたが、流れ矢にあたって戦死した。百済は東方の強国高句麗を撃破し、その王を討ちとるだけでなく、王都についで重要な根拠地平壌城を占領した。

このことは従来無名の百済を、一躍東アジアの強国として当時の国際社会に認めさせた。百済の近肖古王はその名声を背景に東晋へ冊封を要請した。東晋もまた北方の諸王朝に対抗するため、百済との外交を必要とした。そこで燕と高句麗との外交関係にまねて晋は百済の近肖古王を冊封することにふみきったと思われる。

百済はその後、東晋のみならず北朝の秦にも朝貢しており、さらに三八七年に王の太子余暉が東晋から冊封をうけ、四一六年には百済王余映《よおう》（腆支《てんし》）も東晋から冊封をうけている。同年、宋の高祖が即位すると、すぐ百済王の進号が認められ、使持節都督百済諸軍事鎮東大将軍百済王となった。宋代（四二〇～四七九）を通じて百済王やその家臣が宋との冊封関係を緊密に結んでいた。

『宋書』と百済の〝遼西支配〟

宋は百済ときわめて緊密な関係にあったにもかかわらず、『宋書』(中国南朝宋の歴史を記した正史で、南梁の沈約《ちんしゃく》が四八八年に編纂したもの)東夷百済国伝には、次のような奇妙な記事がある。

百済国はもと高句麗とともに遼東郡の都庁のある襄平(現在の中国の遼陽地方)の東一千余里のところにあった。その後、高句麗はほぼ遼東郡を支配し、百済は遼西郡をほぼ支配した。このとき百済が根拠地としたところは晋平郡の晋平県である。

百済は馬韓の一国であった伯済国から興り、周囲の馬韓の諸小国を統合して大国になったと考えることと、この百済の遼西郡支配とが地理的にも遠距離で、両者を一つにして考えることがはなはだ困難である。

このような疑問はすでに『梁書』(中国の南朝梁の歴史書。唐の姚思廉《ようしれん》が六二九年に勅命で編纂したもの)から出ている。『梁書』は百済の本拠を馬韓におき、東晋時代に遼西・晋平二郡を領有して百済郡としたとある。『梁書』の見解がかなり穏当で史実に近いと思われるが、なお若干補足する必要がある。

東晋末期は遼東・遼西地方が政治的に混乱していた。鮮卑族の慕容氏ははじめ、この地方を基盤として華北に侵略した。前燕《ぜんえん》が三七〇年に前秦に滅ぼされてからは、高句麗が遼東地方を支配した。百済は高句麗の広開土王《こうかいど》（在位三九一～四一二）・長寿王（在位四一三～四九一）の圧迫に苦しんだが、中国の南朝宋の冊封を受け、朝鮮南部諸国と連合して高句麗と対立した。おそらくその一時期に、遼西方面と政治的な連携ないしはその一部を支配したのではないかと思われる。

百済は東晋や宋との国交を海上交通で結んでおり、当時、東アジアでもっとも進んだ海上交通国であった。そのため近肖古王代（在位三四六～三七五）から日本との国交が始まったといわれてきた。しかしこれは次に述べるように、若干の問題を含んでいる。

当時の百済にとって、日本は国際社会の末端で、さしたる関心もなかったはずである。百済は三七七年に北方の前秦にも朝貢しており、北方の遼西方面に強い関心を抱いていた。前燕の崩壊にともなう遼東・遼西地方の政治的混乱期に百済が三七一年の対高句麗戦の大勝の余勢をかって一時的にしろ遼西郡を侵略することは、じゅうぶん可能性のあることである。さらに可能性の強い考え方をすれば、南朝宋では高句麗に対抗するものとして百済を高く評価している。高句麗が北朝の魏や燕と結んでいるのを牽制する意味でも、百済の遼西郡侵略を誇張して取りあげる必要があったのでなかろうか。

『宋書』百済国伝に記す、百済が遼西郡を支配したという、この一見奇妙な記事に、唐代以来中国の学者たちはその解明に苦しんできた。日本史の研究者はこの記事をまったく取りあげず、もっぱら百済と大和朝廷との関係が論議の対象になってきた。しかし、百済王朝の立場でいえば、日本との国交はさして緊急なものではなかった。中国の政治状況が直接影響する百済では、中国諸王朝との国交が外交上もっとも重視されるのは当然のことである。

日本史の立場からすれば大和朝廷と百済との国交がきわめて重視されるが、だからといってこの時点で百済王朝が大和朝廷との国交を重視しなければならない必然性はない。日本史の研究者が百済の遼西侵略記事を頭から誤伝としてしりぞけ、大和朝廷との関係は間違いないと考えることには基本的な検討が必要であろう。

まず、科学的な歴史を考えようとするなら、確実な史料をよりどころとしなければならない。ここで遼西侵略記事のみえる前述の『宋書』と『日本書紀』とを比較すれば、その編纂年次は前者の四八八年に対し後者は七二〇年で、約二百三十年の差がある。また、前者の記事は外交上正式な国書によっているのに対し、後者の百済に関するそれは、その編纂時期も内容も明らかでない『百済記』とこれに付会した造作記事やせいぜい伝承記事にすぎない。このような条件を考慮すればいずれの史料を尊重すべきかは、きわめて明白なはずである。

次に国際感覚の問題もある。大陸諸国は古代から複雑な外交関係の中で一言の誤りが国際紛争の原因となり、当事者でなければ理解しがたい民族感情の対立から凄惨な争いを惹起してきた経験を深く味わっている。このような苦い経験から国際関係の重視と民族の相互理解の必要性とを学んできた。日本では今日なお外国人との接触が特定の分野に限られている。

そのため国際関係で相互理解よりたんなる自己主張に終わり、ときには誤解を拡大する結果ともなっている。

さらに正式な国交はたんなる国際関係とは次元を異にするものであるが、これまた厳しい国際環境の中で生活してこなかった私たちはややもすると両者を混同する。このような生活感情が、史料を読む場合、基本的な作用をする。

正式な国交は、正式な手続を経たものでなければ認められない。そしてそのことを両国家間で認めあえる政治機構が存在しなければならない。たとえば日本と朝鮮、朝鮮と中国などでは、有史以前から人々の往来や文物の移動が絶え間なくおこなわれてきた。そのことは、たとえ国交が閉ざされていても、基本的にとどまることはなかったと思われる。そのような交流の中で相互に重大な影響を与えあうことは少なくない。

しかしこの交流は国交ではなく、また国交を開く直接の契機にもならない。国交はたんなる国際関係ではない。それはそれぞれの国家権力者がその支配政策の一環としておこなうものである。いいかえれば、それぞれの支配者が個別に国民を支配するのでは不安定であるから、支配者が相互援助によって、それぞれの権力を強める国内政策の一面と、被支配者の勢力を背景に他国の支配者を牽制ないしは打倒する国際政治の一面とがある。それゆえ、民間の交流と国交とは厳しく分離して考えなければならないのであるが、日本の生活環境では国際環境が厳しく実生活に反映することが少ないので、交流と国交とが混同される結果になる。とくに古代史研究ではその傾向が著しく、民間交流の段階と国交との混同がしばしば見られる。とくに考古学・民俗学・言語学の研究成果を利用するとき、その研究分野の性格を無視し、その限界を越えた利用がしばしば見られる。

国際関係の中の邪馬台国

たとえば、三世紀中葉の約三十年間、倭の邪馬台国は朝鮮の帯方郡を通じて魏《ぎ》・晋《しん》と国交を結んだ。そのころ朝鮮から古墳の築造を学んだ。この国交と古墳の築造は時期的にさして差がなくはじまり、いずれも日本の国家形成にかかわる問題である。ところが国交は約三十年で頓挫したのにたいし、古墳の築造はその後三百年以上にわたって発展をつづけた。原理的にいえば両者は相即すべきものであるが、現実には相反した現象をとっている。このことから、邪馬台国の権力そのものを客観的に解明しなければならないはずである。

すなわち邪馬台国が魏との国交を三度、晋にいたってはわずか一度で終わっていることは、邪馬台国の滅亡をはじめ、種々の推測が可能である。しかし基本的には、邪馬台国の支配者にとって魏・晋との国交でその支配権力を期待するほどは強化できず、魏・晋の支配者にとっても東アジアでの国際政治で邪馬台国との国交がそれほど有効な手段でなかったかと思われる。それに反して古墳の築造は支配権力に有効な働きをした。その相違がどうして生じたのか。おそらく当時の日本の政治権力の性格が古墳の築造ならばその権力を有効に支援できるが、中国王朝との国交ではその権力を維持・発展させることができない状態であったと見なければならない。

具体的に想像すれば、邪馬台国の国家形成はまだ部族国家の段階で、丘陵の突端に木を切り白石を葺《ふ》いて王者の権威を宗教的に誇示した。この際、たんに古墳の築造にとどまらずその周囲に堀を掘り、農業用水を兼ねさせた。この時代の日本人は用水池の堀まで含めて神聖な古墳と考えていたであろうが、堀の経済的効用が古墳造営に重要な社会的意味を持たせた。そのような考えはこの社会がまだ共同体的性格であることを示している。

また三世紀の日本列島では、権力支配による古代国家は成立していなかったので、魏が過大な期待をもって邪馬台国と国交を開いたが、それはまだ時期尚早なのであった。

大和朝廷と朝鮮南部

古代史研究は数少ない資料から広範な古代史像を描きださなければならない。そのため大胆な仮説が必要となるが、当然、その仮説の範囲を縮小させる努力が必要である。いいかえれば、与えられた資料をできるだけ詳細に検討し、その資料の解明には特殊条件を極力除去することが必要である。

今日、日本の学界で朝鮮諸国との最初の国交は大和朝廷の出先機関が朝鮮南部にあって、新羅や百済は四世紀後半からこの出先機関によって支配されていたという考えが広く通用している。このような考え方は、大和朝廷がおそくとも四世紀には関東から北九州にいたる日本の大部分を統一したとすることによる。三世紀に大和地方で変形されたという古墳、前方後円墳がしだいに全国に広がり、そこに葬られる副葬品の鏡の分布から大和朝廷の勢力が各地に広まったことを客観的に知りうるとしている。

しかしこの論理は明らかに誤りで、古墳の伝播経路や鏡など遺物の分布から大和朝廷の支配圏を推定できるのであれば、古墳や鏡の源流をなす中国王朝との関係が問題になるはずである。とくに金錫亨《キムソクキョン》氏ら北朝鮮の学者が問題提起しているように、これら遺物・遺跡を直接日本に伝えた朝鮮の政治勢力とのかかわりに、当然、同一の原則をあてはめなければならない。考古学は国際的視野のもっとも広い学問と考えられているが、自国の歴史に関係するときには特殊な感情がはたらくのか、論理の普遍化がみられない。

古代日本の朝鮮南部侵略の主要な根拠とされるものは『日本書紀』に引用された『百済記』の記事である。これによれば神功《じんぐう》紀四十六年（二四六↓三六六。この時期の日本書紀の年次は干支二運、百二十年ひきあげたといわれている。この説によって修正したものが↓先の数字である。以下同様）斯麻宿禰《しまのすくね》が卓淳《たくじゅん》（とうしゅん）に派遣され、ここで百済が大和朝廷と国交を開きたがっていることを知り、従者を百済に派遣して国交の予備折衝をさせた。翌年、百済の使節が新羅の使節とともに来朝し、このときから国交が開けたとしている。

神功紀四十九年（二四九↓三六九）に上毛《かみけ》野君《ぬのきみ》の始祖荒田《あらた》別《わけ》・鹿我別《かがわけ》を新羅討伐の将軍と

して派遣し、同六十二年（二六二→三八二）には葛城臣襲津彦《かつらぎのおみそつひこ》を派遣して新羅を討たせた。応神《おうじん》紀三年（二七二→三九二）に百済王が天皇に無礼を働いたといって紀臣《きのおみ》の祖角宿禰《つののすくね》・波《は》多臣《たのおみ》の祖矢代宿禰・蘇我臣の祖石川宿禰・平群臣《へぐりのおみ》の祖木菟宿禰《つくのすくね》等を派遣して百済干を廃立した。同十六年（二八五→四〇五）には平群臣の祖木菟宿禰と的臣《いくはのおみ》の祖戸田宿禰《とたのすくね》に新羅を討たせている。仁徳紀五十二年（三六五→四八五）上毛野君の祖竹葉瀬《たかはせ》とその弟田道《たみち》とを新羅に派遣してこれを討たせている。このように新羅や百済が大和朝廷の命に従わないときは、有力な家臣を派遣してことごとくその反抗をおさえたというのである。

　ところがこれらの有力な家臣の朝鮮出兵伝説には、いろいろ不信な点がある。まず、これら派遣将軍は、上毛野君を除くとすべて建内宿禰《たけのうちのすくね》の子になる。この建内宿禰は六代二百四十一年以上も歴代天皇に仕えたといわれる典型的な伝説上の人物である。この建内宿禰伝承は大化改新後、律令体制への転換期に有力氏族によって造作された政治的な伝承と考えられている。この建内宿禰伝承を作りあげた有力な六氏族が、そろって神功紀後半から仁徳紀にかけての朝鮮への派遣将軍となり、朝鮮支配に大きな功績を残したとしている。これはたんなる偶然の一致とは考えられないであろう。

　次に、この時期に見える派遣将軍の記事は、持統五年（六九一）八月に提出された十八氏の墓記など、家伝類にはなかったと思われる。たとえば平群臣の祖木菟宿禰は仁徳天皇と同日に生まれたという平群臣の始祖伝承が仁徳紀元年（三一三→四三三）に見えている。この記事には種々疑問があるが、木菟宿禰の生誕伝承は客観的年次を要求するものではない。平群臣の始祖は仁徳天皇と同日に生まれ、同じ吉祥のもとに生まれたという主張がこの生誕伝承の主旨である。

平群臣の家伝では始祖木菟宿禰の生誕伝承からはじまり、天皇家と特別な関係のあったことを強調している。これは木菟宿禰が次の履中《りちゅう》天皇擁立に大功をたて、平群臣が重臣の地位を獲得する前提としての始祖生誕伝説であった。それゆえ平群臣の家伝では当然、始祖生誕伝承から始まっていたものと思われる。

ところが、木菟宿禰は生誕伝承より前に朝鮮で武将として活躍している。始祖生誕伝承以前におかれたこれらの記事は、家伝とはかかわりのない別種の記事によって書かれたものである。おそらく平群臣の墓記を提出した持統五年（六九一）八月以降に、『百済記《くだらき》』が『日本書紀』の編纂に採用された。しかし、それに対応する日本側の記事がまったくなかったので、急遽、仁徳紀五十三年（三六五→四八五）条の上毛野君の祖竹葉瀬《たかはせ》と田道との新羅派遣記事までを、この時期に作らせたのであろう。

神功紀四十六年（二四六→三六六）条から仁徳紀五十三年条までの大和朝廷と百済・新羅との国交関係記事は、『百済記』を基本としている。『百済記』は雄略紀二十年（四七六）の分注にもその名があげられていて、継体紀三年（五〇九）から欽明紀十七年（五五六）までに見える『百済本記《くだらほんき》』につづくものである。この両書は早く失われ、『日本書紀』に引用された断片的な記事しか残っていない。
『百済記』は『百済本記』と共通した性格をもち、その主張は百済が大和朝廷の支援のもとで加羅地方を支配し、この地方に侵入している新羅勢力を駆逐するのが正しい在り方であるとしている。このような主張は六世紀初頭の新羅の拡大以後、百済王朝が終始もちつづけたもので、とくに大和朝廷との関係を強調したのは聖王《せい》(日本では聖明王といわれるが、正式には聖王で、名前は明禯《めいのう》という。在位五二三〜五五四)であった。

聖王は大和朝廷に儒教・仏教の新文物を与え、その代償として救援軍を要請した。その救援軍は数百人にすぎなかったが、百済の対加羅諸国外交にはきわめて有効であった。しかし、聖王が五五四年に新羅軍に討たれると、次の威徳王《いとく》は大和朝廷の救援軍派遣が遅れたため父王が戦死したものと考えたらしく、彼が即位する欽明十八年(五五七)以後、推古朝《すいこ》までは百済の対日外交はきわめて消極的である。それが推古五年(五九七)、一転して王子阿佐《あさ》を大和朝廷に派遣してきた。威徳王は大和朝廷との国交をほとんど断絶していたが、対中国外交はきわめて活発で、南朝の陳だけでなく北朝の斉・周・隋とも活発な外交を展開していた。

このように中国外交を推進してきた百済の威徳王が、どうしてその末年、突然外交方針を変更したのであろうか。その主たる理由は、隋の高句麗出兵ではなかったかと思う。隋が高句麗へ出兵するのは開皇一八年(五九八)の二月であるが、百済王朝はその強力な侵略軍が高句麗だけでなくやがて百済をも襲撃するであろうことを感じ、中国外交のみでなく大和朝廷との外交も再考する必要を感じたのではなかろうか。

このような百済外交の大転換にあたって、百済王朝が大和朝廷との歴史的な関係を強調し、久しく閉ざされていた国交を再開するため、百済王朝が大和朝廷に対し迎合的に書いた歴史書が『百済本記』である。

『百済本記』『百済記』と任那日本府

津田左右吉氏は、『百済本記』に、当時、日本で使用していなかったと思われる日本の国名や天皇の称号があることから、これを後世、作為的に作られた歴史書であると、一九二四年出版の『古事記及日本書紀の研究』の付録第二で提唱された。

しかし、編纂された歴史書はいずれも後世なんらかの意味で作為があり、その多くが政治的意図を持っている。そのうえ当時の大和朝廷は後でも述べるように国際社会で正式な外交活動をしていなかったのであるから、その国号や王号は公認されたものがなかった。『百済本記』では好意的に名称を付与したものである。

その記事の中でもっとも迎合的に書きかえたのが任那《みまな》日本府《にほんふ》の名称である。今日、任那日本府の名称は大和朝廷の出先機関で、近代の朝鮮総督府のようなものと理解されている。このような理解は『百済本記』の意図するところであるが、事実は朝鮮南部の倭人の政治集団を指している。

『魏志』韓伝に倭の記載があり、この倭を新羅や百済では加羅諸国の別名としていた。ここでは新羅や百済に国を奪われた加羅諸国を倭と呼び、その政治勢力を結集していた政治機関があった。『百済本記』の編者は加羅諸国の別名の倭を日本列島の倭人と結びつけ、さらにその倭人を支配する大和朝廷の新国名日本と結びつけた。『百済本記』の記事を読めばわかるように、任那日本府と大和朝廷とは直接なんの関係もない。ただその名称が編者の意図するように大和朝廷の勢力が朝鮮南部を侵略しているかのような印象を与えるにすぎない。『百済本記』が任那日本府の名称を作りだしたことは、六世紀末の百済外交の転換期に起こった一つの懐柔政策にすぎない。しかし、その歴史的意味はきわめて重大である。百済はその後、隋・唐の高句麗出兵に複雑な感情で対応している。百済は宿敵高句麗が大きな打撃を受けることを望みながらも、高句麗が隋に滅ぼされることは、やがて百済も隋の支配下に入ることとなり、百済としては単純に隋を支援するわけにはいかなかった。

結果的には高句麗を刺戟することとなり、対立が深まった。新羅とは加羅諸国や漢江《ハンガン》流域の争奪戦が七世紀に入るといっそう激化した。そのため百済には大和朝廷の救援がいっそう切実に望まれたのである。おそらくこのような情勢の中で『百済記』が書かれたものと思われる。

『百済記』は事件の内容が『百済本記』と同様、聖王時代の対任那関係に限られている。た

安羅古墳

だ年次が近肖古王代（三四六～三七五）・近仇首《きんきゅうしゅ》王代（三七五～三八四）に繰りあげられているにすぎない。今西龍氏が『百済史研究』で近肖古王代から百済と大和朝廷との国交が開け、それ以後の両国の関係も『百済記』によって考えられるとした。そうしてこの考え方は今日の学界でもなお初期の日本と百済との関係を語るものとしている。

しかし、このような考え方は『百済記』の性格を検討していなかったための誤りである。『百済記』が『百済本記』よりいっそう大和朝廷に迎合的な歴史書であったことを示すものとして、次の記事をあげることができる。

（欽明紀二年秋七月）百済は安羅《あら》の日本府が新羅と通謀しているとの情報を得て、四人の使者を安羅に派遣した。そこで任那諸国の王や有力貴族を集めて百済聖王の伝言として次のように語りかけている。

むかし、わが先祖の速古《そっこ》王（近肖古王）・貴首《きしゅ》王（近仇首王）は任那諸国の諸国王とはじめて国交を結び、それによって兄弟の交りをしてきた。今日、自分はあなたたちを子弟とし、あなたたちは私を父兄としている。私たちはともに天皇に仕え、協力して敵にあたり、国や家を守って今日まできた。

百済王が任那諸国の責任者に語りかけた両国の歴史は、当事者間のことであるから文学的な表現は別として、内容的にはかなり正確なものとみてよい。これと類似した史料が同年四月の条にも見られるので、信頼できる史料と思う。それによれば、百済と任那諸国との国交が四世紀後半の近肖古王時代に開け、対等な関係であったが、六世紀前半の聖王時代になると、百済が任那諸国の上位に立ち、彼らを支配しながら大和朝廷に仕えてきた（国交の開けたことを迎合的にいう）といっている。

多くの錯誤や造作があっても、『百済本記』では百済の外交経過をかなり正確に伝えていたが、『百済記』ではこの近肖古王から始まる任那諸国との国交を、大和朝廷との国交にすりかえた。『百済記』のように史実をかえて政治的意図に迎合する歴史書は、政治家のもっとも愛用するところである。この原則にのっとって『百済記』はいちはやく『日本書紀』編纂の基本史料に採用され、日本の国内の伝承記事でこれに結びつけることのできるものは、ことごとくこれを採用した。

しかしその記事は少数で、渡来民系の伝承史料しかなかった。その空白を埋めるため、六九一年以後にそれぞれの家伝に伝わらない朝鮮侵略の記事を、建内宿禰伝承によって結ばれた有力氏族を中心に造作して『百済記』と結びつけた。

一方、『百済記』ほど大胆な造作をしなかった『百済本記』は『日本書紀』の編者たちに歓迎されなかった。『百済本記』は『日本書紀』編纂の最終段階になって、継体～欽明紀の年次決定の基準としてのみ採用されたのである。

『日本書紀』の構成についてはこれ以上、たちいらないが、古代史研究で文献史料とくに国家形成に関する伝承史料は自国史的な誇張や造作が、いずれの国の場合でももっとも顕著にあらわれる。とくに国家形成を含む古代像は、可能なかぎり理想的な形態をとろうとする。このような史料を扱う場合、ややもすると現代的関心が不確実な史料に加乗され、思うがままに古代史像が作られるかのような錯覚を生ずる。

私はまず確実な史実を追究したいと思う。それは歴史を鏡とみ、史実に即した史観を作りたいと思うからである。古代社会は再びかえってこないが、そこで営まれた人間社会の動向の中で、今後未来社会を形成するために欠かすことのできない教訓があると考えるからである。あるいはその史実は反面教師の役目をするかもしれないし、また我々が現実生活に埋没して、社会・国家形成に不可欠な要件を軽視していることを示唆してくれるかもしれない。

このような歴史的教訓、歴史理論、未来史への展望を求めるためには、まず確実な史実を科学的に追究し、希望的な前提をおいたり、既成の史観によりかかったりせず、新しい時代を作るに必要な要素を史実から感得する必要があると思う。いいかえれば、希望的観測や思想の借用ではなく、新しい思想を作るための材料が史実なのである。

『日本書紀』の記事は国内史料として尊重されるとはいえ、その編纂時までつづいている社会構成や民俗に関連する通時代的な伝承史料で、政治史関係のものは特殊な例外を除いて利用できない。外交関係の記事は『百済本記』に、百済王室との関係が一部みられる。いわゆる任那日本府に関連する朝鮮南部での記事は、これを除かなければならない。しかし、六世紀前半からはじまる大和朝廷と百済との関係は、百済史の立場からいえば、中心問題ではない。

百済は東アジアの外交に積極的な活動をするが、その主要な舞台は朝鮮半島であり、ついで中国の南北朝の諸王朝が対象となり、日本に対する外交はもっとも比重の軽いものであった。これは大和朝廷と百済との関係だけではなく、高句麗・新羅との関係においてもいえることであり、さらに広く封建時代以前の朝鮮史にみられる基本的な類型である。

今日まで日本の研究者は、このような朝鮮の支配階級が一般的にもった政治・外交上の関心について配慮せずに、日本史を中心に考えてきた。たとえば、百済が東アジアの国際社会で重視されるようになった近肖古王の時代から大和朝廷との国交が始まったとしながら、『宋書』にみえる百済の遼西郡侵略記事については、ありえない誇張と断定してきた。その誤りについてはすでに述べたが、これは朝鮮の支配階級の関心を追究しえなかったところに問題がある。つきつめていえば、史実追究より現代的関心が優先したところにその誤りの根源がある、といわざるをえない。

2　百済の盛衰

国家的発展と王位継承

『三国史記』百済本紀では第十二代契《けい》王以前の記事が、説話的な伝説記事か後世の造作記事などで、百済の正確な歴史を伝える文献史料ではない。

先にふれたように、第十三代近肖古王時代になると、百済は馬韓の北部の小国家を代表する地位にたって、高句麗の南下を阻み、三七一年には高句麗の平壌城を攻め落とし、故国原王を戦死させた。この戦勝によって百済の名は東アジアの諸国に認められ、翌年、はじめて百済の使節が東晋に朝貢し、東晋から百済王余句《よく》（近肖古王）を鎮東将軍領楽浪太守に封建されている。

三七一年、慰礼《いれい》城から南漢山城（現在の京畿道《キョンギド》河《ハ》南市《ナムシ》春宮洞《チュングンドン》。この地は、南漢山城説と北漢山城説がある）に都を移したとあるが、慰礼と南漢山とはわずか約六・五キロメートルしか離れておらず、おそらく旧王城をも含めて新興国百済の王都にふさわしいものにしたことをさすのであろう。当時は外戚真《しん》氏の勢力が強かったが、その基本的な政治体制は高句麗の五族と同様、部族（小国）連合の政治体制とみられる。

なお近肖古王代には博士高興《こうふん》が文字を伝え、はじめて記録をとどめるようになったという。文字の使用は政治・外交上きわめて重大なことで、中国王朝との外交はいうまでもなく、百済が周辺の小国を支配するにも文字による伝達は王の権力を客観化する。そうして、その王権を累積・発展させるために、社会発展の基本となる生産様式の発展とともに、文字の使用は権力支配を徹底するために必要な道具であった。

また、百済は東アジア諸国との外交と文化交流とによって強化・発展する傾向が強いだけに、文字の使用には関心が深く、はじめて文字を使ったというこの伝えも信頼しうるものといえる。

南漢山城城門

この王代から大和朝廷との国交が開かれたといわれているが、それは加羅諸国との国交の始まりを、六世紀末に書きかえたものである。この点については前節で詳しく述べておいた。

第十四代近仇首王《きんきゆうしゆ》の時代は、ほぼ前代をひきつぎ外戚真《しん》氏が政治を担当し、高句麗とは平壌城の攻防戦を中心に対立していた。

次の枕流《ちんりゅう》王元年（三八四）九月に、西域の僧侶摩羅難陁《まらなんだ》が南朝の東晋を経て百済に渡ってきた。王はさっそく宮中に彼を迎え、鄭重にもてなした。翌年二月には彼のために王都漢山に仏寺を建てた。これが百済仏教のはじめといわれる。その後、阿莘王元年（三九二）二月に、王は仏教の興隆を支援するよう命じた。

当時、僧侶は広範囲の国際文化交流をおこなうだけでなく、諸国の事情を伝達する役割をも果たし、ときには外交使節の役割をも果たしていた。百済は高句麗の中国諸王朝との国交開始より三百六十三年も遅れて東晋と国交を開いている。ところが仏教の導入ではわずか十二年の差であり、百済がいかに積極的に中国文化を導入しようとしたかがうかがえよう。このような傾向は政治制度の面でもみられ、百済の国際社会における一つの特徴と数えることもできる。

高句麗の広開土王が即位すると（三九一）、東アジアの諸国に大きな変動が起こった。百済との関係でも二十六年前に失った漢江以北、大同江《テドンガン》以南の地域を三九六年に広開土王が奪回した。阿莘王六年（三九七）、王は朝鮮南部の倭と結んで高句麗と戦うため、太子腆支《てんし》を人質として倭国に送った。同王十一年（四〇二）五月、百済から倭国に使者が出され、翌年二月には倭国の使者が百済に来ている。これは高句麗の南下がきびしくなったため、百済はこれまで深い関心を払わなかった朝鮮南部の倭国と連合することによって、高句麗と対決しようとしたものである。広開土王陵碑によれば、四〇四年に帯方界（現在の黄海道《ファンヘド》）まで倭軍が進出しているので、百済の対倭外交はいちおうの成功を収めたといえる。

第十八代腆支王の即位は百済の支配機構に若干の変動を与えた。この腆支王の即位には『三国史記』に次のような記事がみられる。

腆支王（別名直支王《ちょくし》）『梁書』には名を映とある。阿莘王の長男で、阿莘《あしん》王三年（三九四）に太子となった《（とき）》。同六年、人質として倭国にいったが、同十四年（四〇五）に王が薨《こう》じたので摂政をしていた上の弟訓解《くんかい》が太子の帰国を待っていた。ところがその間に、末の弟碟礼《せつれい》が訓解を殺して、みずから王となった。腆支は倭国で父王死去の報せをうけた。か

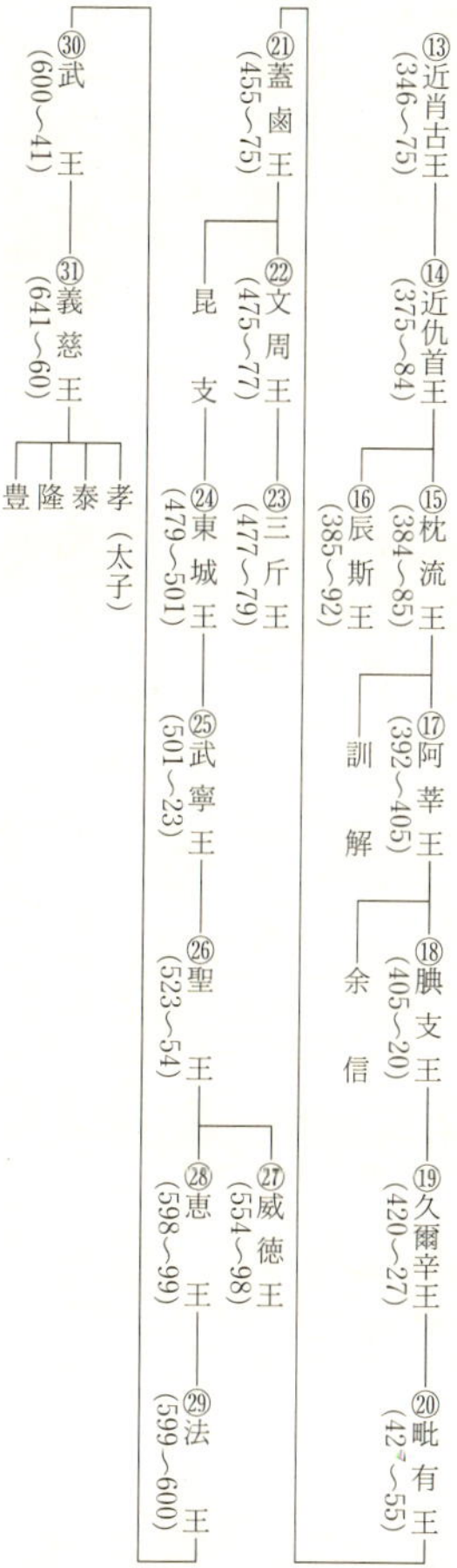

百済王統系譜

れは泣いて帰国を願いでたので、倭王は守護の兵士百人をつけて送り返した。国境まで来ると、王都の人解忠が来て報告するには、「大王が薨じられてから、王弟碟礼《せつれい》が兄を殺して勝手に王となっています。どうか太子は軽々しく入国しないでください」というので、腆支は倭人の帰国を延ばして護衛させ、島にたてこもって吉報を待った。やがて貴族たちが碟礼を殺して腆支を迎え、即位させた。

太子が人質に出されることから対高句麗戦争にかけた阿莘王の意欲を知ることができる。しかし、これを国内政治の面からみれば太子を人質に出すことは、腆支を次王として認めない勢力が強かったともいえる。末弟の碟礼が長兄の帰国を待たず王になったことは、彼の個人的な野望だけでは成功しない。おそらく、碟礼を支持する一派の策動によるものといえよう。

腆支王を帰国の途中で迎えた解忠には、その論功によって第二官位達率《たつそつ》が与えられ、王都の租一千石を賜ったという。彼はその後、表面にあらわれないが、この事件を通じて、解氏《かい》一族が突然台頭している。これまで外戚として主要な官職を独占してきた真《しん》氏が没落して、解氏がこれに代わっている。腆支王三年（四〇七）二月には王族の余信を内臣佐平（首相代理格）に、解須《かいしゅ》を内法佐平（宮内大臣格）、解丘を兵官佐平（軍務大臣格）とした。解氏は主要な官職を占めるとともに王妃を出して外戚となっている。

このことから推測すれば、碟礼を支援したのは真氏で、腆支王を支持したのは解氏を中心とする新興の勢力とみてよい。しかし内臣佐平に王族が任命されたことをみれば、解氏は真氏ほど強大な勢力ではなかったといえよう。

百済の王位継承は、高句麗の五族制の王位継承方式に類似している。旧小国の王室などが旧小国の勢力を背景にして、百済の有力貴族になっていた。彼らは貴族連合体制をとっており、王位継承には彼らがそれぞれ候補者を擁立して争った。百済での王位推戴での抗争は高句麗王朝や大和朝廷の場合ほど激しくなかった。しかし三斤《さんきん》王の即位（四七七）や東城《とうじょう》王の即位（四七九）の場合にも、王位推戴者の交代から解仇や苩加《はくか》の反乱にまで発展している（とうせい）。

蓋鹵《がいろ》王二十一年（四七五）秋九月、高句麗は長寿王みずから三万の兵を率いて百済の王都漢城《（こうろ）》を包囲した。王は城門を固く閉ざして高句麗軍を防いだが、七日間の猛攻撃で城門は焼かれ、将兵の間には敗北感がみなぎり、降服しようとする者さえあらわれた。王はこれまでと数十騎を率いて西方に脱出しようとしたが、高句麗の将軍再曾《さいそ》桀婁《けつろ》・古爾《こじ》万年《まんねん》らが王を見て下馬し、礼拝しながら王を捕らえた。この二人はもと百済人で、犯罪を犯して高句麗に逃げこんだ人たちである。

これよりさき、高句麗の長寿王は僧道琳《どうりん》を秘かに百済に送り、蓋鹵王に近づいて王城の修復・宮殿の造営・王陵の改修などをさせて、国庫を枯渇させ、増税によって国民を苦しめ、人心を離反させた。策略のあたった長寿王は大軍を率いて百済を襲うことになるが、これを聞いた蓋鹵王は子の文周に次のように諭した。「自分の過ちのために民も損い、兵も弱くなった。高句麗が攻めてきても、誰も自分のために戦ってくれる者はいないだろう。自分はここで国のために死のうと思うが、おまえはここにいて父とともに死ぬことはない。むしろ難を避けて、王統を続けてほしい」。そこで文周は木劦満致《もくきょうまんち》・祖弥《そび》桀取《けっしゅ》らと南に落ちのびた。

（『三国史記』百済本紀蓋鹵王二十一年九月条による）

王城の陥落と政治・社会構造

この年（四七五）、百済はいったん滅亡したといってもよい。『日本書紀』引用の『百済記』には、「蓋鹵《がいろ》王乙卯の年（四七五）の冬、狛《こま》（高句麗）の大軍が攻めてきて、大城（王城）を攻めること七日七夜で王城は陥落し、ついに慰礼《いれい》城（現在の京畿道河南市、当時の王城）を失った。このとき、国王・王母・王子たちは皆、敵に捕らえられてしまった」と、雄略二十年条の末尾にみられる。

これら漢城の百済が壊滅するなかで、いくつか注目されることがある。

第一は僧侶の活躍である。この説話記事では僧道琳が蓋鹵王にとりいったのは、仏教とまったく関係のない囲碁であったという。仏教は生活に密着した文化で、多方面の文化を包含している。この囲碁もその一面である。道琳は僧侶であることから、国家の対立があっても国際的な交流のできる特権をもっていた。それゆえ、ときにはこのような間諜として政治的・軍事的な役割を果たすことにもなった。

第二は、百済人の国家観である。蓋鹵王は道琳の策略にのったことに気づいたが、すでにそのときは王が王家のために巨費を消耗し、それを埋めあわせるために国民から過酷な税金をとりたて、その生活を窮乏させていた。このような場合、百済王はたんに自己の不明を恥じるだけでなく、百済が高句麗に攻められても、もはや真剣に戦ってくれる貴族はいないと考えている。子の文周を諭すにも、漢城の百済を守るために死ぬのは無益だとさえいっている。

百済の王室は高句麗始祖朱蒙《しゅもう》の後裔といい、狩猟文化ないしは畑作文化をもち、特定の地域を固守する性格をもっていなかったのかもしれない。しかし、旧小国の王族たちは自己の領域の支配権を守るためには、百済王国に最後まで忠誠をつくすよりは、早く高句麗に帰順して既得権を守ろうとする者が多かった。

私はこの説話で、蓋鹵王が「自分の過ちのために民も損い、兵も弱くなった」という儒教的な表現は、文字どおり全国民の動向とか、王の指揮下にある軍隊とかいうのでなく、高句麗広開土王陵碑文にみえる「旧民はしだいに弱くなっている」というのと類似した意味だと思う。広開土王が旧民の弱体化を指摘したことは前章に述べたように、旧小国を基盤とする高句麗の五族が、王権を伸張しようとする広開土王の政策に協力的でなかったことを意味する。蓋鹵王の場合、僧道琳の謀略の有無は不明であるが、王城の強化、王宮の荘厳化、王陵の拡張などは百済の中央貴族が王権の拡大としてもっとも嫌うことである。それゆえ高句麗軍の出撃を聞くと蓋鹵王は「誰も自分のために戦ってくれる者はいないだろう」と的確な予言を下している。

このことからも漢城時代の百済の政治構造は高句麗の五族制に類似した旧小国の勢力を背景とした中央貴族の連合体制であったとみられる。

このように考えてみれば、元百済人であるという再曾《さいそ》桀婁《けつろう》・古爾《こじ》万年《まんねん》が、高句麗軍の副将として百済の王都を攻撃し、蓋鹵王を捕らえるにあたって下馬礼拝したことも理解できよう。彼らはたんなる犯罪者として高句麗に逃亡したのではない。それぞれ小国の勢力を背景として、以前には百済の中央貴族の一員であったが、小国の利害から高句麗に服属したものであろう。

小国の王室からすれば、高句麗・百済いずれにつくかの問題よりは、小国内部における自己権力確保が基本的な問題であった。百済の成立そのものが生産力の拡大を背景にしながらも、直接の契機は中国外交や高句麗の南下に対応して小国が連合したものである。当時の高句麗は五族制が動揺し、官僚制的色彩を持つ五部制がしだいに定着する段階であるが、百済の犯罪者が自己の才能だけで百済攻撃軍の副将軍ないしは先鋒になるほど、高句麗の兵制は中央集権化していなかった。彼らは自己の支配する小国の軍事力を動員して高句麗軍に参加したものであろう。

百済再興と新たなる発展

文周を助け南に落ちのびた木劦満致《もくきょうまんち》については、津田左右吉氏が『古事記及日本書紀の研究』の中で、応神紀二十五年（二九四→四一四）の条に見える木満致《もくまんち》と比定された。しかし年代的には六十年ほど差があって、安易に両者の同一性を認めるわけにはいかない。年次的には『日本書紀』の錯誤が考えられるので、応神紀からはずして『百済記』によって考えるべきであろう。

木満致は『百済記』によれば、「百済の将軍木羅《もくら》斤資《こんし》が新羅を討って、その国の婦人を妻とし、二人の間にできた子である。父の功績によって任那地方を支配していたが、本国の百済王朝や大和朝廷にも出入りし、天皇の命によって百済の政治をとり、横暴をきわめた。天皇はその暴虐を聞いて彼を召還した」とある。

『百済記』はさきにも述べたように、大和朝廷との国交再開のため迎合して書かれた『百済本記』をもとに、いっそう迎合的に書かれた。それゆえ、大和朝廷との関係は保留して読まなければならない。そうすれば、この木満致は任那地方に本拠をもち、百済・新羅とも関係があった人であることがわかる。木満致が木劦満致であるなら、任那——ここでは、もっとも広義な使い方で、実際には使用されていなかった韓族居住地域全体の意味——地方を本拠にした小国王と見ることができる。そうすれば、彼らのように百済に好意を持つ小国王たちが、百済王の遺児文周を擁立して第二の百済を建てたと考えるのが穏当であろう。

第二の百済が誕生するのは、蓋鹵王が高句麗長寿王の軍に捕らわれた翌月である。都ははるか南方の熊津《ゆうしん》（現在の忠清南道公州《コンジュウ》市）においた。おそらくこの際、高句麗を嫌う中央貴族などが大量に熊津に流れ込み、なかでも王族とともに中央の主要官職をおさえていた解氏なども、これに加わっていた。文周王は王弟昆支《こんき》を内臣佐平にし、兵官佐平に解仇をあてた。同王三年（四七七）、わずか十二歳の長子三斤《さんきん》を太子にたてたが、内臣佐平の昆支が没すると、解仇が権力をほしいままにし、法を乱し、王を無視したが、王には彼を押さえる力がなく、やがて解仇の放った刺客によって殺された（四七七）。

三斤王はわずか十三歳で位についた。王は宮廷の実力者解仇に軍事的・政治的権限いっさいを委譲した。それにもかかわらず翌二年には、この解仇が恩率《おんそつ》（第二等官位）燕信《えんしん》とともに大豆城によって反乱を起こした。そこで三斤王は、先に腆支王の即位のとき、反対派に廻ったため逼塞していた真氏を登用して解仇らを討たせた。先王文周を殺害して百済の軍事・政治のすべてを委任された解仇にしては、あっけなく敗れている。すなわち佐平真男が二千の兵をもって解仇を攻めたがこれは失敗した。

ついで徳率《とくそつ》（第四等官位）真老《しんろう》が精兵五百をもって攻撃し、解仇を討ちとったが、燕信は高句麗へのがれた。解仇らの勢力はわからないが、攻撃軍と大差のない兵力であろう。百済で最高の地位にあった解仇が、その支持者の軍事力をもあわせて二十を上まわらないものであったのは、彼らが根拠地を高句麗に奪われ、在地の支配も定着していなかったことを物語るものとみてよい。

東城王と南方への領土拡大

次の東城王の時代（四七九～五〇一）になると事情がかなり変わってくる。まず貴族層が真氏と解氏の二氏によって主要な官職を独占された時代から、多数の氏族が主要な官職に登用される時期になった。これらの官職はかならずしも古代の専制王権を支える官僚制とはいえないにしても、旧小国をバックにした漢山時代の中央貴族とは性格を異にしたものといえる。この王代の中央官職の長官名を『三国史記』から拾ってみても、兵官佐平に真老のちに燕突が、内法佐平に沙若忠《さじゃくし》が、衛士佐平（親衛隊長官）に苩加《はくか》がそれぞれ任命され、前代まで、王族余《よ》氏のほかは解氏・真氏しかあらわれなかったこととは大変違ってきた。

次に新羅との関係が緊密になり、共同して高句麗にあたるようになった。また南方に領土を拡充し、旧馬韓の大半を制圧し、やがて加羅地方へ進出する素地を作った。新羅との関係では『三国史記』によれば、東城王六年（四八四）七月、高句麗が新羅を攻めたので、百済が救援軍をだして母《ぼ》山《さん》城（忠清北道鎮川郡《チンチョン》）の近くで高句麗軍を破った。翌年、東城王は国使を派遣し新羅と国交を結んでいる。同十三年（四九一）七月には、飢饉のため新羅へ逃げたものが六百余戸もあったという。それにもかかわらず同十五年（四九三）には、東城王が新羅の炤知《しょうち》王に王妃の斡旋を依頼し、伊《い》伐湌《ばっさん》比《ひ》知《ち》の娘を得た。

翌十六年七月には高句麗が新羅と薩水《さっすい》（現在の忠清北道槐《ケ》山《サン》郡の青川《チョンチョン》）で戦い、新羅が敗れて犬牙城（慶尚北道聞慶《ムンギョン》市鳥嶺《チョリョン》付近）まで退去したので、東城王は兵三千を派遣して新羅軍を助けた。さらに十七年八月には高句麗が百済の雉壌《ちじょう》城を包囲したので、王は新羅に救援を求め、高句麗軍を撃退した。同二十三年（五〇一）、新羅との境界の炭峴《たんけん》（現在の忠清南道大田《テジョン》広域市の東方）に城柵を設けたという。
しかし、これらの記事には六世紀後半以後の史実が多く混入しており、確実なところは新羅との国交が始まったのを東城王の時代というにとどめたい。

南方に領土を拡大したのはこの東城王の時期である。これについて末松保和氏は『任那興亡史』で次のようにいっている。

百済は三七二年以後、中国の王朝から代々の王が冊封を受けていた。ところが宋の大明二年（四五八）、余紀以下十一人の家臣が冠軍将軍以下の将軍号の除授を願いでている。これよりさき、倭は四三八年に倭隋以下十三名、四五一年に二十三名の家臣に除授を求めた。これは他の東方諸国には見られない特別な意味が、百済と倭国の場合にあったのであろう。

思うにこの一見、儀礼的・形式的に見える事実にも、実質的・実利的な目的がなければならない。その実質的目的として考えられることは、宋へ入朝した時の各人に受くべき待遇の確保のためと、今一つ、国内における臣下の、人民に対する権威づけのためということである。私は百済の場合も倭国の場合も、右のうち後者が主たる目的ではなかったかと思う。

『梁書』百済伝に百済の行政制度の特徴を「二十二檐魯《たんろ》あり、皆、子弟宗族をもって分担せしむ」とあり、全国を王族に分封し、その成立のために中国の認定を求めたのではなかろうか。四七二年・四九〇年・四九五年の三度にわたって家臣の軍号・官号を請求している。その中で、地名を冠する王侯号があり、それぞれの名の地域の領主として宋や南斉に認めさせようとしたものであろう。この王侯号の示す地名の現地比定では、北は全羅北道の西北部を一群とし、南は全羅南道の南部沿岸を一群としている。（要約。一部引用）

末松保和氏の王侯号の現地比定を地図にとれば、次ページの地図のようになる。

五世紀東アジアの国際秩序体系

ここで五世紀の東アジアの国際社会を中国南朝が授けた将軍号・官号から比較・追究されている坂元義種氏の研究（注）をみてみたい。その成果を要約すれば、南宋の国際秩序体系では、

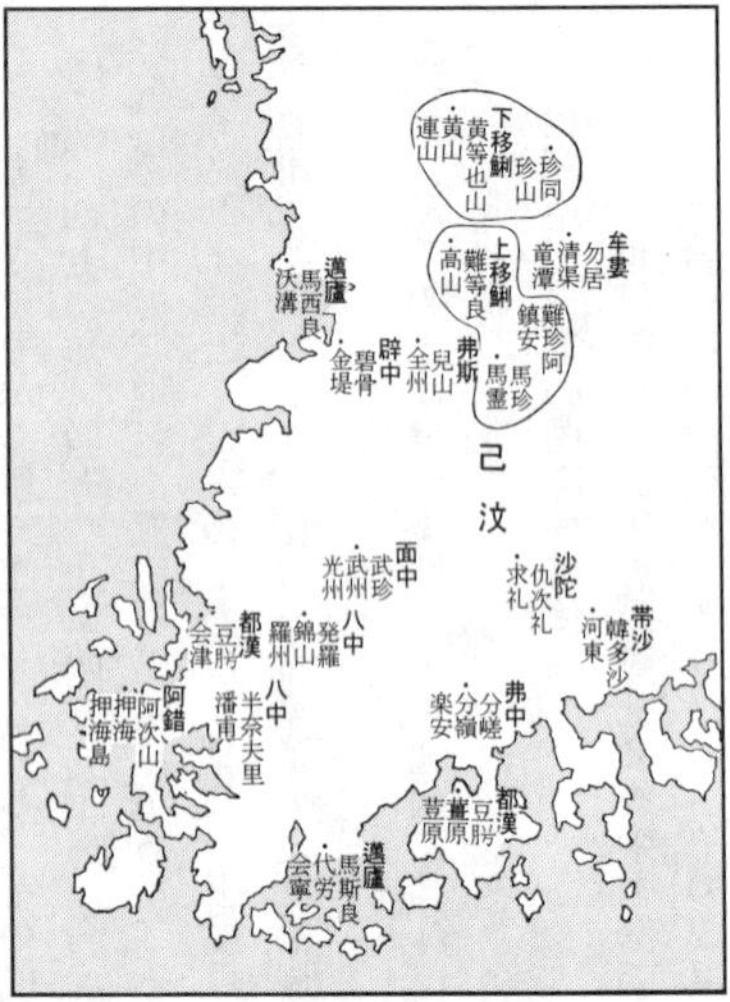

百済王侯号の現地比定
（末松保和『任那興亡史』より作図）

倭が高句麗より低い位置にあり、さらに、倭が軍事的支配権を主張した百済よりも低位におかれていたと、倭の五王時代の従来の考えを打破された。具体的には、表3で高句麗・百済・倭三国王の将軍号の変化を見、その南宋における序列を表4で比較されたい。

また、倭・百済の家臣に除授を要求した将軍号を坂元義種氏の整理した表5をみると、倭や百済の上級貴族は第三品の征虜・冠軍・輔国の将軍号を得ている。この高級武官の数でいえば、倭は百済よりはるかに勝っていたといわれている。倭は国王の将軍号が低く、四三八年の除授によれば、第三品階下位の安東将軍にすぎなかった。このとき家臣の倭隋ら十三人は、倭王と同様第三品階下位で四安将軍につづく四平将軍の一、平西将軍から輔国将軍までの将軍号を得ている。

このことで知られるように、倭は国王と上級貴族との差がきわめて少ないが、百済では四

高句麗	百済	倭
413年(高璉)征東将軍		
416年——→征東大将軍	416年(余映)鎮東将軍	
	420年——→鎮東大将軍	438年（珍）安東将軍
		443年（済）安東将軍
	457年(余慶)鎮東大将軍	451年——→安東大将軍
463年——→車騎大将軍		462年（興）安東将軍
480年——→驃騎大将軍	480年(牟都)鎮東大将軍	478年（武）安東大将軍
		479年——→鎮東大将軍
494年(高雲)征東大将軍	490年(牟太)鎮東大将軍	
502年——→車騎大将軍	502年——→征東大将軍	502年——→征東将軍

表3　南朝の高句麗・百済・倭三国王将軍補任表

第一品	第二品	第三品	第四品
大将軍	驃騎・車騎・衛 将軍 諸大将軍	四征・四鎮 将軍 四安・四平・征虜・冠軍・輔国・竜驤 将軍	寧朔・五威・五武 将軍

表4　南宋の将軍の官品表（抄録）

（注１）四征，四鎮，四安，四平は征東，征南，征西，征北など東・西・南・北を配す。
（注２）五威，五武は建・振・奮・揚・広を配す。

	宋書百済国伝	南済書百済国伝		建武2年 (495)		百済合計	倭（宋書）
	大明2年 (458)	永明8年 (490)					
平西							
征虜	余昆・余暈			沙法名		3	13
冠軍	余紀	姐瑾				2	
輔国	余都・余乂			賛首流		3	
竜驤	余爵・沐衿	余歴	高達		慕遺	5	
寧朔	余流・麋貴	姐瑾・余古				4	
建威		余固・余古・余歴	高達・楊茂	解礼昆		6	
広威				木于那		1	
建武	余婁・于西				王茂	3	
振武					張塞	1	
揚武					陳明	1	
広武		余固	会邁			2	
宣威			会邁			1	
合計	11	8	5	4	4	32	13

表5　倭・百済将軍補任表

五七年の段階で、国王はすでに第三品階上位の鎮東大将軍であるに対し、上級貴族（王族）の最高が第三品階下位の征虜将軍にすぎない。王と上級貴族の格差は倭より百済のほうがはるかに大きい。これらの将軍号は倭や百済が要求するものであるから、それぞれの国内事情がある程度反映される。これによれば、百済は倭より王権が発達しており、王族や上級貴族への王の支配権力がいちおう完成していたといってもよい。倭の場合は、王と上級貴族との差は事実上認められず、小国連合体制の王位を示す将軍号の請求である。

今一つ注目されることは、蓋鹵

王四年にあたる宋の大明二年（四五八）に受爵した百済の家臣十一名中八名が王族の余氏であった点である。東城王十二年にあたる南斉の永明八年（四九〇）では、王族の余氏がわずか三名で、他氏が四名となり、その比率が逆転している。それだけでなく、第三品階の竜驤将軍以上は余氏によって独占されていた蓋鹵王時代に対し、東城王十二年（四九〇）には余氏がわずか一名しかいない。これは東城王十七年（四九五）では、いっそう顕著になり、余氏の名はまったくみえず、他氏のみが補任されている。

これらによれば、蓋鹵王時代と東城王時代とでは上級貴族の構成に大きな変動があったのでないかと思われる。ただし、これら家臣の補任は百済で三度、倭で二度しかなく、しかも外交的な一面にすぎないので断定的なことはいえないが、さきにもふれたように、『三国史記』の東城王時代の記事には王族余氏の活動がみられず、また特定の真氏・解氏などの上級官位独占もみられず、多くの氏族が活躍している。それゆえ東城王時代は上級貴族が多氏にわたり、上級官職を独占するような有力な氏族はいなかった。王族もまた特権を制限され、王権がいちじるしくのびた。おそらく、この時期に王権の専制化がいちおう確立し、貴族たちは旧小国の勢力を基盤とするものから、王の官僚へ移行しはじめたといえよう。

（注）「古代東アジアの国際関係」（上・下）（「ヒストリア」四九・五〇）。「古代東アジアの〈大王〉について」（『京都府立大学学術報告・人文』二〇）。「五世紀の〈百済王〉とその王・侯」（『朝鮮史研究会論文集』四）。

官僚制への移行と東城王の殺害

百済の政治組織が熊津《ゆうしん》遷都を契機に官僚制に移行しはじめ、東城王時代に官僚制への移行がいちおう軌道にのりはじめた。その理由は、百済王朝の基盤が漢江流域から錦江《クムガン》流域に移動したためである。

漢江流域は七世紀の地名からみると、主として濊貊族系の地名で、若干南方の韓族系地名がみられる。錦江流域には濊貊族系の地名が残っていない。地名はかなり長期にわたって使用されたと考えられるので、これを五世紀のものとみれば、百済王朝は神話の示すように濊貊族であり、初期の百済国の王室は漢江流域に多い濊貊族の小国に擁立されたと思われる。しかし、この流域には若干の韓族系小国もあり、これらもやがて百済国の構成メンバーとなったであろう。

このように百済はその支配領域の構成から本来、必然的に北方への関心が高く、初期にはもっぱら北方への進出をはかっていた。しかし、五世紀には高句麗の南下によって領土の保全が困難になった。そこで四世紀後半から百済の構成メンバーになっていた韓族系小国を通じて、南方の韓族諸小国と国交を持っていたので、それらと連携をとりながら、旧馬韓の南方領域へ進出をはかったのである。そのときの任那地方のことが『百済記』のいう倭であり、南宋および南梁への家臣の将軍号要請となってあらわれたものである。

真氏・解氏などは、漢江流域の有力な旧小国を基盤とする前期百済の中央貴族であった。四七五年に高句麗の長寿王が漢城の百済王都を奪い、蓋鹵王を討ちとったとき、百済王室も壊滅的な打撃をうけたが、これを擁立する貴族層もまたその基盤まで奪われ、完全に政治勢力を失った。前期の百済はいわば実質的に滅亡したといわなければならない。

そのころ、旧馬韓地方の南半部はまだ小国分立の状態で、強力な侵略者もないままに、広範な小国連合は作られずにいた。木刕満致など韓族系の小国勢力が文周王を擁立して後期百済を熊津にたてたが、すぐには地方勢力をバックにする中央貴族層が成立せず、文周・三斤両王代から東城王初期にかけての混迷がつづいた。そうして真氏や解氏や王族余氏がそれぞれ一度は台頭するが、旧制になじんでいたためか、いずれも権力を掌握するにはいたらなかった。

東城王の時代は中央貴族層が旧制度の再建に失敗したのち、諸氏が権力を争奪する中で、有力貴族の台頭がみられず、結果的には王権を強化し、貴族層がその王権に依存する官僚化の傾向をとることになった。もちろん、専制王権が確立したわけでもなければ、官僚制が定着したのでもない。たとえば衛士佐平苩加は加林《かりん》城（現在の忠清南道扶余《プヨ》郡林川面《イムチョンミョン》）主に任じられたことを不満として、東城王を殺害している（五〇一）。

東城王の第二子武寧《ぶねい》王が五〇一年に即位すると、まず父王を殺した苩加を討伐した。しかしその後の『三国史記』は高句麗との対立・抗争を伝えているが、次の聖王末年の戦闘記事がかなり混入しているようである。

この時期にあたる高句麗本紀も、長寿王十五年（四二七）に都を平壌に移す記事以後ほとんど中国記事に終始し、両国の内的発展をたどる史料がない。中国記事もまた朝鮮三国の王の官号・将軍号の昇進記事が中心で、三国間の問題や個々の内在的な発展を記す記事に乏しい。ただ、『日本書紀』引用の『百済新撰《くだらしんせん》』『百済本記』に関連の記事が若干みられる。『百済新撰』はその引用がわずか三例で、成立時期や性格についてもまだわかっていない。武寧王即位に関して、前代の東城王が暴虐なので、貴族たちが廃位して、武寧王をたてたという。これはさきの苩加の東城王謀殺事件をさすのであろう。苩加の内乱については詳しくはわからないが、『百済新撰』の記事からこの事件を百済の支配者層の矛盾としてとらえることができよう。おそらくさきにも述べたように、官僚制への過渡期に起こった新旧両勢力の抗争といえよう。

『百済本記』『日本書紀』が記す百済と任那

『百済本記』は継体紀二年すなわち武寧《ぶねい》王八年（五〇八）から始まっている。この年十二月、耽羅《たんら》（現在の済州島《チェジュド》）がはじめて百済国に朝貢したとしているが、『三国史記』では三十二年前の文周王二年（四七六）四月のこととしている。『百済本記』のこの記事は末松保和氏が『任那興亡史』でいわれるように、百済の積極的な圧迫による服属関係の確認を意味すると考えてよい。これは東城王時代から進めてきた百済の朝鮮西南部の支配が、耽羅にまで及んだことを示している。

翌継体紀三年（五〇九）には、日本から百済に使をだして、「任那の日本の県邑にいる百済の百姓で、故郷を捨ててここに移住して三、四世代を経たものまでもすべて百済がひきとって故郷に安住させせよ」といった。これは百済北部の農民が高句麗に追われて南下したというものではない。すでにこの地域は百済に直接・間接支配を受けていたと考えなければなるまい。他の領域に住む住民を本国に帰国させることはできない。もし任那の日本の県邑が百済の支配下になければ、このような交渉を百済とするはずもなかろう。

ようするに、六世紀初頭にはすでに全羅南北道の西部から慶尚南北道の東部にかけて、百済が任那諸国を直接・間接支配しはじめていることを示すものである。

さきの宋および南斉への百済家臣の除授によって、全羅南北道へ進出した百済の勢力は、海を越えて耽羅国に及び、小白《ソベク》山脈を越えて任那（加羅）地方に及んでいた。ただ『百済本記』は「クラマチキミが日本から来た」といっており、この〝日本〟は大和朝廷に迎合するための新造語であり、原文はおそらく倭であったと思われる。次章で詳述するように、百済や三国期の新羅では、倭を加羅地方の別名に使用しているので、これらの記事は加羅諸国と百済との外交史料である。すくなくとも、この『百済本記』の史料は、当時の記録をそのまま収録したものでなく、〝日本〟の文字が編纂までに造作されたことだけは明らかである。

さらにこの条の内容は加羅諸国が百済の侵入を排除しようとする外交交渉の記録とみるのがもっとも素直な見方ではなかろうか。

次に、継体紀七年（五一三）から同十年（五一六）にいたる『日本書紀』の朝鮮関係記事は、『百済本記』によっている。なお同六年の記事も関連するので、これらをあわせその要旨を述べると次のようなものである。

継体紀六年十二月、百済は使節を派遣し、任那の上哆唎《おこしたり》（現在の全羅北道鎮安《チナン》郡および完州《ワンジュ》郡）、下哆唎《あるしたり》（現在の忠清南道錦山《クムサン》郡および論山《ノンサン》市）、娑陀《さた》（現在の全羅南道求礼《クリエ》郡）、牟婁《むろ》（現在の全羅北道鎮安郡竜潭《ヨンダム》面地方）の四県に百済の支配権を認めるように要請した。大和朝廷は種々の経過はあったが、結局、これを認めた（この年の記事は日本側の記事であるが、ここに引用した前半は『百済本記』によったと思われる）。

継体紀七年六月、百済は姐弥文貴《さびぶんき》将軍らをイオスヤマキミにそえて派遣してきた。これと同時に五経博士段楊爾《だんように》を派遣し、別に伴跛《はへ（はひ）》国（現在の慶尚北道星州《ソンジュ》郡）が百済の己汶《こもむ》（現在の全羅北道南原《ナモン》郡・任実《イムシル》郡および全羅南道谷城《コクソン》郡地方）地方を奪ったので、審判のうえ返還してほしいと申しでた。

同年十一月、朝廷に百済の姐弥文貴将軍・新羅の汶得至《もむとくち》・安羅《あら》（慶尚南道咸安《ハマン》郡）の辛《しむ》已奚《いけい》と賁巴委佐《ほむはいさ》・伴跛国の既殿奚《きてんけい》と竹汶至《ちくもむち》らを集めたなかで、己汶と帯沙《たさ》（現在の慶尚南道河東《ハドン》郡）とを百済の領有と認めた。この月、伴跛国は珍宝を献じて、己汶の土地を与えられるよう願ったが、失敗に終わった。

翌八年（五一四）三月、伴跛国は子呑《ことむ》（位置不明）と帯沙に城を作り、各地にのろし台を作り、日本にそなえた。また、新羅に侵入して、各地に大きな被害を与えた。

帯沙江（蟾津江）

同九年（五一五）二月、百済の使者文貴将軍らが帰国を願いでたので、物部連《もののべのむらじ》を送使として、彼らの帰国を認めた。沙都島《さとのしま》（現在の慶尚南道巨済島《コジェド》）に着くと、伴跛国が己汶・帯沙の割譲をうらんで軍備を増強しているとの情報を聞いた。そこで、物部連は五百人の海軍を率いて帯沙江にいき、文貴らの百済使節は新羅を通って帰国した。四月に物部連たちは帯沙江（現在の蟾津江《ソムジンガン》）河口に着いて六日めに伴跛国軍の襲撃を受け、物部連たちは命からがら汶慕羅《もむもむら》（現在の慶尚南道南海《ナメ》郡昌善島《チャンソンド》）まで逃げのびた。

翌十年（五一六）五月、百済は木劦不麻将軍を派遣して物部連らを己汶で迎えいれた。百済国に入ると、群臣が衣服・斧・鉄・布帛などをだし、正式な賜物以外に多くの労《ねぎら》い物をもらった。九月に物部連らが帰国するさい、五経博士漢高安茂《あやのこうあんも》を送って、先の博士段楊爾《だんように》と交代した。これとは別に百済の使節が高句麗の使節安定らを連れて来朝し、高句麗と大和朝廷とが国交を結んだ。

この一連の記事は一般に、任那四県二郡の割譲といわれるものである。

まずこの四県二郡の位置についていえば、全羅・忠清両道の東部山地で、この地方は地名からもわかるように西海岸方面とは異なった文化をもつ地域である。さきにも見たように、全羅南北道の西部の平野部は、五世紀末に南斉にその領有を認めさせるため、この地方の地名を付した王侯名を要求したところである。これらは海岸ぞいにあって、海上交通による南朝との国交や貿易では当然、視野に入る地域である。

それにたいし、ここで問題になる地域は内陸部とくに加羅（任那）・新羅との関連をもつ地域である。ここに大和朝廷の介入する余地がなさそうに思うが、さきに述べた金官国首露《しゅろ》王が新羅国婆娑《ばさ》王に依頼されて、音汁伐《おんじゅうばつ》国と悉直谷《しっちょくこく》国との境争論《さかいそうろん》の審判を下しているので、百済は加羅・新羅方面の風習を受けいれて、大和朝廷に審判を依頼することで、加羅諸国との了解をとりつけたのかと思う。

百済は五世紀末尾に南斉王朝の官位名によって、その地方の領有権を国際的に承認させようとした。このような方法は、有力な政治的結合をもたない地域、あるいは有力国が関心を示さない地域で通用したかもしれない。しかし、ここで問題になっている地域は加羅諸国と接した地域であるため、さきの方法を用いても、加羅諸国の了解をとりつけることにはならない。そのため、百済にも加羅諸国にも、直接関係のない大和朝廷がその判定にあたるよう要請されたと考えられる。

百済はこの判定にたいし、自己に有利であったため、五経博士を二度にわたって派遣してきた。この点について末松保和氏は『任那興亡史』で次のように述べている。

百済からの文化の輸入、文化人の渡来は、従来すでに久しく続けて行はれたところであらうが、ここに至つて飛躍した。五経博士は、いはば前年の四県の請求の代償であり、またその裏付けでもある。百済からの文化輸入は、これを以て一期を劃し、企画化されるのである。五経博士は貢されたのであつて、帰化したのではない。(中略)この博士は年期を定めて、交代制で文化輸入のことを主宰するものとなる。

大和朝廷は早くから朝鮮に関心をもっていたと思われるが、直接の動機がないままに特に表立った国交はなかったと思う。さきにも述べたように、自然な人間や文物の交流は航海技術の高まりとともに増加していたものであろう。しかし、文化受容は国交が結ばれることによって飛躍的に増大する。従来、断片的な経典の輸入や儒学者の渡来などがあっても、あらかじめ企画されたものではなく、文化導入には不完全な形態が多かったと思う。この五経博士の派遣制度によって、百済儒教の水準を計画的に導入し、教育することになった。

国交を通じて行われる文化の伝達は意図的・計画的にかなり広範囲な文化現象が移植されるのであり、当然そこには日本文化の画期的な飛躍を招くのである。

大和朝廷と百済

次に重要な問題は、百済と大和朝廷との国交のあり方である。継体七年条にみられるように、百済国も伴跛国もともに裁定者である大和朝廷に五経博士や珍宝を送っている。大和朝廷がいかなる理由で任那の四県二郡といわれる地方を百済国の領有と裁定したかは不明であるが、百済国が儒教の組織的な導入という大型の文化供与をおこなったことは、大和朝廷の対朝鮮政策——この場合は四県二郡の裁定に対する政治的判断——に少なからぬ影響を与えたことは否定できない。

前年、任那四県の割譲を推進した大伴《おおとも》大連《おおむらじ》金村《かなむら》と穂積臣押山《おしやま》とが、百済の賄賂をもらったという批難があったと伝えているし、欽明紀元年（五四〇）九月条では、この裁定の失敗を理由に、大伴金村の政権追放も行われている。

加羅諸国との正式な国交について、詳細な記事は残されていないが、崇神紀六十五年（前三三）の任那国の蘇那曷叱知《そなかしち》渡来伝承、垂仁紀二年（前二八）の都怒我阿羅斯等《つぬがあらしと》渡来伝承、同三年の天日槍《あめのひぼこ》渡来伝承などは、加羅諸国との国交もしくは渡来有力者との関係を示すものである。なかでも、天日槍伝承はその典型で、鉄器文化導入を伝承化したものといえる。また、応神紀十四年（二八三→四〇三）の条の弓月君《ゆづきのきみ》帰化伝承や、同二十年（二八九→四〇九）九月条の阿知使主《あちのおみ》らの来朝伝説に代表される氏族の始祖伝承は、『百済記』にひかれて百済からの渡来となっているが、いずれもその氏族名からみて、加羅諸国からの渡来とみられる。

これらの渡来氏族始祖伝承は、そのほとんどが新文化保持者であることに注目される。このような伝承形態からみて、大和朝廷の朝鮮南部に対する関心は、新文物を保有する高度の文化地域とみていたことである。百済が加羅地方の接触地帯への進出をはかるため五経博士の派遣など、新たな大型の文化供与によって、大和朝廷の関心をひきつけることに成功したとみてよかろう。

百済は加羅諸国との接触によって、五世紀末の領土拡大方針を改め、朝鮮南部諸国の承認をうる方式で、第三者の大和朝廷の裁定を要請した。大和朝廷は百済の組織的な大型文化供与に関心を示し、百済の政策を支持することになった。

欽明紀には、いわゆる任那日本府の名称も見え、任那復興を名目とする新羅討伐の計画は『百済本記』の主張であり、大和朝廷の直接の関心事ではなかった。それではなぜ、大和朝廷が欽明朝に百済と密接な国交を持っていたのであろうか。その理由は百済の組織的な文化導入に強い関心をもっていたからである。このことを『日本書紀』、とくにそこに引用されている『百済本記』の記載に従って、その関係をみていきたい。

ここに記載されているいわゆる任那日本府は、結論的にいえば、百済に侵略された西部の加羅諸国の亡命勢力と考えられる。(注)大和朝廷は継体時代にいちおう百済側にたって旧弁韓西部への進出を認め、その代償として、組織的な儒教の導入に成功した。しかし、継体紀二十五年の注文によれば、百済軍は安羅(現在の慶尚南道咸安郡)まで兵をすすめていたとあるから、五三二年ごろには旧金官加羅国と安羅国とを根拠地にして、新羅と百済の勢力が直接対峙することとなった。

この間、大和朝廷はこの地方の対立抗争に直接関与していなかった。その後、百済は新羅との均衡状態を打破するために大和朝廷の介入を要請した。欽明紀四年(五四三)九月には百済の聖王は扶南《ふなん》国の珍奇な産物などを大和朝廷に送っている。扶南国は現在のカンボジア国地方にあって、『晋書』扶南国伝には林邑《りんゆう》(南ベトナム地方)の西方三千余里にあるといわれるところである。このような遠方の物産が百済にもたらされたのは、百済が南朝梁との国交を進めていたためである。

『梁書』百済伝によれば、五四一年に、百済は梁に朝貢した際、涅槃経やその解説書(仏教の経典)、毛詩博士《もうし》(儒学者)および医者・工匠・画師などを請求して、これを得ている。このように百済は南朝を通じて新文化を吸収しており、その中には扶南国からの珍奇な産物もあったであろう。これを大和朝廷に送ることによって、百済外交を支持・推進させようとはかった。おそらく、百済は大和朝廷にかぎらず新羅や加羅諸国にも、新文物を供与することによって、その外交政策を推進させたものと思う。

百済の聖王のこのような外交政策がただちに有効な成果をあげたとは限らない。

欽明紀四年十一月条によれば、大和朝廷の使節津守連《つもりのむらじ》は、百済にたいし加羅地方に配置している百済の郡令・城主の撤退を要求している。しかし、百済はなお翌五年（五四四）三月、大和朝廷に使節を派遣し、百済を中心とした加羅諸国の連合体制の承認と、三千人の軍隊派遣を要求してきた。翌六年五月に使節を大和朝廷に派遣し、さらに同九月には南中国の珍品を加羅諸国に贈与するとともに、丈六の仏像を天皇のために作るといってきた。これは仏教伝授の前ぶれとみてよかろう。

同七年正月、前年の百済使節が帰国する際、大和朝廷ははじめて武器を百済に送った。その後もひきつづき、百済からの救援軍依頼の使節が来朝し、その都度いくばくかの新文物を伝えてきたことであろう。これにたいし大和朝廷は、欽明紀九年（五四八）十月に三百七十人の兵士を百済に送り、同十一年二月には矢三十具を百済に送っている。このころは百済と新羅とは連合して高句麗にあたっており、一時的に朝鮮南部での緊張は緩和されている。

欽明紀十二年（五五一）、百済の聖王は新羅・加羅諸国と連合して高句麗と戦い、旧王都漢城地方を獲得し、大和朝廷への救援軍依頼は無用の年であった。しかし、翌十三年五月になると一転して、新羅は高句麗と連合して、聖王は加羅（ここでは大加羅《おおから》国の意。現在の慶尚北道高霊《コリョン》郡）・安羅とともに大和朝廷に救援軍依頼の急使を派遣している。七月にいったん回復した漢江流域を新羅に奪われるので、十月には百済がもっとも重要視していた文化財の仏像・経典など仏具一式を大和朝廷に贈与して、救援軍の派遣を急がせている。

翌十四年も正月早々から救援軍依頼の使節のあいつぐなか、六月になって大和朝廷はようやく良馬二匹・船二隻・弓五十張・矢五十具を送るにすぎなかった。大和朝廷は百済が窮地にたっているのに乗じて医博士（医師）・易博士（卜占師）・暦博士などの交代の時期がきているので新たな諸博士を派遣するよう、また、卜書・暦本および種々の薬物を送るよう要求している。これにたいし百済は八月に使節を派遣し、新羅と高句麗の連合軍が百済と加羅諸国を攻め、危機に瀕しているので、至急救援軍を送ってほしいと申しでた。また百済や加羅地方に到着した軍隊については、衣服や食糧をすべて百済が世話をすると申しでている。

さらに注目されることは、朝鮮南部諸国ははなはだ弓馬の兵器が少ないので、昔から今日まで、これを天皇から授かって強敵と戦ってきたと、現実の要請を歴史的な表現で補強している。すでに見たように、大和朝廷から百済へ兵器を送ったのがわずか九年前であり、兵士を送ったのは八年前にすぎない。古代といえども、政治的要求のためには、史実を無視した大胆なアピールを行うものである。

欽明紀十五年（五五四）も正月から百済の救援軍依頼の使節があいついだ。そこで大和朝廷は救援軍一千名・馬百匹・船四十隻を送る旨、答えた。あたかもこの回答にこたえるかのように、五経博士・僧侶・易博士・暦博士・医博士・採薬師・楽人などが百済からやってきた。大和朝廷の救援軍が実際に出発したのは五月で、諸博士の渡航を条件のように出発している。その後も、欽明紀十七年には百済王子恵の帰国に際して、護衛の兵士一千名が彼に従って百済に渡っている。

以上、長々と書きつづってきたことは、次のようなことを明らかにしたかったためである。つまり、大和朝廷が百済と関係を持ちはじめたのは、百済が加羅地方に隣接する地域を領有するに際し、形式的には裁定者であるが、事実上は立会人的立場で百済外交に利用されたということ。そして大和朝廷側は百済との正式な国交を結ぶことによって新文化の受容が飛躍的に有利になったこと。

百済の聖王は新羅と加羅地方の領有をめぐって再び大和朝廷を利用しようとし、大和朝廷も百済から新文物受容にひかれて外交上のみならず軍事的にも百済を支援することになった。当時の大和朝廷の航海技術では、大量の救援軍を送る能力はなかったし、また当時の大和朝廷の政治機構では、かりに大軍の渡航が可能であっても、新文物導入の目的だけで、大軍を渡航させることはできなかったであろうということである。

（注）　拙著『任那日本府と倭』東出版、一九七三年。

高句麗・新羅との抗争

欽明天皇と百済の聖王との外交的な取引は史料が残っているだけに興味深い問題を提起してくれる。朝鮮半島内部における高句麗・百済・新羅・加羅諸国での外交関係はおそらくいっそう多彩で、かつ激烈なものであったと思われる。しかしこれを示す史料はない。

史料の欠如は外交関係だけでなく内政面も同様で、百済の内的な発展を具体的に裏付けることはできないが、聖王十六年（五三八）には都が熊津《ゆうしん》から泗沘《しひ》（現在の忠清南道扶余郡扶余邑）に移されている。それまで都であった熊津（慶尚南道公州市）は同じ錦江ぞいでわずか二五キロしか離れていないが、熊津は山の迫った要害の地であり、泗沘は広濶な錦江下流域の沖積平野を見おろす丘陵で、官僚制の進んだ古代の王都にふさわしい場所であり、また水陸の交通の要衝でもある。

聖王三十年（五五二）、いったん漢江下流域を回復するが、翌年、早くも新羅に奪われ、態勢をたてなおして高句麗・新羅と戦い、同王三十二年（五五四）には王子余昌《よしょう》（のちの威徳王）が十二月九日に函山城《かんざん》（現在の忠清北道沃川《オクチョン》郡沃川邑）の戦いで新羅軍を破り、勢いに乗じて新羅国内に進撃した。新羅軍は退路にあたる函山城を奪回したため、王子余昌の軍は新羅軍の中に孤立することになった。これを救おうと父の聖王が加羅の軍とともに函山城を攻め、かえって、新羅軍のために殺された。聖王が無謀な函山城攻撃をしたのは、王子余昌を救いだすための陽動作戦かと思われる。

聖王時代の百済は、高句麗・新羅の武力に圧迫されてはいたが、官僚体制への移行も順調であったらしく、二国と対等の軍事力を持つまでに成長していた。また、南方では加羅諸国の大半を支配下におさめていた。王子余昌の軽率な戦略が聖王の命を縮めさせたばかりでなく、軌道に乗りつつあった王権の確立にも混乱をきたし、ひいては五六二年、新羅による加羅諸国の全面的な支配となった。このため、百済は積極的な活動が一時できなくなったのであった。

第四章　三国の興亡(2)

1　新羅の台頭

辰韓の斯盧国と新羅建国神話

新羅は韓族の初期農耕社会から生まれた村落共同体の性格の強い国家である。三世紀に辰韓の斯盧《しろ》国といわれ、現在の慶尚北道慶州《キョンジュ》市とこれをとりまく月城《ウォルソン》郡（現在は慶州市の一部）にあった。

ここは幅一キロ、長さ一〇キロ以上の四つの谷あいと、四キロ四方ほどの慶州盆地とからなりたち、初期農耕にもっとも適したゆるやかな傾斜地とこれをとり囲む数百メートルの山なみとがある。この谷あいや盆地には六つの村落国家があった。この六つの村落国家はそれぞれ独立していたが、楽浪・帯方郡との接触や周辺諸国との関連で、対外的に統一の必要性が生じてきた。斯盧時代の政治形態を内面的にとらえたものに新羅の建国神話がある。

新羅には古くから六村があった。それぞれの村では聖地や聖山へ村長の始祖が天から降臨してきた。前漢の地節元年（前六九）三月に、六村の首長たちが村民を率いて聖地閼川《あつせん》のほとりに集まって君主を迎え国を建てようと相談した。そのとき南山のふもと蘿井《らせい》のほとりで異様な気配がし、いなずまのようなものが天から地にたれていた。そこに一匹の白馬がしきりにおじぎをしているので行ってみると、一個の紫の卵があった。その卵をさくと、童子があらわれた。その容姿は端正で、東泉で湯浴みをすると、全身が光り輝いた。

六村の人たちは喜んで祝賀し、「天子はすでに天から降ってきた。こんどは立派な王后を探さなければならない」といっていると、閼英井《あつえいせい》のほとりに鶏竜《けいりゆう》があらわれ、その左脇から童女が生まれた。その容姿はことのほか麗しかったが、唇が鶏の嘴《くちばし》のようであった。月城の北の川で湯浴みをすると、その嘴がはじけおちた。この二人の聖人が十三歳になったので、王と王后とにして建国した。

この神話は日本の開国神話とその要素が大変よく似ており、王は天から降臨するもので、王后は水神の娘で、太陽と水とを必須条件とする農耕生産にはもっともふさわしい神話である。また天神の降臨に、日本では幼児が真床追衾《まとこおうふすま》（筵《むしろ》の類。稲霊を包む聖器）に包まれて降臨するのに対し、新羅では神聖な器である卵に入って降臨している。

このような類似点が多くあるにもかかわらず、政治的な立場でみると、基本的な点で相違している。まず日本の開国神話は神が国民を支配する立場で語られるのに対し、新羅では村民の要望に応じて祖神があらわれ、村民の期待に応じて活躍している。また日本の開国神話では天皇の始祖が天からただ一度だけ降臨するが、新羅の場合は六村の首長の始祖も国王の始祖と同様な形式で降臨している。このような始祖の降臨形式の類似は国王と村落の首長（貴族）との社会的・政治的権限の類似を示唆するものである。

新羅王の政治的権限が虚弱なことは三姓始祖神話でもわかる。この三姓始祖神話とは、新羅の現実の王、金氏と直接かかわりを持たない朴氏が開国の始祖となり、朴氏七代につついで、貴族にもない架空の昔《せき》氏が八代もつづくというのである。日本の天皇系譜が他氏と隔絶した形で伝承しているのとは対照的である。また王妃の地位がきわめて高いのは神話的な要素の強さにもよるが、村落共同体での女性の地位を示すものとして注目される。

日本の神話は国民から隔絶したところで行われる宮中儀礼を基盤としたものである。これに対し新羅の神話は王権の絶対性が否定され、村落共同体の秩序を基盤とした政治体制が、新羅全時代を通じて根深く存続していたことを物語っている。おそらく斯盧《しろ》時代の政治形態は、この神話が示すように共同体の成員が重視され、権力支配の弱い村落共同体がこの社会の基盤となり、たとえ六つの村落が連合して新たな国家形態を作りあげても、各村落の独自性が大幅に認められ、王権が急速に伸びたとは思えない。

斯盧から新羅へ

新羅の名がはじめて中国の歴史書にあらわれるのは三七七年で、このとき新羅は高句麗とともに前秦に朝貢している。ついで三八二年に新羅国王楼寒《ろかん》が使者衛頭《えいとう》を前奏に派遣し美女を献じたとある。

では斯盧国から新羅国への変化とはどういうことであろうか。二八〇年・二八一年・二八六年の三度にわたって、辰韓は西晋に朝貢している。このときはまだ辰韓十二国がそれぞれ朝貢していた。しかしこのたびの朝貢は辰韓の一国として朝貢したのではなく、辰韓諸国の代表として朝貢した。また新羅王楼寒は新羅第十七代奈勿《なこつ》麻立干《まりつかん》（なむる）（在位三五六〜四〇二）のことで、この王代から金氏が王位を独占するようになり、新羅の歴史時代を迎えることになる。

新羅は辰韓諸国の代表国となって中国の前秦に朝貢しているが、辰韓内部での支配権力は弱く、むしろ象徴的存在であった。このような事情を伝える説話がある。

婆娑尼師今《ばさにしきん》二十三年（一〇二）秋八月に、音汁伐国《おんじゆうばつ》（現在の慶州市見谷面）と悉直谷国《しつちよくこく》（江原道三陟市《サムチヨク》）が国境のことで争い、婆娑王にその裁決を求めてきた。しかし王はみずから判定せずに、金官国の首露王が年長で、経験もあり賢明でもあるといって彼を召しだし、この裁判にあたらせた。首露王はそれぞれの言いぶんをよく聞いたうえで、係争地を音汁伐国のものと裁断した。
裁判が終わると王は六部（前述の新羅の六つの旧村落国家）に命じて首露《しゅろ》王を慰労させた。五部からはそれぞれ最高クラスの者がきたが、ただ漢祇《かんき》部だけは身分の低い者がやってきた。そこで首露王は怒って、下僕の躭下里《たんかり》に漢祇部の首長保斉《ほせい》を殺させて帰国した。この下僕は音汁伐国にかくまわれた。これを知った婆娑王はその下僕の引き渡しを要求したが拒否されたので、王は怒って出兵し、音汁伐国を討伐した。

三陟の王陵

この説話は婆娑《ばさ》王代（八〇〜一一二）のこととしているが、これは四世紀後半の新羅の政治関係を示すものとみられる。

これによれば新羅王は支配下にある小国間の係争にも直接裁決を下さず、他の小国王に裁決を命じている。新羅王はせいぜい名目的な指導をおこない、裁決の場を提供するにとどまっている。また新羅王の直属の漢祇部の首長が殺されても、せいぜい直接殺害した下僕を逮捕するだけで、その首謀者である金官国の首露王を討たなかった。その理由には、漢祇部側に過失があったことを認めたためか、あるいは新羅と金官とに軍事力の差がそれほどなかったためか、いずれにしてもそれぞれの小国が内部的には自主的に、諸国間では理知的・政治的な解決法をとっており、新羅国王の権力的な支配力はそれほど強いものではなかった。

五世紀の新羅

五世紀の新羅は、高句麗と倭とに侵略され、支配される苦しみの中からしだいに独立をかちとっていった苦難の時代である。

奈勿《なこつ》王四十四年（三九九）、高句麗の広開土王のもとに新羅王から一人の使者が派遣された。このとき広開土王は二年前に城下の誓いをした百済が再び倭と組んで反旗をひるがえしたので、これを討伐するため平壌城まで出陣していた。新羅の使者の要請によれば、倭軍が国土を占領し、新羅王を家臣としてしまった、新羅王は倭の家臣になるくらいなら、高句麗に仕えたいといっているので、ぜひ救援してほしいという。

広開土王は翌年、歩兵・騎兵あわせて五万の大軍を送り、新羅の王城を占領していた倭軍を追い払い、任那加羅（現在の慶尚南道金海《キメ》市）まで進撃したが、安羅（現在の慶尚南道咸安郡）軍が再び新羅の王城を占領した。そこで高句麗軍は新羅まで撤退してその王城を確保した。この高句麗軍の救援を感謝し、新羅王は高句麗に家臣として朝貢した。

奈勿王が薨ずると、高句麗に人質として派遣されていた実聖《じっせい》が王位についた。しかし、倭

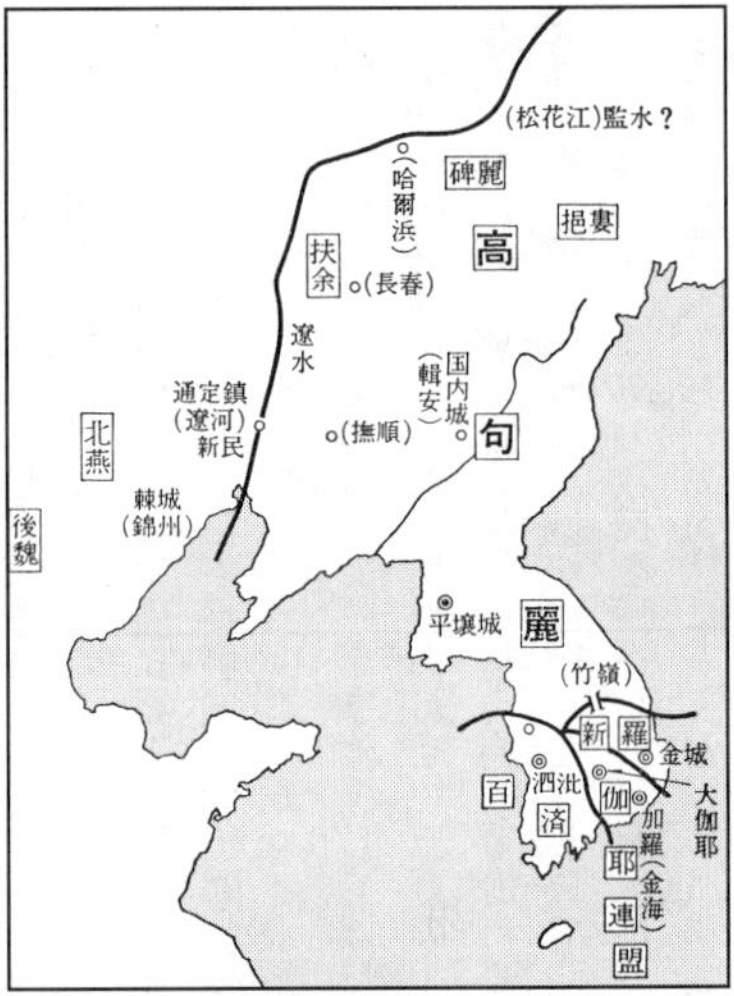

高句麗の最大版図

軍の圧迫はその後もつづき、実聖王が即位すると早速、奈勿王の子未斯《みし》欣《きん》を人質として倭国に送っている。それでもなお倭の侵入はつづいた。これは新羅と倭との戦いというよりは、新羅――ひいては辰韓地方の諸小国――の支配権をめぐって、高句麗と倭とが対立していたものと思われる。

　そのため実聖王は同十一年（四一二）に奈勿王の子卜好《ぼくこう》を高句麗へ人質として派遣している。さらに実聖王は新羅に駐留していた高句麗兵に依頼して、奈勿王の長子訥祇《とつぎ》を殺害しようとした。この高句麗兵は訥祇の秀れた様子をみて考えを変え、逆に実聖王を殺し、訥祇を王位につけた。

　当時の高句麗は征服王朝の性格をもち、朝鮮半島の大半と今の中国の遼寧・吉林両省の大半、黒竜江省の南部からロシア領沿海州に及ぶ高句麗最大の版図をもっていた。新羅もその一部に入るが、高句麗の新羅に対する支配はかなり厳しいもので、王の廃位まで介入している。

高句麗軍が新羅に長期間駐留したのは、新羅を支配するためだけでなく、倭軍と戦うためであった。『三国史記』によれば、五世紀に倭が新羅を攻めた記事が十七個もあり、とくにその前半では倭軍との戦いがほとんど王都ないしはその周辺でおこなわれている。これは倭軍が新羅とだけ戦ったのでなく高句麗軍とも戦っているのである。

新羅駐留の高句麗軍は倭軍の侵入に際して新羅を援助するが、その内政に対しても大きな発言権をもつようになった。これは農村共同体の自治を主体に連合してきた新羅の政治形態と基本的に異なる武力による権力支配であった。また倭と高句麗との領土争奪の場となった新羅は、国際社会における自立の困難さと必要性を痛感し、高句麗の制度や文化を取りいれ、しだいに自国の軍事力を強化していった。

その成果は五世紀後半からしだいにあらわれ、倭軍の王都侵入もほとんどみられなくなった。高句麗軍撤退の世論も高まり、ついには新羅側の武力によって高句麗軍を排除することになった。

〝倭〟について

ところで高句麗と対立した倭とは日本のことであり、大和朝廷のことを指すといわれている。さきに中国で用いられた倭の用法にふれたが、倭は日本だけでなく、後漢時代には内蒙古方面や南方の異種族をもさしており、朝鮮南部にも倭人がいたと考えている。三世紀でも、中国の知識人は倭人の確実な居住地は朝鮮南部だと考えており、『魏志』倭人伝は珍しい記事として、当時の人たちの好奇心をそそったにすぎない。倭が日本列島のみをさすようになるのは五世紀以後のことで、倭国は北九州狗奴国（福岡市地方）を指していたようである。厳密にいえば、中国では大和朝廷を、〝倭〟と呼ばず〝日本〟と呼んでいる。

このように新羅で使用された倭は、三世紀以前、中国で用いられた朝鮮南部の倭をさしている。すくなくとも七世紀の中頃までは倭を新羅の地続きの任那地方と考えていた。倭を日本のみのことであり、大和朝廷のことであると考えてきた今までの研究者は、広開土王陵碑文にでてくる倭や『三国史記』・『三国遺事』にみえる倭をことごとく日本のことと決めている。しかもその記事の内容が倭を日本のこととすることができない場合、任那《みまな》日本府《にほんふ》という出先機関があったのだと説明してきた。

倭が高句麗広開土王の五万の大軍と数度にわたって戦い、五世紀だけで十七回も新羅と戦わなければならない理由や、海流の激しい朝鮮海峡を大軍を渡航させる方法などが、当時の北九州の倭国や大和朝廷にあったのであろうか。任那日本府という、史料にもない幻の日本府を造作するのではなく、まず、それぞれの史料に即して新羅人が用いた倭（任那地方の別名）を再検討するとともに、古代の日本史・朝鮮史の再構成をはからなければならない。

智證麻立干の時代

新羅第二十二代智證麻立干《ちしょうまりつかん》（在位五〇〇～五一四）と次の法興王《ほうこう》（在位五一四～五四〇）とは新羅を古代国家に飛躍させた。このことを象徴的に語っているのは『三国史記』智證麻立干四年（五〇三）冬十月の記事である。

群臣が相談の結果智證麻立干に次のように申しあげた。始祖が国を始めて以来、国名が定まらず、あるいは斯羅、あるいは斯盧、あるいは新羅などといっている。私たちが考えますには新の字は〝徳業は日々新たなり〟の意味で、羅は〝四方を網羅する〟の意味ですから、新羅を国名にするのがよろしい。また、昔から国家といわれるものには、みな皇帝といったり、王といったりする者がいます。わが国の始祖が国を建ててから今にいたるまで二十二代でありますが、ただ方言を使うだけで、まだ正式な王号が決まっていません。今、群臣が協議した結果、あなたに新羅国王の尊号を謹んで捧げます。

新羅の国号はすでに四世紀後半から使用されている。それがここであらためて取りあげられているのは、時期を誤っていると考える人が多いが、このような考え方は当時の朝鮮や日本の実情から離れた考え方である。

国号がいるのは対中国外交ないしはこれに関連した外交の分野に限られていた。国内ではここに見える斯羅・斯盧・新羅より、金氏王統の始祖金閼智《あつち》が降臨した聖地鶏林《けいりん》の名が一般に国名として用いられていた。新羅の国号は本来、中国外交のための国号である。このことは倭や日本の国号も同様で、国内の村々では神の降臨した聖地に神社をたて、それが山の入口、山戸（ヤマト）であることから、ヤマト（大和）を国号としている。同様な例は朝鮮南部の任那にもみられる。始祖の王妃の渡来地である主浦（ニムナ）が国内における国号で、対外的には金官加羅国の国号が使われている。

さきに掲げた新羅の文字の由来があまりにも儒教的であるため、高麗の名儒として誉れの高い『三国史記』編者の金富軾《きんぷしき》の造作とも考えられるが、対中国外交のための国名であれば、当初よりこの程度の儒教的教養は新羅の外交官が持っていたと考えてもよいのではなかろうか。

日本の場合はこれよりちょうど二百年遅れた長安三年（日本の大宝三年＝七〇三）より中国外交の国号として使われ、日本の文字の由来を日本は、日の出の方向の地の果てにあるから日本と名付けたのだとしている。この例からみれば新羅の文字の由来があまりにも儒教的といえようが、これはたまたまそのときの中国外交の担当者の学識によることで、一般論では解決しない問題である。

さきの史料では新羅の国号だけでなく、王号を麻立干から新羅国王へ改称することを伝えている。当時用いられていた王号麻立干は、新羅の国政を決定する会議（『唐書』でこれを和白《わはく》といい、一人でも反対者があれば、その政策は実施しないという貴族の支配権の強い政治組織）の司会にすぎなかった。ここで国王に改称したことで、ただちに専制王権が成立するわけではないが、その方向へ移動しようとする傾向は六世紀初頭からみられる。

麻立干の王号は次の法興王代まで使用され、王権はきわめて弱かった。これがどのようにして強化され、やがて次の征服王朝に変化してゆくのであろうか。『三国史記』の智證・法興両王代で政治的にもっとも目立つことは、地方に対し重要な政策がやつぎばやに実行されていることである。まず智證王六年（五〇五）に異斯夫《いしふ》を北方の悉直（現在の江原道三陟市）州の軍主にした。軍主は地方の最高軍政官で、強力な軍事力を背景に地方行政を推進し、やがて征服王朝の立役者になるのである。この異斯夫は同十三年（五一二）六月に于山《うざん》国（現在の鬱陵島《ウルルンド》）を降服させ、まず日本海岸ぞいに領土を北方に広げた。

このような領土拡大にともない、智證王六年に、国内の州・都・県を定めたとあるが、この時期には新羅に州・軍・県制はなかったので、おそらく服属の地方行政になんらかの方針がたてられたというのであろう。同十五年（五一四）正月に小京を阿尸《あし》村におき、六部（建国神話にみえる六つの村落、のちにこれを基盤とした新羅本来の貴族、梁《りょう》部・沙梁《さりょう》部・牟梁《むりょう》部・本彼《ほんひ》部・漢岐《かんき》部、習比《しゅうひ》部をいう）および南方の住民を移住させ、この小京を充実させている。新羅は統一後、地方行政を九州五小京制とした。そのうち小京は新羅文化を普及させるため設置したものである。小京制が州制度のもとになる軍主制とともにこの王代からはじまったことは、新羅の征服王朝の第一歩といえる。

新羅が古代国家への第一歩をふみだした背景には、智證王三年（五〇二）に州・郡の長官に命じて農業を勧めさせ、牛を用いた農耕をはじめておこなったと『三国史記』にみえる。この州・郡の字句は後世のものであるが、農業の発展と新しい農機具の使用で、新羅の生産力はしだいに向上していったものと思う。

法興王の時代

智證麻立干時代を継承・発展させた法興王代は、同四年（五一七）の兵部創設をはじめとして、同十八年（五三一）の上大等《じょうだいとう》（新羅の貴族会議の議長格）制の設置など官制が充実した。同七年（五二〇）、律令を発布し、官吏の制服などをはじめて決め、王権の強大な官僚制度をはじめたように記されている。さらに同十五年、はじめて仏教が公認された。また同十九年には金官国《きんかん》（狭義の任那。現在の慶尚南道金海市）を降して、南方および西方の領土拡大に足がかりを得た。同二十三年（五三六）に年号をはじめて用い、独自の年号で建元といった。

これらのなかで、律令の発布と官吏の制服制定については史実と認めるわけにはいかない。『三国史記』の「色服志」には「新羅の初期には衣服の制度がなかった。第二十三代法興王のとき、はじめて王都の六部に衣服の制度を定めたが、このときはまだ固有の風俗のままでであった。真徳王二年（六四八）に固有の制度を捨てて、はじめて中国風の衣服の制度を用いることになった」とある。律令も同様で、後で述べるようにこの時期は大等《だいとう》時代といい、王権の強化を計る律令とは異なった政治形態をとる時代である。ここに律令の文字を用いたのは、それまで村落共同体形式の六部で慣習となっていたものを、ある程度、成文化しただけにすぎないものと思われる。新羅で中国風の律令による中央集権体制をとるのは、七世紀後半になってからのことである。

仏教の伝来

新羅仏教は法興王十五年（五二八）から始まるが、高句麗・百済や日本の場合とやや事情が異なる。朝鮮での仏教は高句麗小獣林《しょうじゅうりん》王二年（三七二）六月に前秦の王符堅《ふけん》が僧順道《じゅんどう》と仏像・経文を送ってきた。同四年（三七四）に東晋から僧阿道《あどう》が来たので、さっそく肖門寺と伊弗蘭寺とを建てて二僧を迎えた。このようにして朝鮮で仏教がおこなわれるようになった。百済では枕流《ちんりゅう》王元年（三八四）、東晋から僧摩羅難陀《まらなんだ》が来ると、王は早速彼を宮中に迎えて、彼の教えを聞いて王は深く仏教を信じ、翌年、漢山（現在の京畿道河南市春宮洞）に仏寺を建てた。このようにして百済仏教が始まった。

新羅にはじめて仏教が伝わったのは訥祇《とつぎ》王代（四一七〜四五八）で、僧墨胡子《ぼくこし》が高句麗から新羅の一善《いちぜん》郡（現在の慶尚北道亀尾《クミ》市善山邑《ソンサンウプ》）の毛礼《もうれい》の家に来ていた。このとき新羅王朝は梁から香物をもらったが、その名も使い方も知らなかったので、墨胡子がその名と使い方を教えた。このとき、王女の病気が悪化したので、墨胡子は香をたき、祈禱をしたところ、王女の病気はたちどころに治ったという。しかしその後の墨胡子のことはわかっていない。その後、炤知《しょうち》王代（四七九～五〇〇）に阿道和尚が三人の弟子とともに一善郡の毛礼の家にやってきて、数年住んだのち死んだ。その後、三人の弟子が布教をしたので、しだいに仏教が広まった。法興王は仏教を公認しようとしたが、貴族たちの反対にあって成功しなかった。仏教公認ができなくて苦慮する法興王に、近習の異次頓《いじとん》がみかねて、次のような問答をする。

異次頓「どうか私を斬って、反対派にも仏教を公認させてください」
王「本来仏教を広めようと思っているのに、罪もない者を殺すのは誤りである」
異次頓「もし仏教がおこなえるようになるのなら、私は死んでも残念に思わない」
そこで、王は群臣を集めて仏教公認のことを諮問したところ、貴族たちから次のような反論がでた。
貴族「今、僧侶の姿をみると、子供のような髪形で、異国の服を着ている。その議論は奇妙で、あやしげなもので、常識とちがっている。今もし仏教を許すなら、おそらく後日、悔むことになるであろう。私たちはどんな重罰を受けても、王の要請にこたえるわけにはいきません」

異次頓「今、群臣のいっていることは誤っている。非凡な人がいて、奇跡が起こるのだ。仏教は深淵な教えと聞いています。おそらく信じないわけにはいかないでしょう」

王「多くの人の言いぶんが非常に強固で、論破することができない。おまえは一人、他と異なったことをいうが、両方に従うわけにはいかない」

そこで役人に捕らえさせ、まさに処刑をしようとしたとき、異次頓は死にのぞんで次のように言った。

異次頓「自分は掟に従って刑罰をうける。仏にもしも霊感があるならば、私が死んだのち必ず異変が生じるであろう」

異次頓が斬首されたとき、切り口から湧き出た血は、その色が白く、乳のようであった。貴族たちはこれを見て驚き恐れ、仏教の公認を妨害するものはなかった。

日本の仏教公伝でも崇仏・排仏両派に分かれての対立があった。この点では新羅仏教の公伝も似ているが、その争点は朝鮮の神を祭るか否かにあった。その内容も百済から献上した仏の顔が端正で美しいという程度にすぎなかった。

新羅の場合はすでに仏教がおこなわれており、その内容もかなり知られていた。そのうえで仏教を公認するかどうかが論議されているが、これは中国文化や世界文化との接触の仕方が、日本と朝鮮とでは明確に異なっていることを、われわれの前に示してくれる。新羅の文化は古代の日本にもっとも類似したものではあるが、新羅は大陸の国家であるため、中国はじめユーラシア大陸の文化が貴族や王の政策のいかんにかかわらずまず伝播してくる。これを禁止するか、援助するか、が新羅の文化政策になる。新羅は流入してくる文化を選択して採用するのであり、日本の場合は主として朝鮮の諸王朝から与えられる文化を力いっぱい受けとめようとする文化である。

征服王朝の全盛期——真興王と国史の編纂

法興王代はすでに征服王朝の性格をそなえ、その成果もすでにあらわれているが、次の真《しん》興《こう》王代（五四〇～五七六）は新羅の征服王朝の全盛期であった。この王代に新羅の領土は遠く咸鏡南道・京畿道まで拡大し、統一以前では最大の版図となった。同十五年（五五四）に百済の聖王を討ちとり、同二十三年（五六二）九月には加耶国の反乱をおさえ、加羅地方の諸小国を完全に支配下におさめた。この領土拡大にたいし、四州一小京を置き、地方行政を整備した。

また文化面でも国史の編纂や加耶琴《かやごと》・加耶楽《かやがく》の保護・発展に尽くし、百済の工匠を招いて皇竜寺をはじめ多くの寺院を建て、八関会《はっかんえ》などの仏事が戦死者の供養のため、国家的な事業としておこなわれた。さらに固有信仰から発達した花郎《かろう》が、その宗教的な団結を基盤に新羅の軍事力の中核をなすようになるのもこの王代からである。

真興王六年（五四五）秋七月、伊飡《いさん》（第二等の官位）異斯夫《いしふ》が王に「国史は君臣の善悪を記録し、万代ののちまで示すべきである。国史を編纂しなければ、後代、何によって見ることができるであろうか」と奏上したのにたいし、王はおおいに感銘して大阿飡《だいあさん》（第五等の官位）居柒夫《きょしふ》ら広く文士を集めて国史を編纂させたと『三国史記』では伝えている。

この文章は国史の編纂を中国の『史記』などの編纂態度に準じたものとしているが、国史の編纂は政治の基本にかかわるものである。たとえば日本では最初の国史として編纂された『帝紀』が、皇位継承を中心とする歴史書であったように、新羅の場合でも、当時の政治思想を反映した独自の形式であったと考えられる。

さいわい、この国史の一部と思われるものが『三国史記』に採用されていることがわかった。これによれば、五世紀後半から六世紀初頭にかけて各地に築城した歴史が中心になっている。これは国史編纂を要請した伊飡異斯夫の経歴に符合するだけでなく、彼を中心とした真興王初年の新羅の政治状況を端的に示すものといえる。

異斯夫は奈勿《なこつ》王の四世の孫で、智證王代に加耶国を攻め、同六年（五〇五）、新羅は最初の州、悉直州を現在の江原道三陟郡におき、彼を州の軍政長官にあたる軍主に任命した。彼が軍主の最初である。悉直州は新羅領土がさらに北方に伸びるに従って根拠地を北に移し、何瑟羅《かしつら》（かつぴら）（現在の江原道江陵《カンヌン》市）州とし、彼をひきつづき軍主とした。この間、智證王十三年

婆娑山城（京畿道驪州郡栗村里）

（五一二）には于《う》山《さん》国（現在の鬱陵郡）をも服属させた。

真興王二年（五四一）、異斯夫は中央に呼びもどされて兵部令となり、新羅全軍を指導することになった。同王十一年（五五〇）には高句麗と百済とが漢江流域の争奪に疲れ果てたのに乗じ、彼みずから出陣して両国の勢力を排除し、この地方に新州をおいた。さらに同二十三年（五六二）には加耶国の反乱を鎮定した余勢をかって、百済の勢力を背景とした西南部の加羅諸国をも新羅の勢力下に包含した。

このように異斯夫は新羅の征服王朝時代における英雄的存在で、新羅の領土拡張のため、つねに第一線の武将として活躍した。

異斯夫と山城の築造

東萊山城（釜山市東萊区）

新羅の征服王朝期に英雄的な存在であった異斯夫が、なんのために国史の編纂を要求したのであろうか。断片的に残された記事から新羅最初の国史が五世紀後半から六世紀初頭の築城記事を中心とした歴史書であったことと、その国史の編纂を要請した異斯夫の経歴とは、地方行政――占領地支配――という点で結びつく。新羅最初の国史は『三国史記』が伝えるような中国風の歴史書ではなく、当時、新羅が直面していた最大の問題――領土拡大と占領地の確保――に解決を求めようとしたものといえる。

朝鮮南部の城は多く山城である。この山城は中世モンゴルの侵入や、近世豊臣秀吉の侵略にその地方の農民がたてこもり、たとえ王朝が戦意を失っても、自立した義兵闘争をこの山城によって展開した。現在なお百を越える山城が残っており、それぞれ地方の交通の要衝を眼下に見おろす要害の高地や地方の主要な町の背後にそびえる高山などに見事な城壁を残している。この山城の起源は原始国家の時代まで遡るのであろう。すくなくとも異斯夫の活躍した時代の築城はこれらの山城で、異斯夫が占領地行政でもっとも必要と感じたのはこの山城だったのではなかろうか。

高句麗の広開土王の南下以来、朝鮮南部は三国の対立だけでなく、その間にはさまる小国間にもしだいに武力抗争が激化してきた。各小国が内政の自治を守るためには武力的な根拠地としての山城が不可欠なものであった。また新羅が占領地域を拡大してゆくためには強力な軍事拠点をもって、他国の軍事力を排除するのが当時の地方行政の中心的課題であった。この軍事拠点の設定は地形の複雑な朝鮮南部では、新羅の地方支配の成否にかかわる重大な問題であった。長年、占領地の軍政長官であった異斯夫は山城の重要性と、その設置の困難さを味わったものと思う。このような彼の体験が築城を中心とした新羅最初の国史を要請させたものと思う。

この国史の内容をみると、慈悲麻立干《じひまりつかん》以後とそれ以前とで大きく性格が異なる。奈勿尼師今《なこつにしきん》三十八年（三九三）以前のものは、倭・百済・高句麗との戦闘記事で、物語風に語られている。慈悲麻立干五年（四六二）以後は来寇記事もあるが築城記事が主体で、事実の羅列にとどまっている。このような記事の配列と記述方法の相違から、奈勿尼師今以前の記事はその地に築城されるようになった歴史的経過を伝承記事から集めたもので、慈悲麻立干以後の記事は歴史的事実の記録で、その具体的な機能は多く説明を要しなかったため簡潔な記載となったのであろう。

その中でただ一つ築城の目的を明記したものがある。それは『三国史記』炤知《しょうち》麻立干十五年（四九三）秋七月の条の、臨海《りんかい》・長嶺《ちょうれい》の二鎮をおき倭賊にそなえたというものである。五世紀の新羅が倭の侵入に苦しんだことは前にも述べたが、築城が外敵の侵入、とくに倭の侵入をいかに重視したかを知ることができる。

于老伝説

この国史の前半部をなす説話記事の一部と思われる于老《うろう》伝説が『三国史記』に伝えられている。于老伝説は記紀の日本武尊《やまとたけるのみこと》伝説と類似した悲劇の英雄伝承である。列伝第五の昔于老伝の大要を示せば次のようである。

昔于老《せきうろう》は第十代奈解尼師今《なかいにしきん》の子である。奈解尼師今十四年（二〇九）、浦上《ほじょう》八国が加羅国を襲ったとき、太子の于老はこの八国を討ち破り、初陣をかざっている。助賁《じょふん》王二年（二三一）七月に伊湌の于老は大将軍に任命され、甘文《かんもん》国（現在の慶尚北道金泉市甘文面《カムムン》）を討伐して服属させた。同王四年五月、侵入してきた倭兵にたいし同年七月に于老は沙道で戦い、その船を焼いて全滅させた。

同十五年（二四四）に于老は政治・軍事の最高責任者となり、翌年、高句麗が侵入するとみずから出陣して戦ったが、勝つことができず馬頭柵《ばとうさく》まで退去した。その夜は寒気がきわめてきびしく、将兵が寒さに苦しんだ。于老は将兵を励まし、薪木をみずから集めて暖をとらせた。そこで将兵たちはすっかり感激したという。沾解《てんかい》尼師今の在位中（二四七〜二六一）、沙梁伐国《さりようばつ》（現在の尚州《サンジュ》市地方）が百済に寝返ったので、于老がこれを討伐した。

沾解尼師今七年（二五四）、倭国の使臣葛那古《しようなこ》が新羅にきていた。于老が倭の使臣を接待していたとき、うっかり冗談で「おそかれはやかれ、あなたの王を塩焼の奴とし、王妃を飯炊き女にしよう」といった。倭王はこれを聞いてたいへん怒り、将軍于道朱君《うどうしゆくん》を派遣して新羅を討とうとした。そこで于老はこのたびの危機は自分が不謹慎なことをいったためである、この問題は自分が解決しなければならないといって、倭軍の陣に出むいた。そこで彼は前日の言葉は冗談である、戦争する気があれば自分がここへくるはずがないと釈明したが、倭人たちはこれには答えず、彼を捕えて火炙りの刑にした。

味鄒《みすう》尼師今のとき（二六二〜二八四）、于老の妻が国王に願いでて倭の使者を招待した。その使者が酔いつぶれたとき、壮士たちに焼き殺させて前の怨みをはらした。倭人が怒って王城を攻めたが、勝てずにひきあげた。

この伝承記事が新羅最初の国史に採用されたのは、沙道城・馬頭城の築城由来記事であったためかと思う。ここで示されている六世紀中葉の新羅人の関心は、加羅諸国の征服と高句麗・倭の侵入とであったことがうかがわれる。その中で加羅諸国に関するものは、編纂当時の問題であり、それらが後者の伝承説話に付加して于老伝が記述されている。

たとえば、奈解尼師今十四年（二〇九）のこととする于老が浦上八国（現在の慶尚南道南西部地域）を破ったとする記事は、明らかに真興王初年のことを示している。(注) また沙梁伐国（現在の慶尚北道尚州市）が百済に寝返ったのを、于老が三世紀半に討伐したことになっている。しかし、百済と新羅とが加羅諸国の争奪戦をはじめるのは六世紀に入ってからであり、沙梁伐国が最終的に新羅に服属するのは法興王十二年（五二五）に、この地に沙伐州をおいたときからであろう。甘文国の討伐も沙梁伐国と隣接したところで、この地方に新羅の勢力が拡大されるのは、どんなに早くみても、五世紀末から六世紀初頭のことである。

このような加羅国関係の記事はすべて簡略で、事実の列記にとどまっているが、倭・高句麗関係の部分は物語の形式をとっている。この点からも加羅諸国に関する記事は、編纂当時の関心で付加したものといえる。

(注)　三品彰英『日本書紀朝鮮関係記事考證』上・下巻、天山舎、二〇〇二年。

倭・高句麗との関係

倭や高句麗との関係記事は五世紀前半の史実をふまえた伝承で、国史編纂の真興王初年の

『日本書紀』にあらわれる加羅諸国

評価が加えられている。高句麗はもっとも強力な侵略勢力として描きだされ、政治・軍事の最高責任者となった于老自身がその侵入に対決した。これにたいし、倭は沙道での戦いや王城への攻撃などもみられるが、使節の往来や使節の接待など親近的な説話記事になっている。これから見れば、倭国はたんなる敵対国ではなく、友好的な半面があったことが語りつがれている。

なお、六世紀に入ってからのことであるが、百済とのことは任那諸国の争奪戦が中心となっている。沙梁伐国の場合、もと新羅に従属していたのが、なぜ百済に寝返ったのであろうか。やや対象を異にするが、『百済本記』に類似の例として卓淳《たくじゅん》国などの滅亡を百済王が次のようにいっている。

新羅が隙をみて侵略して来るのは恐れるにあたらない。卓淳などの国が新羅に併合されたのは新羅が強いからではない。喙己《とくこ》呑《とむ》国（現在の慶尚北道慶山《キョンサン》市）や南加羅国（現在の慶尚南道金海市）は新羅と境を接しており、毎年攻め破られても立ち直って戦ったが、他の任那諸国が救援しなかったためにとうとう滅んでしまった。卓淳国（慶尚北道大邱《テグ》広域市）の場合は上下分離して新羅に内応するものがでて滅んだ。むかし、新羅が高句麗の支援を得て任那や百済を攻めたがどうしても勝つことができなかった。

（欽明二年四月の条）

喙己呑国や南加羅国の場合は、新羅が連年侵略しても容易に屈服しなかった。これは中国新《しん》の王莽《おうもう》から始まる遼東ないし中国本土の王朝との戦いで、高句麗がいかに苛烈な攻撃を受け、壊滅的な打撃を受けても、やがて前にもました勢力を持つようになるのと同様である。

もっとも政治形態が進んでいたと思われる高句麗でも、もっとも政治形態が遅れているといわれてきた任那諸国でも、侵略勢力に対する根強い抵抗には、たんにその社会機構が村落共同体を基盤にしていたというだけでは解決しない、他の要素が認められる。その要素は統一新羅以後、朝鮮の民族文化を作りあげてゆく原点にあたる地域防衛の生活態度である。

卓淳国の場合は上下分離して新羅に内応する者がでたというが、その内応者は衛氏《えいし》朝鮮没落のさいに見られたように上層支配階級で、彼らは共同体の思想を持つ農民を裏切って、政治的解決すなわち新羅への内応にふみきったとみられる。支配階層が政治的解決をはかって新羅に服属していくことは、原始的な色彩を持つこれら小国家が解体し、古代統一国家への第一歩となる。しかし、その地形が狭小な地域に分断され、水利など生産様式も一つの谷あいないしは数個の谷あいで完結するこの地方の生産農民の考え方を容易に転換させられなかった。ここに階級的な相違が明確にあらわれ、上層支配者と村落共同体の成員とが分離していったのであろう。とくに初期農耕に有利な条件をもつ卓淳国の場合、このような階級分裂が起こりやすかったのではなかろうか。

このように新羅最初の国史が語るところでは、五世紀前半までとそれ以後とで大きな変化がある。五世紀までの新羅は対立する最大の敵を高句麗とし、加羅諸国の別名としての倭を敵対国ではあるが友好的な半面もあると概括的にとらえている。五世紀後半には加羅地方の別名倭が勢力を持ち、新羅関係では高句麗をうわまわる軍事的圧力とさえなっている。

この高句麗・倭との戦闘を経過する中で、新羅社会は階級的な分裂が激化しながらも、支配階層は宗教的・行政的権威を基盤に軍事力を結集し、征服王朝へ発展した。さきに高句麗の広開土王陵碑で、高句麗の征服王朝の一面を見たが、ここでは新羅の征服王朝の特色を真興王の四碑で見てみたい。

真興王の四碑

真興《しんこう》王の四碑とは慶尚南道の昌寧《しょうねい》碑（五六一）、京畿道の北漢山碑（五六〇年代前半?）、咸鏡南道の黄草嶺《こうそうれい》碑と磨雲嶺《まうんれい》碑（いずれも五六八）の四碑をいい、真興王が新たに獲得した地域を巡回し、新付の地方勢力を威圧すると同時に新たな支配関係を結ぶためのものであった。この四つの碑文は当時の官制・身分制・社会組織を知るに大変貴重な史料である。

官制

まずこの碑文で知られる征服王朝時代の官制を見てみたい。

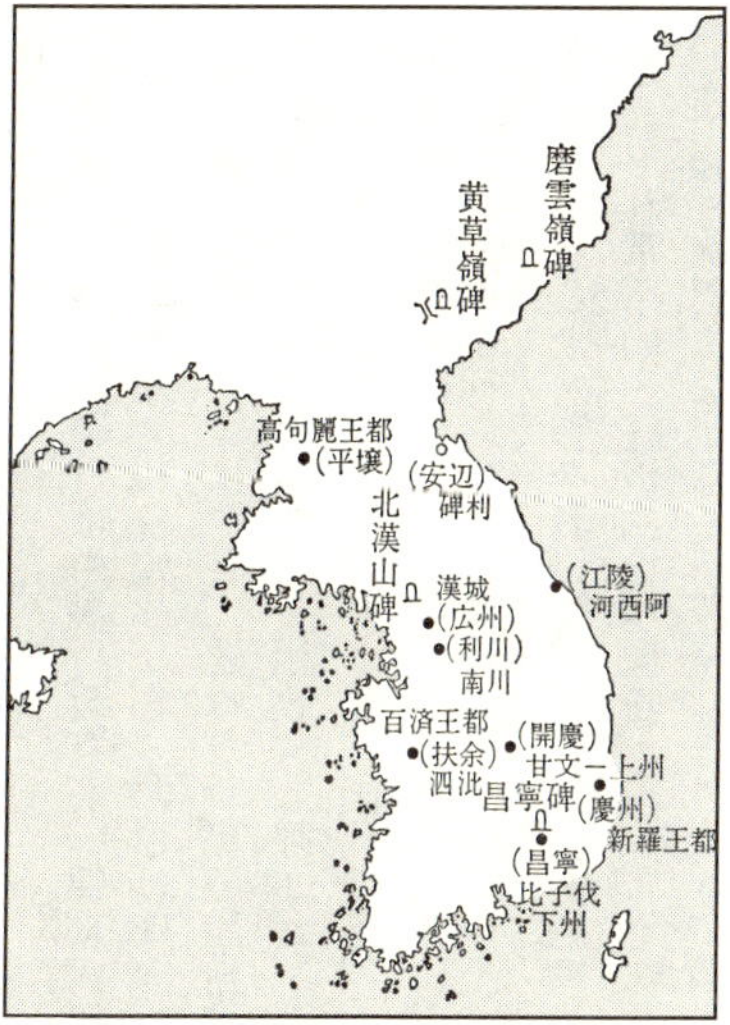

真興王碑の位置および四方軍主州郡名

これらの碑文にあらわれる人名は官職名・地域名（六部名）・人名・官位名の順序に記されて、官職名と六部名とは前者と同じ場合には省略している。記載の順序からみると、僧侶・中央行政官・地方軍政官・地方行政官・従者の順に記載されている。僧侶を第一におくのは古代の宗教件を物語るものであるが、王の従者が地方行政官のあとにまわされているのは多少疑問を残す。

次にきわだった問題点は中央行政官が一律に大等で、ただ昌寧碑だけに某（欠字）大等、すなわち次官級の者が五名見られる。大等とは内臣の意味で、中央の上級貴族で国政に参加する官職をいう。大等はさきに述べた新羅の和白会議のメンバーで、彼らはすべて同等の発言権をもっていた。大等を中央行政官と呼ぶが、今日の行政官とは異なり、行政の実務はすべて某大等（次官クラス）にまかせ、国政の基本のみを討議していた。この大等が多少とも行政官的な色彩を持つようになるのは真平《しんぺい》王代（五七九～六三二）からである。

新羅の大等制（貴族の合議制度）は、その起源が村落連合時代にあり、六世紀頭初の征服王朝期に入ると上大等をおいて、この制度を組織化した。しかし、新羅の大等（中央貴族）はそれぞれ軍事的・経済的な基盤を、慶州周辺の村落にもっていた。彼らは自己の村落の自治を相互に確認しながら、新羅全体の外交・内政を討議していた。次官クラスの事務会議は大等会議の結論にそって行われた。中央行政組織は国政の基本路線を討議する大等会議とこの事務会議との二段階に分かれている。このような行政組織は同時代の加羅諸国の連合体制のそれと同様である。

加羅諸国は共通の外交・軍事の基本路線を決定する会議には加羅諸国王ないしは最高貴族が参加する。ここで決定された外交・軍事などの基本路線を実施するための事務会議が諸国の王子や貴族によってもたれている。このような中央行政組織をみれば、新羅と加羅諸国とでは、王の存在を除けばほぼ同一の政治形態である。また二段階の行政組織にした理由は各地域の自治を守ろうとするもので、この地方の村落共同体の強固さを物語るものである。

この四碑で分化の激しいものは、地方軍政官・地方行政官および王の権威を飾るための従者組織である。地方の軍政は四方軍主制を中心としている。この制度は征服した地域を四分割して、それぞれに最高軍政官の軍主をおいた。五六一年におかれた四方軍主《しほうぐんしゅ》は慶尚南道昌寧《チャンニョン》にいた比子伐《ひしばつ》軍主、慶尚北道開寧にいた甘文《かんもん》軍主、京畿道広州にいた漢城軍主、咸鏡南道安辺《アンビョン》にいた碑利《ひり》城軍主であった。

官職別＼碑別	(1)昌寧碑	(2)北漢山碑	(3)黄草嶺碑	(4)磨雲嶺碑	合計
A．僧侶	0	0	2	2	4
B．中央行政官	25	3	7	7	42
C．地方軍政官	5	1	0	0	6
D．地方行政官	8	0	0	0	8
E．王の従者	2	0	9	13	24
F．不明	0	3	0	0	3
（合計）	40	7	18	22	87

表6　真興王四碑の官職表

その後数年して建てられた北漢山碑には南川《なんせん》軍主の名だけが見られる。南川軍主はさきの漢城軍主が改められたもので、おそらく、高句麗の圧力が強まったため漢城を根拠地にするのに危険を感じ、南川（京畿道利川《イチョン》市）まで後退したのであろう。この時期の軍政は、巨大な軍事施設をともなわなかったため、かなり容易に根拠地を移動している。

この四方軍主のもとには、それぞれ地方行政官が配属されていた。たとえば、甘文軍主のもとに上州行《じょうしゅうこう》使大等《しだいとう》、比子伐軍主《ひしばつぐんしゅ》に下州《げしゅう》行使大等、碑利城軍主に河《か》西阿《せいあ》郡使大等などの地方行政官が配置されている。

この時期には州・郡制がとられ、後世の九州制度の基本がすでに六世紀中葉にできあがっていたことがわかる。また、この州・郡までは中央の貴族が派遣されていたが、それより下級の村主は在地の有力者であったことから、村落行政は従来の共同体的性格を温存していたとみられる。

新羅の中央行政制度は村落連合時代からの貴族の合議制度で、大等会議も事務会議もそのもとに特定の事務局をもち、行政の職務を分担することなどは、まだ行われていなかった。これにたいし地方の軍政組織は四方軍主を頂点に、州行使大等・郡使大等・停助人《ていじょ》（地方駐屯軍の司令官）・村主《そんしゅ》など、軍事・行政面で明確な統治機構が整備されている。

身分制度

真興王四碑からみられる今一つの特色は、王者の尊厳を誇示する従者の組織である。その職名をみれば、王者の輿《こし》や車を差配する執駕人《しつが》、王者の警護にあたる裏内《りだい》従人、車馬の世話をする後世の供奉乗師《ぐぶじようし》と思われる騶人《じよう》、後世の供奉卜師《ぐぶぼくし》と思われる占（占）人、同じく後世の供奉医師にあたる薬師、宮廷の雑事に奉仕する裏内、書記の任務をもつ書人、王者の命令を伝達するものと思われる旨為人《しい》、およびこの巡行の雑事いっさいを差配する助人などの官職名がみられる。これらの職名およびこれを担当する役人の官位などから考えると、新羅律令の全盛期に劣らぬ整備されたものといえる。

従者制や地方行政の整備は中央行政官庁の未分化ときわだって対照的で、当時の王者のもつ性格——地方勢力に対する王権の誇示——を端的に表現している。また王権の誇示も地域によって力点を異にしているようである。

加羅諸国を対象とした昌寧碑では中央・地方の行政官・軍政官が圧倒的多数を占めて、王の従者はわずか二名しか見られない。これにたいし、咸鏡南道の黄草嶺・磨雲嶺の二碑では、地方の軍政官も行政官もまったく名を見せていない。それに代わって王の従者が記載人名の過半数を占めている。このことから加羅地方に対して、こけおどしの従者制より政治組織の誇示が有利とみられる。これにたいし、三世紀の濊《かい》族居住地域で、当時、靺《まっ》鞨《かっ》族の居住地であった黄草嶺・磨雲嶺の二碑では、地方の軍政官や行政官を羅列し、地方の支配組織を誇示することより、かえって従者制度による王の権威の表現のほうが政治的効果があった。

昌寧碑（堂内）

新羅が征服王朝になりえた理由は、このように地域による政治感覚、とくに王者に対する考え方が異なっていたことを的確にとらえ、それをたくみに地方行政に反映したためと考えられる。

地方行政組織

地方行政の実情を知るためには、真興王の四碑よりのちの碑文によらなければならない。地方の行政制度については五七八年の塢作碑《うさく》や五九一年の四個の南山新城碑《なんさんしんじょうひ》にいっそう具体的にみられる。これらによると、郡使大等のもとには各村落の行政指導にあたる郡頭・道使など中央から派遣された官吏がいる。これに対し、村落から郡庁に出むく者もいた。村落を代表する郡上村主、各種の技術を提供する匠尺《しょうしゃく》・文尺《ぶんしゃく》・城使《じょうし》などがそれである。村内の行政実務は真村主《しんそんしゅ》・次村主・第三村主など村主《そんしゅ》階層があって、合議制をとっている。さらに村落には面という小行政区画があって、ここでも提上《ていじょう》の役職をもつ階層による合議制がもたれていた。

新羅は国政の基本を決定する会議から村落の自治にいたるまで、すべて合議制をとっている。智證麻立干からはじまり真興王代に頂点となった新羅征服王朝では、王権の確立や権力構造の整備が飛躍的に進んだと考えられやすい。しかし、華々しい戦果を王権の発展と結びつけようとするのは必ずしも実情に合わない。

当時の新羅人は必ずしも王権の発展を望んでいなかった。真興王の跡を継いだ真智王は

『三国遺事』によれば、「在位四年で国政が乱れ、悪業が続いた。そこで貴族たちは彼を廃位した」とあって大等会議によって王の廃位が決定した。この一事をもってしても、征服王朝時代の王権がいかに脆弱《ぜいじゃく》であったかが知られる。新羅はその後も貴族の合議政体がつづき、王権はなお宗教的な傾向を持ち、政治の実権を握ることはできなかった。

私たちは征服王朝が広大な領土を獲得してゆくために、本国では国王の絶対権限があり、そのもとに国民が一致団結していなければ、とうてい征服王朝になれないと考えがちである。しかし新羅だけでなく日本の征服王朝期の天皇でもその権限はかなり狭く、即位や退位は事実上貴族集団の権限に属していた。このような新羅の王権の性格は、七世紀前半の統一戦争期までつづいた。

2　新羅と百済の文化を訪ねて

新羅の文化

一九六七年十月、二十年間、文字の上でしか知ることのできなかった朝鮮を、はじめてこの目で見ることができた。朝鮮の山河は私の抱いていたイメージとあまりにも異なっており、古代朝鮮の像が大きく動揺した。また、長い煙管をもち、黒い冠をかぶった両班《ヤンバン》の姿や白い長衫《ちょうしん》を着て野良仕事をする農夫の姿や、紺碧の空と真白な砂とをバックにした原色のあざ

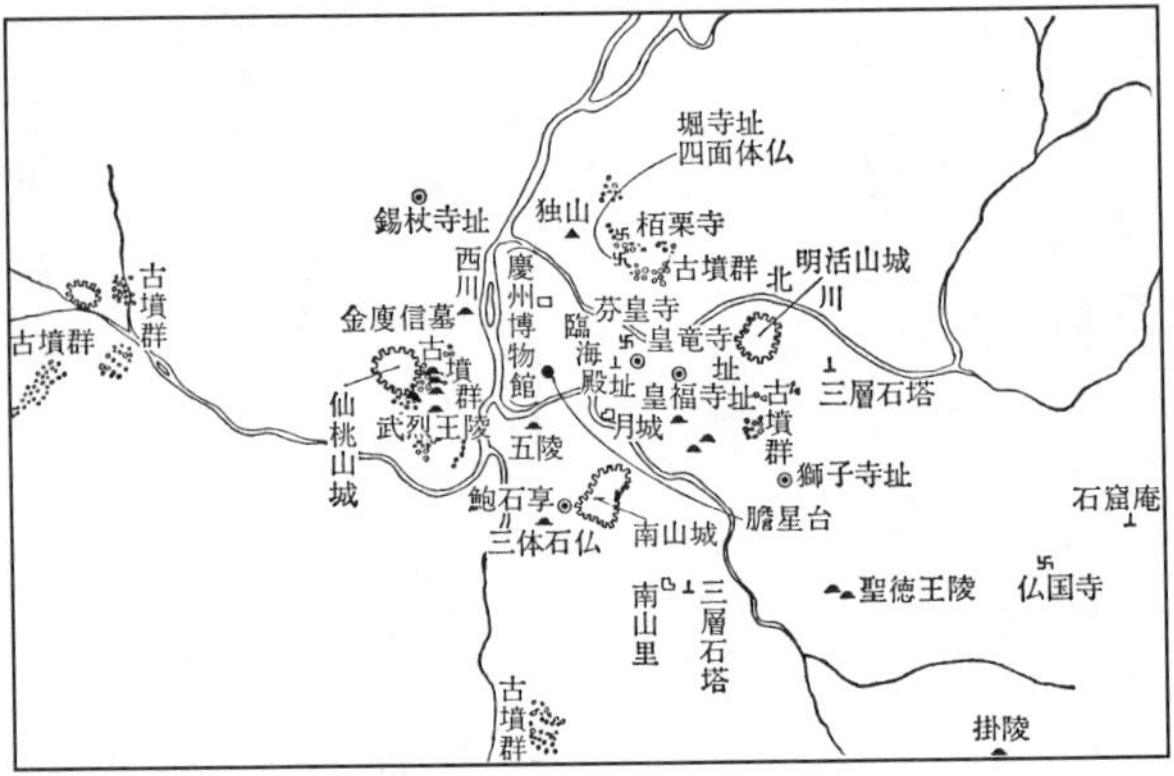

慶州の新羅遺跡地図

やかなチマ・チョゴリの姿等々は、私の観念的な朝鮮認識を事実に即して考えなおすよう訴えているように思えた。

翌六八年にも、五人の友人とともに慶尚道の旧小国の遺跡を巡った。これについては『日本文化のふるさと』（井上秀雄編、桜楓社）である程度、見聞をまとめた。ここでは、韓国の代表的古都である慶州・扶余・公州の古代文化遺産について、ごく簡単にスケッチ風に触れておきたい。

まず初回でもっとも大きな印象を受けたのは、当然のことながら新羅の文化であった。慶州邑に入ると、道ばたに古墳が立ちならび、街並みとその美しさをきそっている。現在の慶州邑は、朝鮮王朝時代の郡庁を中心に発達したものであるが、田畑をぬう畔道《あぜみち》はほぼ碁盤形に残り、それが新羅時代の王都の条坊の遺構であることを、藤島亥治郎氏が昭和初年に指摘しておられる。

この街並みを少し離れたところに味鄒《みすう》王・奈勿王の御陵と伝える古墳がある。これらの古墳は金海の加羅国王首露の御陵や同王妃の御陵と同様、平地に土を盛りあげただけの円墳である。形態は同様であるが、慶州郊外西岳《ソアン》里《ニ》にある太宗武烈王陵は、丘陵の先端に近いところにある。

武烈王陵前の亀趺

この丘陵には三個の古墳が続いており、新羅の王陵比定地となっている。これらの古墳は岩はだがあらわれていて、古墳造営が盛り土だけでなく、山はだを削った場合もあることを示している。武烈王陵の前に墓碑を支えていた巨大な亀趺《きふ》がある。亀趺は今日でも各地で作られているのを見るが、さすが新羅統一の英主を称える亀趺だけに、写実性の豊かな石造美術品でもある。
その後、新羅の墳墓は多少形式をかえながら発展する。一つは墳丘のすそを石材で囲うこと、他は墳丘の前方左右に人物や唐獅子《こまじし》の石像が配置されることである。
墳丘の護石は、しばしば方向を示す十二支を僧形や神将の姿に彫りこみ、その方位にあたるところに立てられている。金庾信《きんゆしん》の墓（今日ではこの伝承が否定されようとしている）をはじめ、憲徳王・興徳王などの御陵でみられる。おそらく、これと同じ発想法からでたものに、聖徳王陵と伝えられるところで十二支像が独立してそれぞれの方向にあわせて立っている。これらの十二支像はきわめてユーモラスで、おおらかな新羅人の気持ちを表現しているが、それらが儒教や仏教とどのようにかかわっているかを追究しなければならない。また金庾信の墓だけでなく、各王陵の伝承も、このような外形の変遷から再検討が必要である。

今一つの陵前の石像群で、もっとも完備しているものは掛陵《ケヌン》である。この御陵は慶州邑から南方一二～一三キロの月城《ウォルソン》郡外東《ウェドン》面掛陵里（現在の慶州《キョンジュ》市外東《ウェドン》邑掛陵里）にある。この御陵は古く文武王陵といわれ、今は元聖王や文聖王の御陵に比定されているが、確証はない。ここに見える文臣や武臣の石像は西域風の容貌がみられ、背後にそびえる吐含山《トハムサン》中腹の石窟庵《ソクラム》の四天王などの諸仏と通ずるところがある。

新羅の仏教寺院はその跡を多く残しているが、石造部分のみ現存するものが多い。これらの寺院跡の中で、とくにその雄大さを残すものに皇竜寺《フワンニョンサ》〔補注〕がある。皇竜寺は真興王十四年（五五三）二月より王の命によって着工し、十四年後にいちおうの完成を見たが、その後も造営が継続され、善徳王十四年（六四五）、実に九十年の長年月を要して完成している。しかし、いまはただ礎石など一部をとどめるにすぎない。そのうち比較的完全に礎石を残しているのは塔跡と金堂跡とである。この礎石の大きさから、この上に建てられた建物がいかに巨大で

皇竜寺趾礎石

皇竜寺趾の塔身四面仏

あったかを想像することができる。
　金堂は九間四面の大建築で、幅約四五メートル、奥行約二〇メートルである。一四トンもの本尊と、七・五トンの両脇侍を軽々と載せたこの金堂には、率居《そっきょ》のみごとな壁画があったという。また、塔跡は巨大な心礎を中心に八個八列の大きな自然石六十四個があり、一辺約二二メートルで、七間四方の初層は九層の塔となり、九輪水煙をいただく九重の塔は日本で類例を見ない巨大なものである。
　この塔は百済の技術者を招請して作られたもので、おそらく全羅北道益山郡（現在の益山市）金馬面の弥勒塔に類似したものではなかろうかと想像している。皇竜寺の寺域は広く、金堂跡より東方を眺めると、収穫の終わった畑には皇竜寺の石材と思わ

芬皇寺石塔

れるものが数多く見られる。金堂跡から臨海殿跡へ向かう途中の田圃の中に、一辺七〇～八〇センチもある塔身が、その屋根とともに倒れていた。近づくとみごとな四面仏で、日本の天平仏と素材こそ異なれ、まったく同系統の石仏が浮き彫りにされていた。

　石造美術品の宝庫とはいえ、田の中で寒中をすごす新羅仏に同情を寄せるとともに、いかにももったいない話である。さらにその近くの農家では皇竜寺の礎石を土台に塀が作られ、皇竜寺ゆかりの井戸がいまなおこの集落の人々の生活を支えているという。新羅美術を愛好する者にとっては去りがたいところである。

　皇竜寺の北隣に芬皇寺《プヌワンサ》がある。芬皇寺は善徳王三年（六三四）に完成した寺である。創建当初のおもかげはないにしても、三国時代の新羅の模造塼塔《せんとう》で、慶州にある唯一のものといわれる。

　現在この石塔は三重にすぎないが、建築当初は七重ないしは九重といわれている。一九一五年の改築調査によって、第二層と第三層から石函が発見された。その中には金の鈴や銀製の針筒などが発見され、善徳女王の使っていたものではないかといわれている。塔自身は第二・第三層が極端にせばまり、ややバランスを欠くが、塔の四面を守る仁王像や基壇の四隅を守る石造の唐獅子はきわめて優秀な初期の新羅石像である。

なお皇竜寺趾との間に芬皇寺の幢竿《どうかん》支柱（大きな旗竿をたてるため、支えとなる二本の石柱）がある。日本でも鎮守の社などに多く見られたが、朝鮮では、寺院にこれが多く残っている。

仏国寺《ブルグクサ》は慶州の南方約一〇キロ、月城郡（現在の慶州市）内東面《ネエドン》にあり、吐《ト》含山《ハムサン》の麓近くの大寺である。法興王二十二年（五三五）に王母の迎帝夫人の創建といわれるが、当時の遺跡は見あたらない。景徳王代（七四二〜七六五）に、ときの宰相金大城《きんだいじょう》が発願し、恵恭王十年（七七四）に金大城が死去すると、国家がこれを継承して仏国寺を完成させたと伝えられている。

しかし、豊臣秀吉の軍が侵入して、仏国寺も焼きはらってしまった。そのためここでも新羅美術は主として石造美術に限定される。まず大雄殿前の東西に二つの石塔がある。東側を多宝塔といい西を釈迦塔という。多宝塔は高さ一〇・四メートルで、良質の石灰岩を用い、各層とも柱や欄干などいたるところで巧妙な手法と斬新な発想とをみせている。基壇上の唐獅子も姿のよいことで注目される。

多宝塔にむきあって釈迦塔があり、別名を無影《むえい》塔ともいう。この石塔は二重基壇の上に三層の塔があり、高さ八・二メートルである。この塔は八世紀の新羅を代表する石塔で、多宝塔の変化自在・軽妙・明快なのにたいし、この塔は素朴・簡明・荘厳を示すものといえる。この塔の周囲には約七・六メートル四方を区画して、その四隅と各辺の中央にそれぞれ八個の円形の蓮の花の彫刻がおかれている。これは塔の浄域を示すものである。大雄殿のうしろに舎利石塔一基がある。この石塔は十世紀ごろの作とみられるが、台石から蓋石にいたるまできわめて多様な彫刻をほどこしながら調和のとれた新羅後期の代表作といえる。

同寺の極楽殿内に、金銅の毘盧舎那《びるしゃな》仏と阿弥陀如来の坐像二体がある。八世紀後半の作といわれ、中唐様式を示す数少ない新羅金銅仏である。

石窟庵は景徳王十年（七五一）に金大城の喜捨によるといわれる。

この石窟はインドや中国の石窟寺院を模倣したもので、石窟は幅六・五メートル、長さ三・五メートルの前室と、幅三・五メートル、長さ二・八メートルの扉道と、直径約七メートルの後室とからできている。後室中央部に安置された三・二六メートルの釈迦坐像は降魔相をして東海（日本海）を見おろしている。これは、倭賊の侵入を仏力で排除しようとする護国仏教のあらわれである。釈迦仏の見おろすあたりに、海底の王陵として注目される大王岩がある。これも東海の倭賊撃退を念じた護国思想によるもので新羅第三十代文武王の御陵といわれる。

石窟庵の前室には左右に八部神衆と仁王とがならび、扉道には四天王が、後室には梵天・帝釈天、文殊・普賢の二菩薩と十大弟子および十一面観音の半肉彫の石像が高さ約二六・五

仏国寺多宝塔

仏国寺釈迦塔

左から，仏国寺極楽殿内の金銅毘盧舎那仏，阿弥陀如来坐像，石窟庵の釈迦坐像

慶州南山・内南面拝里の三体石仏

メートル、幅約一・二メートルの板石に彫まれ壁面にたてられている。これらの仏像は中唐様式の逸品で、西域の風貌をもっている点が注目される。本尊のお顔にはいくぶん晦渋さがうかがわれ、平安初期の仏像を想わせる。壁面の諸仏も新羅前半の仏像よりやや静的な表現をとり、内面的な充実を表現しようとする方向にむかっている。

　このような石造諸仏像をもつ石窟庵は、新羅美術の粋を集めたといわれるにふさわしい。新羅仏教美術は高句麗・百済のそれより遅れて発達した。新羅の仏像様式は六朝以後の中国仏像の影響をうけたが、六〜七世紀の神仙寺《シンソンサ》の磨崖仏や慶州南山《ナムサン》出土の菩薩立像・釈迦如来倚《い》像《ぞう》などは初唐の影響を強く受けながら、なお独自の表現をとどめている点に注意されよう。また三体石仏や南山菩提寺跡の釈迦如来像などかぎりなく心惹かれる石像群が目にうつる。これらの美術史的な研究も、たんに中国文化の亜流として理解してきた新羅美術を、それ自体のもつ美しさをみきわめることから再出発しなければなるまい。

〔補注〕一九七六年からの発掘調査によって、創建伽藍は、いわゆる日本の四天王寺式の一塔一金堂であったが、統一新羅時代になって、三金堂が並立した一塔三金堂式伽藍になっていたことがわかった。また、二万点をこす遺物も出土している。

百済の文化

一九六九年十月九日、三たび朝鮮を訪れた私は、全羅北道益山郡（現在の益山市）王宮《ワングン》面で、七世紀初頭の王宮塔がコスモスの花の中にどっしりと腰をおちつけ、千年の歴史を伝えてくれるのを見た。

そこからさほど離れていない金馬面に、巨大な百済の九重の弥勒塔〔補注〕がある。この塔は他の石塔と異なり、初層は内部に通路があり、木造建築を模して作られた他に類例のない石塔である。ただこの石塔は倒壊していたものを五層まで復原したが、技術的にも困難なため、前面のみの復原にとどまり、後部はコンクリートで固めている。そのため、二層以上の内部を知ることができない。

ここで知られるのは、各層の逓減率が著しく、他の石塔や日本の五重の塔とはかなり形態が異なっていることである。遠目ではピラミッドを思わせ、近づくと高楼を感じさせるものである。おそらく、百済が南朝や隋・唐の木造建築を学び、その技法を石塔にとりいれたものであろうが、石塔を見なれた目にも、この弥勒塔は息をのむ美しさでせまってくる。

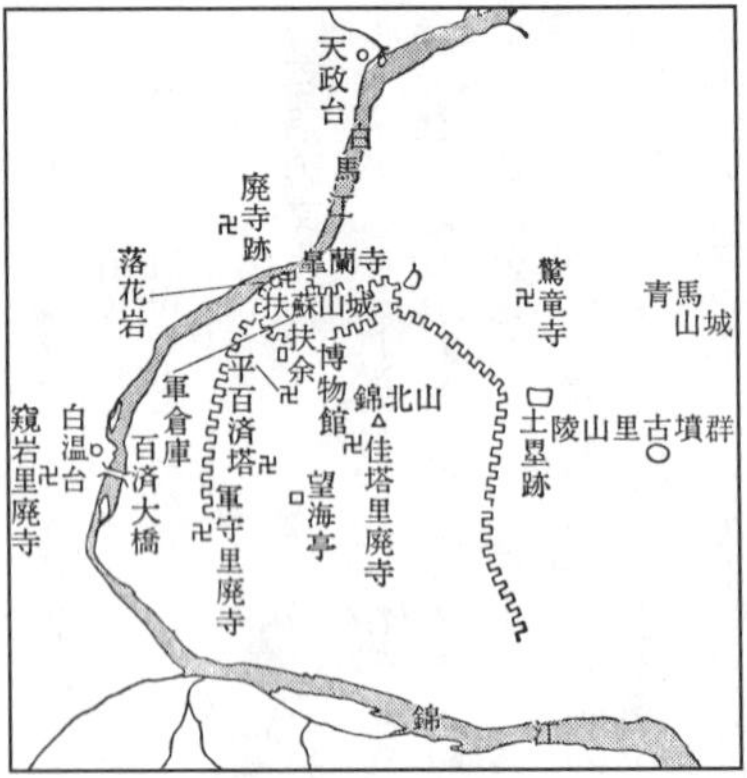

扶余の百済遺跡地図

公州の百済遺跡地図

弥勒塔（金馬面）

翌日、論山から扶余に入ったが、扶余邑の手前約四キロほどのところに陵山里《ヌンサルリ》古墳群がある。いちおう外貌を見学し、扶余の城壁になる土塁をきりさいた道を扶余にいそぐ。

国立博物館扶余分館は当時、新館の建設中で、やや落ちつきを失なっていた。館長李永楽《イヨンナク》氏に請うて、加林山《カリムサン》城に登った。百済の名城と

武寧王陵玄室

して『三国史記』をにぎわせたものであるだけに、錦江流域の要衝を眼下にとらえ、城壁の石組みも今日なお整然と残している。山頂は数百メートルにおよぶ台地で、今日でも作物が植えられている。ここは麓の林川《イムチョン》邑の人たちが籠城するところであり、前近代の邑落防衛の拠点であり、地方行政のよりどころにもなっていた。これらの山城は自然の地形を利用するところが多いとはいえ、城郭美が取りあげられないことに、ある種の淋しさを感ずる。

　翌日、再び館長の手をわずらわして陵山里古墳群を案内してもらった。百済の墳墓は封土をそれほど高く盛りあげていなかったが、近年、観光用に封土を高くしたのだという。既成概念が史実を変える恐ろしさをここでも感じた。ここでは

公州博物館庭の石仏

扶余から公州への道のバス停にある新羅仏

壁画のある古墳を見学した。四神図があったと説明されたが、わずかに西壁に白虎の頭部を残すにすぎない。これに反して、天井にはあざやかな蓮華文などが見られた。封土を厚くしたために湿気が多くなり、壁画が剝落したともいわれる。これは前年、慶尚北道高霊《コリヨン》邑到仕里《トサリ》の丘陵先端にある壁画古墳を見学したときも同様な話を聞き、人が出入するだけで彩色部分が剝落してゆくことを見て、保存の重要さをつくづく感じた。ここの壁画は四神図のある点で高句麗壁画古墳につながる。

これより以南では四神図が見られず、高松塚壁画古墳への経路はここで断絶している。

十月十二日、百済第三番目の都熊津《ゆうしん》（現在の公州市）に入り、さっそく国立博物館公州分館を訪れた。ここにもみごとな石造美術品がところ狭しと並んでいた。館長金永培《キムヨンベイ》氏の案内で宋山里《ソンサルリ》第六号墳を見学させてもらった。

ここは有名な壁画のある塼《せん》室墳で、四壁には四神図が描かれ、日月や雲文の配列は高松塚古墳との関係を示唆している。天井はかまぼこ型で、古墳を包む堅牢な石灰層は七〇～八〇センチにもおよび、これに隣接する武寧王陵を守り続けてきたものと同質のものである。なお、武寧王については世紀の発掘といわれる同王陵発掘（一九七一年七月）があり、そこから王および王妃の墓碑が発見された。この碑文からも武寧王代の中国関係や『三国史記』・『百済本記』などとの関係が明らかにされつつある。

扶余から公州にいたる途中のバス停で、一体の新羅仏がつくねんと立っていた（右ページ写真）。こうした野の仏こそ、この地方の住民に千年の信仰を与えてきたものであろう。従来遺跡として尊重されてきたものは、ほとんど支配階級のものであったが、今後は遺跡を広く朝鮮文化全体にわたって求めていかねばならないであろう。

〔補注〕広大な敷地の弥勒寺跡には、西塔や幢干支柱などが残されていた。一九七四年、円光大学が東塔跡を発掘して以来、全面的な発掘調査が進められ、東塔と西塔の間に金堂が一列に並び、その背後に講堂が配置された特殊な伽藍配置であることがわかった。

第五章　統一戦争

1　隋の統一と朝鮮三国

隋への朝貢と抵抗

隋の高祖は北周の静帝から禅譲の形式で政権をとり、五八一年に隋王朝をたてた。高句麗も百済も五八一年に早くも朝貢し、隋は百済王扶余昌《ふよしょう》（威徳王）に上開府儀同三司《じょうかいふぎどうさんし》帯方郡公、高句麗王高陽（平原王）に大将軍遼東郡公の称号を授けた。その後、連年にわたって高句麗と百済は隋に朝貢しているが、南朝の陳にもこの二国は朝貢している。

新羅は真平《しんぺい》王代（五七九～六三二）の初期にあたり、国内の政治組織・築城など軍事組織の整備におわれていたためか、隋への入朝は遅れ、五九四年に朝貢して、高祖から上開府楽浪郡公新羅王の冊封《さくほう》を受けている。『隋書』東夷伝によれば、日本からは六〇〇年にはじめて使節が派遣されたという。ただし、『日本書紀』では推古十五年（六〇七）七月に、はじめて遣隋使小野臣妹子《おののおみいもこ》らが派遣されたと記している。

いずれにしても、中国に統一王朝が出現したのに対し、敏感な対応を示したのは、高句麗と百済であり、反応の遅れたのは新羅と日本である。このことは日本人の国際的感覚の鈍さを端的に示すともいえるだろうし、その原因は日本の地理的位置から中国の政治情勢に直接影響されなかったからであるとみてもよい。この点は中国と直結する高句麗や国際外交に依存する百済とは、地理的・政策的に明確な差異のあったことが知られる。もちろん、日本もやがて中国の統一王朝、隋・唐の政治・文化に甚大な影響を受け、積極的にその文化導入に努力する。しかし、その時間的な長短が中国文化受容の形態をも規制することになった。この章では朝鮮三国と隋・唐との関係をもとめながら、新羅がはじめて朝鮮の統一王朝になっていく過程を考えてみたい。

百済の威徳王は済州島《チェジュド》に漂着した戦艦から、隋が陳を平定したことを知ると、さっそく使節を隋に派遣し、朝貢している。隋の高祖はこの百済からの祝賀使節がよほど気にいったらしく、百済王やその使節に最大限の賛辞を与えている。

これに対し、高句麗の反応は対照的で、隋が陳を滅ぼしたことを聞いて、高句麗の平原王は、従来の陳との関係を考え、隋に強い警戒心をもった。そうして、ただちに軍隊を動員し、食糧を徴発して城の蔵に納め、隋の侵入に備えた。これに対し隋の高祖は高句麗の平原王を詰《なじ》って、大要、次のような国書を送っている。

王は毎年の朝貢を欠かさず送ってくるが、誠意に欠けている。私と同じ気持ちになって、靺鞨《まっかつ》や契丹《きったん》をおさえて、本当の藩屏にならなければならない。さきにひそかに兵器を買い、兵隊を連れ帰っている。どうもたんなる兵器の修理ぐらいではなさそうである。そこで、自分は高句麗の内情をさぐるために使節を派遣した。しかし、王はこの使節を人のいない館にいれ、内外を厳重に監督して、いっさい事情を知らさなかった。これはきっと陰でなにか悪事を企んでいるからに違いない。さらに、しばしば騎馬の兵を派遣したところ、皆、国境付近で殺されてしまった。

しばしば策動をめぐらし、ときには扇動もする。このようなことでは、王は心から自分に従っているとは思えない。今日以後、心がけを改めて藩屏国としての節度を守るようにしなさい。いつまでも陳についているようであれば、一将軍に命じて、一挙に討伐してしまうであろう。

隋の高祖は高句麗の平原王を恫喝と懐柔とによって服従させようとしている。高句麗はいったん高祖の指令を受けいれるが、それは当面、隋との対立を避けるためであった。五九八年には、早くも、高句麗は遼西に侵入している。

高句麗の元（嬰陽王《えいようおう》）は靺鞨の軍一万余騎を率いて遼西に侵入し、営州総管韋沖《いちゅう》を撃退した。高祖は怒って、漢王諒《りょう》に命じて高句麗を討たせた。しかし不意なことで、食糧も乏しく、そのうえ臨渝関《りんゆかん》（現在の山海関西南）を過ぎたころから流行病が広がった。このため隋軍はすっかり元気をなくし、遼水（現在の遼河）にたどり着くのがやっとであった。一方、嬰陽王も戦々恐々として謝罪使を派遣したので、大きな兵火にならずにすんだ。この遼東の戦いを聞きつけた百済の威徳王は、隋に使節を送って高句麗出兵軍の道案内になろうと申し出た。しかし高祖は、すでに高句麗が謝罪してきたので出兵はしないと、百済の申し出を辞退した。

隋ではその後、国政が仲張するに従って、さきの高句麗出兵が不徹底のままおわっているとして、再度、高句麗出兵を主張する風潮が強まった。六〇〇年に名儒劉炫《りゅうげん》は『撫夷論《ぶい》』をあらわして、高句麗出兵論の不可を論じたが、容易に受けいれられなかった。ただ高句麗出兵が容易でないことを知っていたので、安易にその実行ができず、六一〇年まではいちおう隋の東方出兵は行われなかった。

仏教の興隆と国史編纂

その間、『三国史記』によれば、朝鮮内部では三国ともに仏教が興隆し、造寺・造仏が盛んに行われ、百済の法王は即位すると、殺生禁断の令をだしている。また、高句麗では嬰陽王十一年（六〇〇）に、大学博士李文真《りぶんしん》に命じて『留記《りゅうき》』百巻を『新集』五巻に編纂させている。新羅では兵制の改革をすすめ、府兵制に類似した州兵の制度も一部とりあげたが、失敗におわっている。

このような三国鼎立の膠着状態を打開するため、百済は武王八年（六〇七）、隋に高句麗出兵を要請し、新羅も真平王三十年（六〇八）、隋の高句麗出兵に合流して高句麗を攻めたいと願いでている。この外交文書は僧円光《えんこう》によって書かれたが、これも新羅仏教の特色といえる。

三国統一期における仏教は、国際的な自由往来の面とそれぞれの国に所属する護国仏教の面とをもっている。まず護国仏教の面では、さきに述べた円光が隋に軍隊の派遣を求める際、彼は「自分が存続していくために他を滅ぼすということは僧侶のやるべき行いではない。しかし私は大王の土地に住み、大王の穀物を食べているのだから、どうしてその命令に反することができましょう」といっている。

また、真平王二十四年（六〇二）八月、阿莫城《あぼ》（現在の全羅北道南原市雲峰邑《ウンボン》か）で百済軍と戦って戦死した貴山《きざん》の列伝に次のような話がある。貴山が隋から帰国した円光法師を訪ねて、「俗人の私に一生涯の戒めの言葉をいただきたい」といった。法師は「俗人むきの五つの戒がある。第一は主君に忠実に仕えること。第二は親に孝行すること。第三は友達との交わりは信頼がなければならないこと。第四には出陣すれば退却してはいけないこと。第五は殺生をするにも時と相手を選ばねばならないこと」といっている。

三国時代の朝鮮仏教では、戦争や殺生さえ認めなければならない苛酷な現実があった。仏教の基本的理念にかかわることであるが、現実に対応するため表面的な理念を打ち破って、現実を肯定する立場で仏教思想を受けとめようとしている。この現実肯定の仏教理念は統一後の新羅にいちはやく浄土教が登場する基盤であろう。

高句麗の歴史書編纂について、嬰陽王十一年（六〇〇）の『新集』五巻以前に、故国原王《こくげん》時代（三三一～三七一）に編纂されたものと、文咨明王《ぶんしめい》時代（四九二～五一九）の編纂かと思われるものとがある。前者は小国連合体制から官僚制的要素をもつ部制への転換を主張したもので、後者は征服王朝の賛美と推測されるものである。『留記』は国家が成立した時期から文字が用いられ、それ以来、書き留められた記録が百巻にもなったというものである。

高句麗の国史編纂は、おそくとも四世紀中葉に始まり、その後、幾度か国史が編纂されているようである。国史を王朝が編纂するのは、現実に推進している政策の検討ないしは宣伝である。それゆえ高句麗の五族制による小国家連合体制から五部の制度へ移行する場合、五部の将来を展望するために国史が編纂されることは、新羅の国史編纂の場合と同様、政治制度の転換期における政治思想のあり方の一つと考えられる。

隋煬帝の高句麗出兵

今日の朝鮮文化を築きあげた新羅・百済・高句麗・加羅諸国の間には、国民の間や個人的な間の特殊な親しさはあったであろうが、支配権力が展開する政治的・軍事的な動向では、なんらかの意味で団結しうる要素を見いだすことはできない。高句麗はその後も隋との関係が順調ではなく、とくに隋の第二代煬帝《ようだい》が即位すると（六〇四）、隋の高句麗出兵の意見が再び盛んになってきた。これに乗じて百済は隋に使節を派遣して、高句麗に出兵するように要請した。

この年、煬帝が突厥《とっけつ》の啓民可汗《けいみんかかん》を訪れたが、高句麗からの使節がちょうどそこに居合わせ、煬帝と顔をあわせることになった。侍従の黄門侍郎《こうもんじろう》裴矩《はいく》は煬帝をそそのかして「高句麗が今いるところは、もともと箕子《きし》の国である。またそこは漢から晋にかけて植民地であったのが、今は異民族に占領されている。先帝のとき遠征して失敗しているが、今こそ、これを取り返さなければならない。今日、その使者が啓民のところへ来ているのも国中が中国化しようとしているのも隋の攻撃を恐れているためでしょう。高句麗の使節を脅して朝貢させましょう」といったので王がこれに従った。そうして高句麗の使節に「来年、涿郡《たく》（現在の北京市）へ行くから汝の王に早く朝貢に来るよう伝えよ」といった。

おそらく煬帝にすれば、高句麗と突厥の連合が、隋の東方政策を混乱させるものになりはしないかと警戒したのであろう。百済の高句麗出兵要請は、裴矩の箕子朝鮮および朝鮮植民地の歴史的解説とともに煬帝の高句麗出兵に名目を与えたことになる。

このころ、新羅と高句麗は漢江下流域の支配をめぐって戦っていた。そこで新羅もまた百済にならって、真平王三十年（六〇八）、隋に高句麗出兵を要請した。これらのこともあって、六一〇年、江南河（現在の中国江蘇省鎮江より浙江省杭州にいたる大運河で、この完成によって江南の食糧を運河づたいに涿郡まで運べることになった）の開通で、高句麗出兵の物資を北送し、大運河の北端涿郡に大本営をおいて、高句麗出兵の準備をすすめ、六一二年正月、二百万と号する大軍が涿郡を出発した。

同年四月には遼東城（現在の遼寧省遼陽付近）を包囲したが、六月になるも、なお陥落させることができなかった。一方、隋の水軍は山東省方面から黄海をよこぎって高句麗の首都平壌城を襲おうとした。平壌城から六〇里（隋尺。六〇里は約二七キロ、一里＝約四五〇メートル）の地点で水戦が行われ、高句麗軍はいったん敗れるが、平壌城下で隋軍に壊滅的な打撃を与えた。

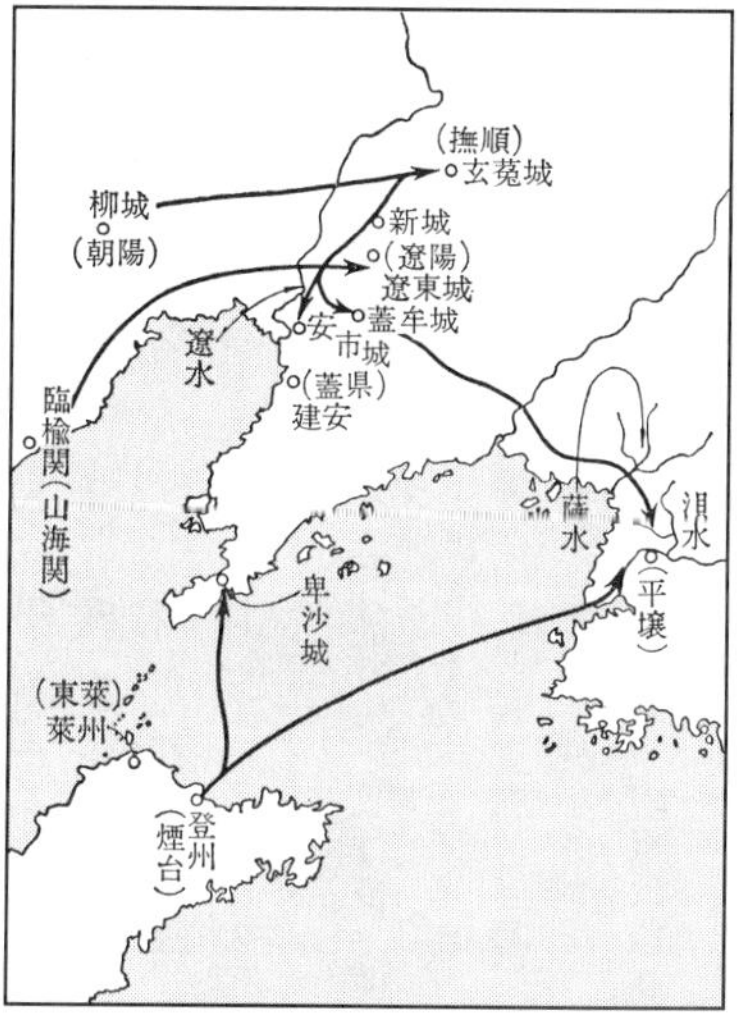

隋・唐軍の高句麗侵略経路図

遼東城が膠着状態になると、三十万五千の別動隊が鴨緑江《アムノッカン》河口に集結した。このとき高句麗の名将乙支《いっし》文徳《ぶんとく》は巧みな外交で隋軍内部を攪乱し、隋軍の食糧が少ないとみると、王城をへだたる三〇里（約一三キロ）まで隋軍を引きいれ、巧みな戦術によって徹底的な攻撃を加えた。隋軍で再び鴨緑江を越えて逃げ帰った者わずか二千七百といわれている。朝鮮史上有名な「薩水《さっすい》（清川江《チョンチョンガン》）の大捷《だいそう》」といわれるのは、このときのことで、高句麗軍が隋軍に打撃をあたえた戦いである。その結果、同年七月、なすところなく隋軍は撤兵した。

激怒した煬帝は、翌年、再び出兵を敢行し、種々の機械兵器を動員して攻撃したが、前年と同様、遼東城の攻防にあけくれた。ところが、遼東城攻撃の最中に隋の礼部尚書楊玄感《ようげんかん》が本国で反乱したとの報が入った。楊玄感は当時、軍糧運搬の指揮官であったが、民衆が戦役で疲れ、逃亡する者や盗賊になる者が多かった。そこで彼は戦乱から国民を救うためと称して反乱を起こした。この反乱のため、隋軍は急遽撤退せざるをえなかった。

その混乱の中からさらに重大な事態が発生した。隋の兵部侍郎（次官）の斛斯政《こくしせい》が高句麗に投降したのである。斛斯政の投降は隋朝内部の問題であるが、直接の敵対国高句麗に投降したのは、高句麗軍の軍事力に頼るというよりは中国の知識人を感服させる何物かを高句麗文化が持っていたことを示すのではなかろうか。

再度にわたる高句麗出兵で、隋の民心は煬帝から離れつつあった。各地で盗賊が横行し、徴募兵も充分に集まらないにもかかわらず、六一四年二月、三度目の高句麗出兵を主要な官僚たちにはかった。彼らは数日間にわたる会議でだれ一人その是非さえも答える者がなかったという。このような状態のなか、煬帝は強引に第三回の高句麗出兵を断行した。しかし高句麗もまた連年の大戦争で疲労困憊《こんぱい》していた。そこで嬰陽王は煬帝の要求を形式的に受けいれて和議が成立した。その後、和議の内容である王みずから隋に朝貢するという条項を高句麗側が守らなかった。そこで煬帝は六一七年、第四次高句麗討伐計画をたてるが、もはやその実行は不可能であり、翌年、煬帝は三度にわたる高句麗出兵の結果、自己の権力を失い、その生命まで断たれることになった。

2　唐と七世紀前半の三国対立

唐太宗の対外強硬政策

六一七年、隋は第四次高句麗出兵計画をたてているとき、中国全土に農民の大反乱が起こって崩壊した。そのあとをうけて李淵《りえん》が六一八年に即位し、唐王朝を開いた。高祖李淵時代（六一八～六二六）はもっぱら中国本土の対策におわれていたが、太宗の時代（六二六～六四九）になると勢力を四方に拡大した。六二九年、まず東突厥を支配し、六四〇年には西突厥地方を支配した。その間、唐は朝鮮の情勢を注意深く見守っていた。

朝鮮三国の支配階級は、中国のこの政変に敏感な対応を示した。唐とは、たんに朝貢関係による外交・貿易だけでなく、朝鮮における政治・軍事問題に密接な関係のあることが認識されていた。

まず高句麗は、対隋強硬外交が対隋戦争を招き、三度にわたる大侵略軍を撃退することができ、中国の統一王朝隋を滅亡に追いこんだという輝かしい戦勝をかちえたとはいえ、高句麗の受けた被害も甚大で、その再建に苦しんだ。当時の高句麗は、一世紀の王莽《おうもう》や三世紀の毌丘倹《かんきゅうけん》の侵略戦争より社会が発展しており、それだけ受ける被害も大きく、容易にその傷跡を癒すことができなかったと思われる。このようなとき、六二二年、唐の高祖が高句麗の栄《えい》留《りゅう》王に次のような国書を送っている。

現在では四海平穏にして、お互いに平和を守っているが、隋朝の末年には戦乱があいつぎ、激しい攻防をした。そうして両国が多くの民を失い、さらに肉親がちりぢりになって、多くの歳月をへてきた。いまさら悔やみごとはいわないが、今、二国の間では平和な国交を結んでおり、障害になるものはない。中国にいる高句麗人などはすでに探し求めているが、これらの人をつきとめることができれば送り帰そう。高句麗にいる中国人は送り返すようにしてほしい。

この国書を受けとった栄留王は、国内をくまなく探して、なおとどまっている中国人を鄭重にもてなして帰国させた。その数は一万余人にものぼったので、唐の高祖は大変喜んだという（『旧唐書』高麗伝）。

長期にわたる苛烈な戦闘で、傷つくものは国民であり、ややもすれば権力者は国威発揚に名を借りて国民の苦しみに目をむけようとしないものである。王朝こそ異なれ、自尊心の強い中国王朝が、敗戦による逃亡の将士のために、東方の異民族高句麗と対等な交渉をしたことは、血なまぐさいことの多い七世紀の朝鮮と中国との関係で一服の清涼剤となるものであろう。

六二四年に百済・高句麗・新羅三国があいついで唐に朝貢し、帯方郡王百済王、上柱国《じょうちゅうこく》遼東郡公高句麗王、柱国楽浪郡王新羅王の称号をそれぞれ与えられている。

そのとき、百済は唐に高句麗が朝貢の道をふさいでいるといっている。高祖は三国に対し、ともに唐の藩臣（諸侯王）であるから、前の怨みを捨てて戦争をやめるようにと忠告している。しかし、六二六年にも、新羅の真平王は高句麗・百済が連合して新羅に侵入し、高句麗が朝貢の道を閉ざしているといっている。これはただ外交上の辞令にすぎないかもしれないが、このようなことはさきに隋が高句麗出兵を行うとき、その侵略の名目に利用していたことを考えると、この段階では三国の対立はまだ民族統一への方向性をもたず、それぞれの国家権力が自己の権力を拡大するために、日本や中国の政治的・軍事的勢力を利用しようとしていたといえよう。

このような三国対立の政治状況を利用し、対外強硬政策をとる唐の太宗は、六三一年に隋の高句麗出兵で戦死した中国人の遺骨を収集して、高句麗がたてた忠霊塔を毀した。このような唐の態度は高祖の残留者交換のときとはいちじるしく異なっている。そこで栄留王は唐の侵略の前ぶれであろうと考え、扶余城（現在の中国吉林省農安）から渤海湾にいたる一千余里（四五〇キロ余）の長城を十六年にわたって建設した。高句麗がこのような強大な軍備を行ったのは、唐の挑発的な態度によるものといえよう。

その後しばらく、朝鮮三国と唐との間では僧侶の交流が活発であった。たとえば、善徳王五年（六三六）、新羅の名僧慈蔵《じぞう》が門人の僧実ら十数名と中国に渡り、律宗を学び、大蔵経一部四百函をもって帰国している。また儒学も唐の太宗のときに発展し、四方の異民族からも弘文館などに入学する者がふえ、ついには八千余名にもなったという。そのうち多くが朝鮮三国よりの留学生であった。

このような文化交流の順調な発展と裏腹に、中国と朝鮮三国との国交にはさらに暗雲がひろがりつつあった。その原因は隋の場合と異なって、唐の太宗が計画的に朝鮮支配の準備をすすめていたことによる。その発端は、さきに述べた六三一年の忠霊塔破壊にはじまり、六四一年に職方郎中陳大徳が高句麗に使したときがその第二段階といえよう。

六四〇年、西方の高昌国《こうしょう》（現在の新疆《しんきょう》ウイグル自治区地方）を平定すると、東方の高句麗に触手を伸ばし、陳大徳に高句麗の事情をうかがわせた。その報告によれば、「高句麗では高昌国の滅亡を聞いて大変驚き、警備を厳にした」という。太宗は「高句麗はもともと朝鮮四郡であって、中国の領土である。また、自分が高句麗を滅ぼすことはそれほど難事とは思わないけれど、今ようやく平和になったのだから、ここで人民に苦労をかける気がないだけなのだ」と、侵略の意欲をのぞかせている。

このような唐の態度は朝鮮三国で、それぞれ受けとめ方は違うが、大きな政変をともない、三国対立のもっとも激しい時期を迎えるのである。それぞれの政変がこの国際情勢に対処し、やがて統一戦争を勝ち抜くためにも、強力な軍事政権の性格をもつことは想像にかたくない。

泉蓋蘇文のクーデターと高句麗の軍国化

この三国内乱の先陣となるのは、高句麗の泉蓋蘇《せんがいそ》文《ぶん》のクーデターである。『三国史記』によれば泉蓋蘇文の父は中央貴族の有力者で、大対盧《だいたいろ》（第一等官位）になって死んだ。当然、蓋蘇文は父のあとをつぐはずであったが、貴族たちは彼の性格が残忍で横暴なため、彼をその職につけなかった。そこで蓋蘇文は貴族たちに哀訴してようやくその地位を得た。しかし、彼はその地位につくと持ち前の凶暴さを発揮して手におえなくなった。そこで栄留王二十五年（六四二）正月、王は蓋蘇文を長城造営の長官とした。

同年六月、王弟大陽王が死去して彼をかばう者がいなくなると、有力者たちが王と密議をこらして、彼を誅殺することにした。しかしこの密議が蓋蘇文にもれた。彼は配下の兵を総動員しておきながら、なにくわぬ顔で大臣たちを招待し、皆集まったところで、これら有力者百余名をことごとく殺してしまった。さらに王宮に乱入し、栄留王を殺し、その遺骸を切断して溝の中に捨ててしまった。この時、栄留王二十五年（六四二）十月であった。

蓋蘇文は大陽王の子蔵《ぞう》をたてて宝蔵《ほうぞう》王とし、自分は莫離支《ばくりし》（高句麗末期の特別な官職名で、平安時代の関白のような官職）となった。莫離支とは唐の兵部尚書（軍務大臣）と中書令（内務大臣）を兼ねあわせたようなもので、軍事・政治の全権力を彼が掌握し、政治を独断で行い、貴族や将軍などがいっさい口出しできないように弾圧した。

『旧唐書』の表現を借りれば、蓋蘇文は専制権力者らしくことさら威厳をとりつくろっている。その口ひげが立派で、体つきががっしりしており、五本も刀をさしていた。左右の重臣でも、うっかり仰ぎ見ようものなら、なんといわれるかわからないので、ひたすら平伏していた。また馬に乗り降りするとき、家臣を地面に平伏させ、彼らを踏み台にしたという。彼が外出するときには、まず、先ぶれの者が彼の行列を知らせ、道行く人を追い払った。人々は恐れ、避けて、皆、坑や谷に逃げこんだという。

このように泉蓋蘇文がことさら威厳をとりつくろうのは、彼が大量に殺害した五部の貴族たちと異なっていることを示すためである。とくに、高句麗の五部制度が官僚制度の形式をとりながらも、実質的には村落共同体の色彩を強くもつ地域主義の傾向があったので、これを打破して、強力な中央集権制度の軍国主義社会を作りだそうと思ったのであろう。

『三国史記』の蓋蘇文伝では、彼のこのような行動に、国民ははなはだ苦しんだと注釈をつけている。この注釈は一面で真理であろうが、他面では強大国唐の侵略軍をむかえうつためには、国民を畏怖させるほどの英雄の出現を歓迎していたのではないだろうか。

蓋蘇文が軍国主義社会を作りだしたのは、もちろん自己の権力を維持するためである。彼を生みだした高句麗社会は隋の四度の侵略戦争を経験し、これを倒したとはいえ、亡国の憂目を目前にした。戦闘が高句麗領内で行われたことは、国民に戦闘の実態を知らせるのに役立った。彼らは再び戦争をすることを好まなかったであろうが、隋のあとを受けた唐が、これまた侵略政策をとって、周辺諸国を武力で服従させていた。隋との戦いには貴族の合議制を主体とする五部の制度が行われている時期で、貴族政治的な雰囲気であったにもかかわらず見事に隋軍を撃退した。しかし、唐の侵略政策の実施と高句麗に対する武力的圧力とを感じた高句麗国民が、隋軍を撃退した五部の制度では不充分だと考えたため、蓋蘇文が出現したのであろう。

客観的にいえば、五部制度のもつ貴族政治的な雰囲気が唐の侵略に対応するのに不充分とは思わないし、すでに隋との戦いで実証ずみである。それを蓋蘇文で代表される軍国主義の社会に高句麗が変化していった理由は次のように考えられる。

高句麗は連年唐に朝貢しており、歴代の王も中国諸王朝から冊封を受けてきた。これは、高句麗の支配者たちが政治・軍事・文化などで中国が優勢であることを認めてきたからである。隋との戦いでは久しく中国の侵略を受けていなかった高句麗貴族たちが充分な態勢をたてないままに戦いに入ってしまった。唐の場合は、時間的な余裕と前代の経験から、より戦いやすい体制を求めたのでなかろうか。

五部のような貴族的政治より軍国主義的な政治が、実際の戦闘に有利であるとは限らない。しかし、感覚的には愛国精神が鼓舞され、信頼できる英雄のもとで挙国一致すれば、優勢な侵略軍をも撃退できるものと信じられている。とくに小国が大国と戦うにはもっとも有効な手段と考えられているが、高句麗と隋・唐との戦いをみれば、必ずしもその原則は成立しない。特定の人物を英雄視し、挙国一致体制をとることは、相手方に口実を与えるとともに、そのような緊張状態が長期にわたって持続できないことを知っている大国側に、その弱点を利用されることがある。

たとえば、『三国史記』蓋蘇文伝で、唐の太宗は蓋蘇文が栄留王を殺し、国政を独占したのを聞いて、高句麗への出兵を考えた。外戚の長孫無忌《ちょうそんむき》はこれにたいし、「蓋蘇文は自分の犯した罪の大きさを知っており、唐の討伐を恐れ、その防備を厳にしている。ここはしばらく我慢して、彼に安心させ、さらに悪事を気ままにさせたのち討伐軍を出しても遅くありません」といっている。

唐の新羅救援と高句麗出兵

唐は、高句麗とその国力で大きな差があったので、侵略に有利な時期を待っていた。宝蔵王二年（六四三）正月、唐の太宗が宝蔵王の父に称号を与え、三月には蓋蘇文が要求する道教を伝えるため八人の道士の派遣や老子の道徳経（道教の聖典）などを与えその歓心を買った。さらに、同閏六月には宝蔵王に上柱国遼東郡公高句麗王の称号を与えて、高句麗との友好関係を持続するかのように見せかけた。

九月には新羅の使節が朝貢し、「高句麗・百済が連合してわが新羅を襲い、数十城をとろうとしています。至急に救援軍を出してもらえないだろうか」と願いでた。太宗はおためごかしに、「新羅が二国に侵略されているのはまことに気の毒である。つねづね三国が和解するようにいってきたが、高句麗・百済の二国はどうも新羅を滅ぼし、その領土を分割するつもりらしい。なにか奇策はないだろうか」と。新羅の使者は「わが王は万策つき、ただ大国の救援を待つだけである」といった。

太宗は「第一策として、契丹《きったん》や靺鞨《まっかつ》の軍隊を遼東地方に侵入させよう。そうすれば、新羅は一年ぐらい楽になるかもしれないが、平和な二国まで戦争に巻き込むし、恒久的な対策にはならない。第二の策は、唐軍の標識である赤い上着と赤い旗を数千あなたにあげましょう。戦争にこれを用いれば、唐軍が救援に来たと思って逃げるだろう。第三の策は、百済をまず攻めよう。ただし、新羅は女王であるため隣国から軽視されて攻撃されている。自分の一族を送るから新羅の国王にしてはどうか。王だけ一人送るわけにいかないから、軍隊を派遣してこれを守ろう。そうすれば新羅の国は安全であろう。この三策中、あなたはどれを取るのか」といった。使者はことの重大さに気づいて答えることができなかったと『三国史記』は伝えている。

唐の太宗が新羅の使節に示した三つの救援策には、唐の東方政策の基本が含まれており、これに対応する朝鮮三国とくに新羅の政策が注目される。

唐の太宗の第一策は、唐の冊封下にありながら反唐的勢力の高句麗やこれに近い百済と、親唐的勢力の諸国とを戦わせる「夷をもって夷を征する」伝統的な中国の異民族政策といえる。この策では新羅が百済・高句麗と決定的な対立となり、しかも、利害の薄い契丹や靺鞨との連合では、その永続性も期待できない。

第二策は、一時的なこけおどしで、事情に通じている百済や高句麗にたんなる唐軍の衣服や旗の借用だけでは効果がほとんど期待できない。

第三策は百済・高句麗にたいしてもっとも有効な方法ではあるが、新羅自身の立場も結局は二国と同様になりかねない。しかし、当時の新羅は第三策をも検討しなければならないほど窮迫していた。

新羅は善徳王五年（六三六）、百済に独山《どくざん》城（現在の忠清北道槐山《ケサン》郡）を襲われ、あやうく漢江流域の漢山州が孤立するところであった。善徳王七年十月には七重《しちじゅう》城（現在の京畿道坡州《パジュ》市積城《チョクソン》面）などが高句麗に攻められた。とくに同十一年（六四二）七月には、百済の義《ぎ》慈《じ》王が国西四十余城（おそらく秋風嶺《チュプンニョン》以東洛東江中流以西の地域か）を奪われ、同年八月には、高句麗と百済とが唐への要衝党項《とうこう》城（現在の京畿道華城《ファソン》郡南陽《ナミヤン》面）を襲い、新羅の朝貢を妨げようとした。また同月、南部の中心地大耶《だいや》城（現在の慶尚南道陜川《ハプチョン》郡陜川《ハプチョン》邑）を百済に奪われ、大耶《だいや》州の都督（長官）品釈《ひんしゃく》夫妻が殺された。

品釈の妻は金春秋（のちの太宗武烈王）の娘で、これをきっかけに金春秋の華々しい外交が始まる。金春秋は大耶城の陥落を聞くと、百済討伐のため高句麗に救援軍を求めようとみずから高句麗を訪れた。しかし高句麗は百済とともに新羅の領土を侵略しようとしていたので、その要求を容れないどころか彼を捕らえてしまった。さいわいにして、高句麗の家臣で彼に同情する者がいて、ようやく高句麗を脱出することができた。

金春秋の義弟で、金官加羅国（現在の慶尚南道金海市）最後の王金仇亥《きんきゅうがい》の曾孫金庾信《きんゆしん》は、金春秋が高句麗に捕らえられているのを救い出すため、国内の勇士三千人を率いて高句麗領にせまったという。この国内の勇士の内容はよくわからないが、金庾信はつねづね地方豪族との接触をはかっていたことから、新羅軍の中心であった貴族の私兵軍団とは異なった新たな軍隊組織であったと思われる。

金春秋の捨て身の外交は失敗に終わったが、ここで外交のむつかしさを学んだ金春秋は、大化三年（六四七）、大和朝廷に使節として来朝し、大和朝廷との国交を円滑にすることによって、孤立化しつつあった新羅外交に新局面を展開した。さらに、真徳王二年（六四八）、彼は子の文王とともに唐に朝貢し、唐の衣服の制度などをとりいれるとともに、唐の百済出兵を要請した。唐の太宗から即答は得られなかったが充分手ごたえのある外交であった。

新羅の内乱と政治変革

唐の太宗が新羅に示した三つの救援策のうち第三策で、新羅は女王であるため隣国から軽視され、攻撃されるのだということは、新羅の大等《だいとう》会議でも重要な問題として取りあげられた。このときの新羅王は善徳女王で、この王の特色として、『三国史記』、『三国遺事』ともに呪術にたけたシャーマン的な王であったと伝えている。

善徳王十六年（六四七）正月に、上大等毗曇《ひどん》などが女王ではこの難局をのりきることができないといって内乱を起こした。この内乱は首謀者が上大等であったことからも、唐の太宗が問題を提起した女王の存廃にかかわる政策的な問題と見られる。しかも、十数日にのぼる長期の内乱であり、乱後処刑された貴族が三十数名にものぼったことなどから、この内乱は新羅史上注目される事件といえる。

まずこの内乱の概要をみれば、善徳王十二年（六四三）に、唐の太宗に救援軍を求めたことに始まる。善徳王十四年（六四五）十一月、毗曇が上大等になっている。この年は将軍金庾信の活躍にもかかわらず、百済の加羅地方への侵略および唐の第一回高句麗侵略戦争に便乗した百済の領土拡大などがみられる年である。

唐からの救援軍は、太宗の三策のいずれをとるか新羅の決断にまかされていた。善徳王は王位継承に男性の適任者がいないためと、女王の呪術者的性格とによって王位に推戴された。大等会議は国王の即位や退位を決定する権限をもっていたので、政策さえ決まれば、その実行は容易であった。おそらく、和白《わはく》会議では善徳王の退位問題が決まらないまま新しい上大等毗曇《ひどん》を迎えた。毗曇の調整によって、大等会議は善徳女王の退位を決定したが、大等会議に従わない勢力がかなり広範にわたっていた。

大等会議も六世紀中葉と七世紀中葉とでは、かなり変質していた。初期の大等会議はかなり多人数の構成で巨大な権限をもっていたが、それほど深刻な対立となる政策もなかったので、順調に運営された。六世紀中葉の真興王碑文によれば、大等階層は少なくとも二十五名を数えていたが、七世紀中葉の真徳王代（六四七～六五四）ではわずか六名しかいなくなった。これは三国対立の激化とともに大等の階層分化が進行し、変質したことを物語っている。

この百年間で、新羅の国家権力は少数の有力な貴族に集中し、かつての大等階層の多くは没落した。また大等政治に無関係の新付の諸勢力も新羅に包含されていた。三国対立・抗争の激化の中で、政治思想にも村落共同体的発想から軍事力を中心とする実力主義の思想が台頭している。さらに進んで、隋・唐の官僚思想が導入され、律令など権力機構による支配思想も導入されつつあった。

このように新羅の大等政治は種々な立場や思想がありながら、大等会議の出席者が激減して、国内の意見を代表する会議ではなくなりつつあった。そのうえ、三国の政治的・軍事的勢力がきわめて流動的で、その間で結ばれる軍事同盟もめまぐるしく変わり、とくに、隋・唐の高句麗出兵では、三国の関係はいっそう多岐になった。このような状況の中で、新羅は唐と同盟を結ぶためには、唐の太宗の三策、とくに第三番目の女王を廃して男王にし、できれば唐王室から新羅国王をだすならば救援軍を送ろうという提案にこたえる必要があった。

六四六年に上大等毗曇が女王廃位の政策を大等会議で承認させた。しかし、唐の王族を新羅王にするか否かは不明であるが、次王についてもようやくめどがたった。そこで六四七年正月に善徳女王の退位を大等会議の名で迫った。ところが意外なことに、この善徳王を擁立しようとする勢力が台頭した。それも、古くからの新羅人ではなく、五三二年に新羅に滅ぼされた金官加羅国王の後裔金庾信《きんゆしん》らであった。

善徳王擁立派ははじめ大等の勢力におされきわめて不利で、善徳女王が陣中で没するほどであった。金庾信らはただちに真徳女王をたて、ようやく毗曇らを撃退することができた。女王派の金庾信たちは地方勢力および没落貴族層の大等政治に対する不満を結集して、女王廃位に反対したのである。

大等勢力が地方勢力や没落貴族層から排撃される理由は、少数者による国政の専制化であり、とくに、地方と慶州地域とは、極端な格差があった。たとえば六世紀前半にほぼ完成した新羅の官位制度では、慶州地域の住民には京位（普通、新羅の十七等官位といわれているもの）を与え、地方の豪族にはすべて外位を与えていた。地方豪族に京位を与えるのはこの内乱後のことである。

さらにこの内乱を契機に、新羅の行政組織が一変した。それまでの中央行政組織を見ると、大等会議で決められた政策の実施を上級貴族が請け負っていた。行政事務の不正防止と負担軽減のため複数の貴族に業務を委託する場合が多かった。しかしこの内乱の翌年、早くも各官庁の事務体系を、長官の令・次官の卿・三等官の大舎・四等官の史とする四等官制度をとった。また新たに行政の総括機関として執事部を、財政機関として倉部を、官吏糾弾の機関として司正府を、立法を司る理方府などを新設して、律令官制を整備した。

3　新羅の統一戦争と律令体制の成立

百済・高句麗討滅戦

六四五年から唐は対高句麗政策を一変して、武力による侵略政策をとることになった。新羅は唐の侵略軍に呼応して出兵したが、失敗におわった。その間、百済は新羅の西部、旧加羅地方を占領して、新羅の王都慶州地方に強い圧力をかけた。その結果、さきに述べた毗曇の内乱となり、新羅の政治体制変革の契機となった。

真徳王二年（六四八）、金春秋はその子文王とともに唐に使し、百済討伐のため唐軍の出兵を依頼した。唐の太宗はいちおう新羅の要求をいれて唐軍の百済出兵を了承したが、出兵の時期は未定で、まだ本格的に百済出兵にふみきったとはいえない。そのため、新羅は国内の地方豪族の要求をみたすために諸制度を改革するとともに、対唐外交の必要からも、唐の礼服の制度をとりいれ、正月の賀正の礼や行政官制なども唐の制度をとりいれた。とくに、真徳王四年（六五〇）には唐の正式な藩屛国となるため、それまで使用していた新羅独自の年号をやめて、唐の年号を採用した。

太宗武烈王二年（六五五）、新羅は高句麗・百済の連合軍に北部の三十三城を奪われ、再び危機におちいったので、唐に救援軍を要請した。唐は遼東に出兵して高句麗を牽制したが、さしたる効果もなかった。この時期は武烈王の子金仁問《きんじんもん》や文王などが唐の太宗および高宗のそば近くに仕え、その動静を本国に報告するとともに、唐の百済出兵を促進するなど、きわめて積極的な外交政策を展開した。

六五八～六五九年、唐の第三回高句麗出兵が失敗に終わると、唐は新羅の要求をいれて百済を攻撃することにした。六六〇年三月、唐は水陸十三万の大軍を動員し、六月十八日、山東半島の萊州《らい》（現在の山東省掖県）を出発した。新羅軍は太宗武烈王自身が五月二十六日に五万の大軍を率いて出陣し、七月九日に新羅軍は黄山之原（現在の忠清南道論山市連山《ヨンサン》面）で、唐の水軍は白江（現在の錦江の中流扶余邑付近の別称）の伎伐浦《ぎばっぽ》で、それぞれ百済軍を破った。同月十二日から、百済王都泗沘《しひ》城を攻撃した。百済の義慈王はいったん旧都熊津《ゆうしん》城にのがれたが、同月十八日には皇太子らとともに、新羅・唐連合軍に降って、百済は滅亡した。

百済の滅亡後、王族の福信や僧道琛《どうちん》および日本に派遣されていた王子豊《ほう》などが、高句麗や大和朝廷の支援をうけて、六六四年まで執拗に新羅・唐連合軍と戦っている。これは古朝鮮以来の伝統的な傾向で、外来侵略者に抵抗し、自己の権益と生活を守っていこうとする朝鮮史の特質をここにも見出すことができる。

六六一年、百済を滅ぼした新羅・唐連合軍は高句麗の王都平壌城を包囲した。しかし、高句麗軍の活躍にはばまれ、新羅の太宗が薨じ、百済の復興軍が勢力を増し、唐の国内でも連年の出兵で人心が動揺しはじめたので、唐の高宗は高句麗侵略を一時断念して撤兵を命じた。その後、百済の復興軍との戦いに、新羅・唐連合軍の関心がむき、高句麗との戦闘は小康状態となっていた。

六六六年、高句麗の英雄泉蓋蘇文が死ぬと、その子供たちの間に権力闘争が起こり、長子の男生《だんせい》が唐に亡命するさわぎが起こった。唐の高宗はこれをみて、再び高句麗侵略軍を編制し、翌六六七年七月、新羅にも出兵を命じ、高句麗侵略戦争がはじまった。高句麗は善戦したが、翌六六八年九月二十一日、ついに新羅・唐連合軍の前に降服した。

当時の新羅軍は毗曇の内乱後各種の改革がすすめられたが、まだ国軍として王権のもとに統制された軍隊になっていなかった。新羅の軍隊は個々の貴族がその私兵を率いて、そのつど軍団を組織していた。表7の新羅軍は百済復興軍が旧王都泗沘《しひ》城を攻めるときに編制されたものである。上州・下州将軍などは一見、上州・下州地方の住民を徴発して作った軍団の長官のように見られるが、主力はそれぞれ貴族の私兵であった。それは同年七月十七日、唐軍に呼応して高句麗討伐軍が編制された表8と比較すれば、その間の事情が理解できよう。

表7の大幢《だいどう》将軍品日《ひんじつ》は表8では上州摠管《そうかん》（将軍）となり、表7の上州将軍文忠は表9（高句麗討滅戦争の最終編制）で大幢将軍になり、表7の下州将軍義服は表8で上州摠管になっている。また表7〜9で知られるように、軍隊の編制ごとにその軍団名や軍団の構成までも、そのつど変更している。これはまだ新羅の国軍組織が定着せず、依然として軍団の構成が貴族連合体制期のままで、各貴族の私兵であったことがわかる。新羅の兵制はまだ王権を中心とする律令体制へ移行できないままに、各種軍団名だけは律令の府兵制的な名称を採用し、あたかも兵制が律令的に整備されつつあるかのような印象を与えているのである。

またこの両戦争で武功を称賛されたものに、貴族階級では宗教的要素の強い花郎《かろう》《ファラン》たちがおり、他方県令以下の地方豪族や降服した敵将がいた。とくに、両戦争終了直後の新羅王の論功行賞では、後者に重点がおかれている。百済討伐後、太宗武烈王は同王七年（六六〇）十月二十二日に王都に帰り、論功行賞を行った。ここでは罽衿幢《けいきんどう》の卒宣服《せんぷく》に第九官位級湌《きゅうさん》を与え、軍師豆迭《とうてつ》には外位第三等官高干《こうかん》を与えた。また儒史《じゅし》の知末・知活・寛弘・伊屑儒《いせつじゅ》の四人

	将軍	副	大監
大幢	品日(2)	文王(3)　良図(5)　忠常(6)　真王(6)	
上州	文忠(3)		
下州	義服(6)		武欻
南川州			旭川
誓幢	文品		
郎幢	義光		

（注）数字は官位等数

表7　太宗8年（661）2月編制軍長官表

大将軍	金庾信	
軍官職名／軍団名	摠管（大幢のみ将軍）	大監
大幢	仁問(1)　真珠(5)　欽突(5)	
貴幢	天存(1)　竹旨(2)　天品(5)	
上州	品日(2)　忠常(6)　義服(6)	
下州	真欽　衆臣　自簡	
南川州	軍官(3)　藪世　高純	
首若州	述実　達官　文穎(5)	
河西州	文訓(3)　真純	
誓幢	真福(3)	
郎幢	義光(3)	
罽衿幢		慰知

（注）数字は官位等数

表8　文武王元年（661）7月編制軍長官表

軍団	摠管
	（大摠管）金庾信(1)
大幢	仁問(1)　欽純(1)　天存(1)　文忠(1)　真福(3)　智鏡(4)　良図(5)　愷元(5)　欽突(5)
京停	陳純(2)　竹旨(2)
貴幢	品日(2)　文訓(3)　天品(5)
卑列道	仁泰(2)
漢城州行軍	軍官(3)　都儒(5)　龍長(6)
卑列州行軍	崇信(3)　文穎(5)　福世(6)
河西州行軍	宣光(4)　長順(6)　純長(6)
誓幢	宣福(4)　天光(6)
罽衿幢	日原(6)　興元(6)

（注）数字は官位等数

表9　文武王8年（668）6月編制軍長官表

にはそれぞれ官職を授けた。百済人で才能のある者は登用した。たとえば、佐平《さへい》の忠常《ちゅうじょう》・常永、達率《たつそつ》の自簡《じかん》らには第七等官位一吉湌《いっきつさん》と摠管（将軍）の官職とを与え、恩率《おんそつ》の武守には第十等官位大奈麻《だいなま》と大監の軍官職とを与え、恩率の仁守《じんしゅ》には大奈麻の官位と弟監の軍監職を与えている。

卒と軍師と儒史とは、いずれも最低位の官職である。おそらく、貴族の私兵に属さない者たちで、その功績を王しか認めるものがなかったのであろう。結果的には、これらの階層が王権を支えていくことになる。百済の降将たちも同様な立場におかれており、翌年の軍団編制（表7・表8）には忠常や自簡の名がみえている。このように、当時、新羅王が直接支配しうる軍事力は、下級の貴族や投降してきた外来勢力しかなかった。

このことは高句麗滅亡後、文武王八年（六六八）十月二十二日の論功行賞でもみられる。ここでは文武王が上級貴族には一律に官位一等を昇格させたが、個々の軍功に対する論功は下級貴族と地方豪族とに限られていた。

これらの論功行賞を通じてみられることは、この時期の新羅の王権は、新羅軍の中核を支配しておらず、その中核は貴族の私兵で、彼らの軍功は王の称賛の対象にはならなかった。貴族の私兵に編入されていない下級貴族や地方豪族あるいは百済・高句麗から投降した者だけが、王権の支配を受ける軍隊であり、新羅軍全体からいえば、小部分にすぎなかった。

対唐戦争

唐の太宗が高句麗侵略軍を派遣するにあたって、はじめは遼東郡の回復を名目にしていたが、やがて高句麗の王都平壌《ピョンヤン》が箕子《きし》朝鮮のあったところであり、漢の朝鮮四郡の設置されたところで、これらを復活することを名目とした。このように唐の朝鮮政策は最終的に朝鮮全土を支配することにあったので、はじめのうちは新羅が唐と軍事同盟を結んで百済や高句麗を滅ぼそうとする提案を容易に受けいれなかった。

それどころか、六四三年には新羅が救援軍を依頼したのにたいし、唐の太宗は唐王室の一族を新羅王にするよう提案している。また、六六〇年に唐と新羅との連合軍が結成されたとき、平壌以南を新羅、以北を唐がそれぞれ領有することにしていたが、これは表むきの約束で、唐が朝鮮全土を領土にしようとする基本的な朝鮮政策が変わったわけではない。唐は新羅軍を使って百済・高句麗を滅亡させるだけでなく、新羅の軍事力を消耗させるため苛酷な戦闘を強要し、少しでも約束が違うと、その間の事情を無視して責任だけを追及した。また新羅の軍功は唐から無視されていた。

前の約束を破って新羅の領土となるべき百済の旧地に唐の都督府がおかれ、唐の支援によって百済王族が復帰する気配さえあった。また唐では六六八年ごろ倭国討伐のためと称し軍船が修理されているが、実は新羅を討つための準備であると噂されていた。さらに唐は六六九年に百済人の娘を漢城州都督朴都儒《とじゅ》に娶《めあわ》せ、漢城州の新羅の兵器を盗んで反乱を起こさせようとした。翌六七〇年十二月にも、同じく漢城州摠管藪世《そうせい》が前者と同じように反乱を企て、いずれも失敗しているが、唐は新羅の貴族に深くくいいり、貴族間の分裂工作にかなりの成果をあげていることがわかる。

新羅は高句麗討滅後、すくなくとも百済だけは確保しようとした。しかし、唐は百済を復興し、新羅の勢力拡大をおさえ、やがて新羅をも支配下におさめようとした。そこで六七〇年六月に高句麗復興軍が唐軍と戦ったのを契機に、新羅は元高句麗大臣淵浄土《えんじようど》の子安勝《あんしよう》を高句麗王として迎え、唐と対立することになった。同年七月、百済と唐軍とを旧百済領域から追放する戦いの中で、衆臣・義官・達官・興元など新羅の第一級貴族たちが戦列を離れて退却し、死罪にあたるべきところをその地位を考えて免職だけで許されている。またさきにあげた漢城州都督朴都儒や藪世が唐について反乱を起こしたが、彼らもまた第一級の貴族である。文武王十三年（六七三）には、はやり有力貴族と思われる阿飡《あさん》大吐《だいと》が唐について反乱をはかろうとしたのが発覚している。

このように新羅の中央貴族は百済・高句麗との戦いでは、それぞれの私兵を率いて全力を尽くして戦ったにもかかわらず、六七〇年から六七六年にかけての唐軍との戦いでは、一転して消極的になっている。その理由には種々あるが、これら第一級の新羅貴族が唐の太宗の提案に従って、自分たちが擁立した女王を退位させているところからみれば、彼らは唐に対する文化的・政治的・軍事的な面で、立ち遅れたことを自覚し、唐との対立より、唐との提携に主眼をおいていたようである。

新羅軍の主力であった貴族の私兵軍団は、唐との戦闘に消極的であった。それにもかかわらず、数度にのぼる唐軍の侵入をはねかえし、勝利をおさめたのは、どの階層の努力によることがもっとも多かったのであろうか。それは、県令城主といわれる地方豪族たちの死力を尽くしての戦いによったといってよかろう。

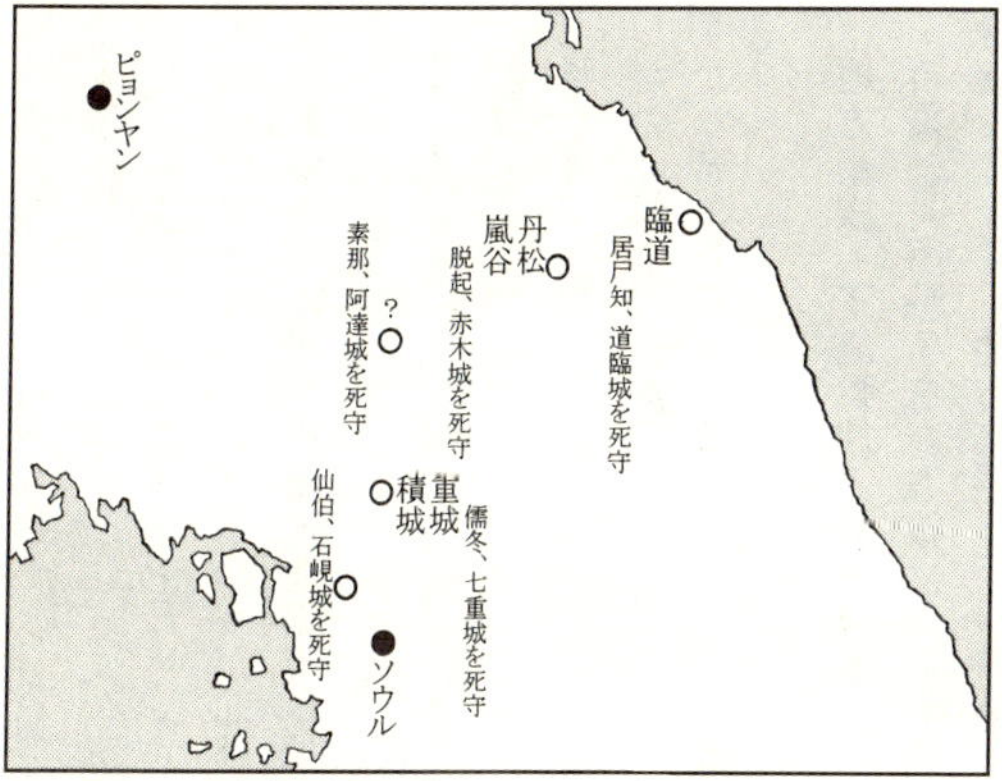

唐侵略軍と戦った北部の豪族たち

　そのうち主なものを拾えば、文武王十年（六七〇）三月、第八等官位沙飡の薛《せつ》烏《う》儒《じゅ》が高句麗復興軍と連合し鴨緑江以北まで攻めいっている。同年六月には高句麗復興軍が西北朝鮮の唐の官僚を追い払い、新羅領内の金馬《きんば》渚《しょ》（現在の全羅北道益山市金馬面）に高句麗の亡命王朝を作ることを求め、同年八月一日に新羅から許可されている。この高句麗亡命王朝の軍隊は文武王十二年八月に唐軍と戦い、同十四年（六七四）には旧百済の鎮圧にあたっている。

地方豪族ないしは下級貴族の活躍では、文武王十一年正月に熊津（旧百済王都）で幢主《どうしゅ》（小部隊長）夫果《ふか》が戦死した。また同年十月六日に唐の海軍を撃滅したのは下級貴族級湌の当千《とうせん》であった。とくに同王十五年（六七五）から十六年にかけて、唐の侵略軍に反撃し、その地を死守したのは、ほとんどが北部の地方豪族たちであった。同王十五年九月、唐軍の侵入を七重城（現在の京畿道坡州市積城面）で死守したのは城主儒冬《じゅとう》であり、これと時を同じくし侵入した靺鞨軍から北辺の阿達城を死守したのも城主素那《そな》であった。このとき赤木城《せきぼく》（現在の江陵市《カンヌン》欄谷洞《ナンコクドン》）を県令脱起《だつき》が死守し、漢口北方の石峴城《せっけん》を死守したのも県令仙伯らであった。

翌十六年七月、唐最後の侵入軍を阻むため、道臨城《どうりん》（現在の江原道鉄原《チョロン》郡任南面《イムナム》）を死守したのは県令居戸知であった。また同年十一月、薛仁貴《せつじんき》の率いる唐の海軍を百済の旧都扶余付近の錦江中流で撃滅したのは、下級貴族沙湌の施得《せとく》であった。

地方豪族・下級貴族と律令体制

新羅は対唐戦争を勝ち抜いたが、新羅をはじめての朝鮮統一王朝にしたのは、新羅の中央貴族ではなく、地方豪族と下級貴族とであった。

このように地方豪族と下級貴族との活躍によって唐軍を撃退しえたことは、北方の地方豪族などがとくに新羅王室に忠誠を励もうとしたわけではない。もっとも基本的には、それまでの社会秩序を維持し、豪族の権力を保持したいと考えていたためであるが、新羅を勝利に導いたことから、結果的には彼らは新羅の政界に大きな発言権をもつことになった。

一方、王権は毗曇の内乱で、形式的にはいちおう確立したが、さきにも述べたように、新羅の軍事力を一括支配するにはほど遠い状態であった。そのため、百済・高句麗討滅戦後の論功行賞では、ことさら下級貴族・地方豪族および投降した敵将などを重視し、彼らと結びつくことによって王権の基礎を固めようとしていた。唐の侵略軍を撃退したことで、下級貴族や地方豪族および新付の貴族を糾合しえた新羅王室は、ここではじめて古代の絶対王権的性格を持ちうる条件が整ったのである。

形式的な官職名の導入や律令の政治組織の模倣は、すでに毗曇の内乱後、上からの改革として行われていた。しかし、新羅が内的な要求として律令体制を取りあげるのは、統一戦争後といって過言ではない。

たとえば、国家権力の基盤になる兵制で、もっとも律令的な整備の進んだ軍団は九誓幢《きゅうせいどう》である。この九誓幢は九つの部隊からなり、そのうち三部隊は高句麗人で、二部隊が百済人で編制され、靺鞨人による部隊も一つあり、旧来の新羅人による部隊はわずか三つにすぎなかった。そのうえ、この九誓幢を設置しはじめたのは文武王十二年（六七二）で、対唐戦争の中で、もはや旧新羅人部隊のみに依存していては唐軍に勝てないことが明らかになった段階からである。

国家権力の基盤である軍事力が、中央貴族の手から地方豪族などに移行したため、新羅の王権の性格もこれら新興勢力を基盤としなければならず、長年彼らを苦しめてきた貴族連合政権をここで打破して、中央貴族も地方豪族も理念的には同一の権限を持ちうる律令体制へと、新羅の政治体制は変わっていった。

〝倭〟から〝日本〟へ——国号改正記事について

日本史の研究ではほとんど無視されていることであるが、『三国史記』文武王十年（六七〇）十二月条に、「倭国は国名を日本と改めた。自分では日の出るところに近いからこの名にかえたといっている」とある。

この年は日本の天智天皇九年（六七〇）にあたるが、『日本書紀』のこの年の記事はもちろん、他の部分にも、日本の国号改正に関する記事はみあたらない。中国の古典では『旧唐書』日本国伝には国号改正について『三国史記』よりもより詳細な記事があって、文献的には『旧唐書』がオリジナルといえる。

『旧唐書』東夷伝には日本伝にならんで倭国伝があり、そこに「倭国はいにしえの倭奴《わぬ》国（現在の福岡市地方）である」といっている。六四八年、倭国が新羅の使節に頼んで国書を唐にもたらしたのが最後の国交であったという。日本国伝はこれをうけて、七〇三年に大臣の朝臣《あそみ》真人《まひと》が朝貢したと伝えている。

『続日本記』では大宝元年（七〇一）正月に民部尚書《みんぶしょうしょ》（民政担当大臣）粟田朝臣真人《あわだのあそんまひと》が遣唐使執節使《しゅっせつし》に任命され、翌二年六月二十六日、筑紫を出発し、三年には唐に在ったらしく、翌慶雲元年（七〇四）七月一日に帰朝している。そのときの事情を『続日本紀』は大要次のように伝えている。

粟田朝臣真人らがはじめて唐に着いたとき、その地の役人が「どこの使節か」と問うたので、「日本国の使節である」と答えた。真人らが「ここはどこか」と尋ねたのにたいし、「大周国だ」と答えた。その唐人は「昔から聞くところによれば、海東に大倭国というのがあり、君子の国といい伝えている。いまあなたたちを見ると、容貌や立ち振るまいがはなはだ清らかなので、信じないわけにはいかない」といった。

この記事は、遣唐使粟田朝臣らがさしさわりのない話として伝えているが、唐（周）の王朝では重大な外交問題となったはずである。このことは『旧唐書』日本伝で次のように伝えている。

日本国は倭国の別種である。その国が日の出るところに近いので、日本と名乗っている。ある人がいうには、「倭国はその名が優雅でないのを嫌って日本と改めた」という。

またある人は、「日本はもと小国であったが、倭国の地をあわせたのだ」ともいう。日本国の使節は自尊心が強く、事実を答えないことが多い。それゆえ、中国の王朝ではこれらの答えを疑っている。

中国の地方役人でも国号の改変には強い関心をもつ。まして正式な国書の交換では、印象だけで処理するわけにはいかない。国号改称の経過を中国側が日本の遣唐使に問いただしたところ、日本を倭国のたんなる改名という者と、主権が替わったと答える者とにわかれた。いずれが正しいのか中国側では種々問いただしたのであろうが、どうしてもすっきりした答えがかえってこないので、さすがの中国の役人もあきれはてて、日本の使節は事実さえも伝えないと怒りだしてしまった様子をこの日本伝の記事は実にいきいきと描きだしている。

日本の遣唐使が、国号改正でなぜこれほど四苦八苦するのであろうか。日本史の常識でいえば、七世紀の後半に王朝が交代したと思われるふしはない。それならば、なぜ日本の遣唐使はたんなる国号の改称であるといいきらないのであろうか。そこには、単純に国号のみの改変といえない事情があったのではなかろうか。

『三国史記』によれば、文武王五年（六六五）八月、文武王と唐の使劉仁願《りゅうじんがん》・熊津都督扶余《ふよ》隆《りゅう》（旧百済太子）との会盟にひきつづき、唐の劉仁軌《りゅうじんき》は新羅・百済・耽羅《たんら》・倭人の四国の使節を率いて、唐の泰山で再び会盟したとある。これは百済討滅後、百済旧領土の支配権をめぐって対立していた諸国を、唐の仲立ちで和解させようとしたものである。

これらの史料は『旧唐書』劉仁軌伝に詳しくみられるが、それによれば、これより二年前の六六三年に、四百隻の倭の海軍を白村江《はくそんこう》で破り、百済復興軍とともにいた倭人たちや耽羅の国使などがいっせいに降服したといっている。さきにあげた倭人の使節とは、『日本書紀』天智四年（六六五）の遣唐使守君大石《もりのきみおおいし》であるのか、ここに見える倭人たちの代表者なのか明瞭でない。天智紀の対唐外交記事は種々さしさわりがあったらしく、あまりはっきり書いていない。『唐書』などによれば、六七〇年に倭国から高句麗平定の祝賀使節が唐に来ている。ここで百済地方にいる倭人の抵抗と、白村江での倭兵との戦闘に関する大和朝廷の責任を唐から追及されたものらしく、その後三十数年間、日本の遣唐使派遣は中断したままになっている。

日本は国交の有無にかかわらず、朝鮮や中国と地理的・文化的に断ちがたい位置にある。古代ではとくに貴族階級が朝鮮や中国の新文物導入を強く求めていたため、これらの地方との国交が必要であった。さいわい、新羅との国交はその後も持続されていたので、唐との三十数年の国交断絶を日本の貴族たちは耐えることができた。唐では六九〇年に則天武后が帝位につき、国号を周と改めた。周は七〇四年まで続き、さきに述べた粟田朝臣真人が入朝したとき、その末期の混乱期にあたっていたため、国号改変問題は深く追及されずにすんだのかもしれない。

日本の国号は前章で述べたように、百済人がつけた国号であるが、このときまで正式な国号でなかった。それまでは倭を国号にしていたが、中国歴代との正式な国交を結んでいたのは倭国すなわち倭奴国で、『魏志』倭人伝の伊都《いと》国以来、中国外交の拠点となっていたところである。

封建時代までの日本の外交は、中央集権体制が確立していた時期でも、対馬や北九州の諸大名が担当していた。『日本書紀』にみえる遣隋使や遣唐使が、そのまま『隋書』『唐書』にあらわれないのは、大和朝廷との国交を隋や初期の唐が正式に結んでいなかったためである。

従来の日本史研究者は『日本書紀』に豊富な外交記事があることから、これに頼りすぎ、朝鮮や中国の記事を無視ないし軽視してきたが、これは明らかに一面的な見方である。封建時代以前の朝鮮や中国は日本に対して、日本がこれらの国に対するほど深い関心をもっていなかったとはいえ、多くの日本史研究者が『日本書紀』を絶対視するほど、『隋書』『旧唐書』『三国史記』などの編者が資料をもっていなかったわけではない。当時の朝鮮や中国は、日本より正式な外交記録を多くもっていたとみてもよい。すくなくとも、国交関係に関する記事は、当事者双方の記録を同等に見るだけの努力はしなければなるまい。

明治以来のアジア軽視の風潮が、今日の日本史研究者に残っていないとするならば、史料の量が多いというだけで『日本書紀』を中心に古代の日朝・日中の関係史を考えてはならないはずである。朝鮮や中国の史料からみれば、大和朝廷が直接、中国と外交関係を持つのは八世紀に入ってからである。それまでは北九州地方の倭国が、国内的には大和朝廷に従属していても、対中国外交では古くからの伝統もあって、日本を代表するものであった。ところが、白村江の戦いを契機に、朝鮮の統一戦争に大和朝廷が直接介入することになった。六六八年以後、新羅と唐とは旧百済領土をめぐって対立することになり、六年半の戦争期をはさんで、七三五年まで両国の国交は断絶していた。

大和朝廷と唐との関係は、白村江の戦後処理や百済からの亡命貴族を受けいれているなど、間接的に唐と対立していた。すくなくとも、白村江の戦後処理が対唐外交の復活には必須の条件であった。しかし、大和朝廷側では、この問題をできるだけ避けようとしたことから国号改変問題が生じた。具体的には、倭国外交の延長である大宰府外交をやめ、大和朝廷が直接外交を司ることになった。その形式的な理由は大宝律令の制定によるとしても、実質的には、白村江の戦後処理であったことが知られる。

七世紀後半、朝鮮半島をめぐる東アジアの情勢は、各地域にさまざまな影響を与え、それに対応するそれぞれの地域住民の対応が、新たな民族性を創造しつつあった。

新羅も対唐戦争をへて、政治的には貴族連合体制を一掃し、下級貴族や地方豪族、さらに敵対国からの降服者を含めて律令体制を作りあげるとともに、三国対立を止揚して、統一された朝鮮文化建設になかった。また、唐の支配下にあった高句麗人は、唐の抑圧にもかかわらず渤海《ぼっかい》《パルヘ》国を建設し、新天地を開拓した。日本では百済・高句麗の亡命貴族をはじめ、多くの移住者を迎えて、日本文化を多彩に発展させた。また対唐外交のつまずきで国際関係の困難さを体験したが、新羅と唐とのような軍事的な対立にまで発展せず、時期を待つことによって国際関係の責任を回避した。

これらの体験がそれぞれの国民性を作るきわめて重要な要素になったことを忘れてはならない。

第六章　統一新羅

1　律令時代

新羅の統一と兵制の変遷

統一新羅とは、新羅が百済・高句麗を滅ぼし、唐軍を朝鮮半島から追い出した六七六年から新羅滅亡の九三五年までのおよそ二百六十年間をいう。この時期の新羅は三国時代のそれとは政治的・社会的・文化的にも大きな変化があり、今日の朝鮮民族を形成する基礎のできた時代といえる。

新羅は唐軍を武力でしりぞけ、三国統一を勝ちとることができた。その主役は三国時代の新羅を支えた中央貴族ではなく、地方豪族や下級貴族、さらには旧百済・旧高句麗の貴族・豪族たち――統一期の新興勢力――であった。そのため、新羅貴族の政治権力は大きく後退し、唐の律令制が新興勢力に支持され、兵制、中央・地方行政官制、田制など国民支配の形態などが急速に変化した。しかし、この新興勢力も旧勢力と同様、それぞれ閉鎖された地域

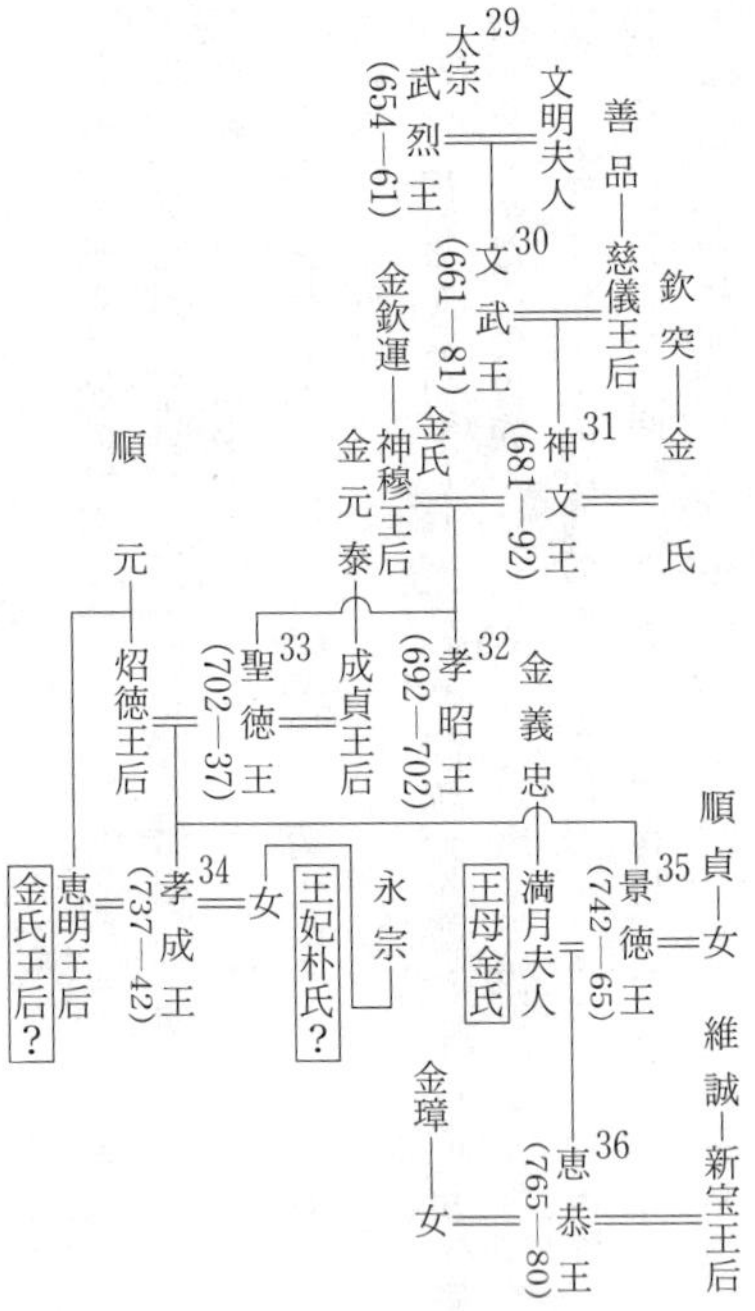

新羅中代王統系図

を基盤としていたので、典型的な古代専制国家や唐風の律令官僚体制へ完全に移行することは期待できなかった。

新羅では貴族や豪族がそれぞれの地域を支配しており、高句麗・百済の領土を新たに獲得したとはいえ、その多くは統一戦争で新羅に勝利をもたらした有功の地方豪族の領有であった。また、王朝は有力な地方豪族を王都に移し、従来の土地と人間を食邑《しょくゆう》として与え、やがてこれらを一括支配する考えをもったのであろう。

しかし、中央に移された地方豪族は、統一戦争期に王権擁護に積極的で、この階層が中心になり新羅律令体制を推進した。それゆえ、新羅律令制のもっとも盛んであったと思われる八世紀中葉でも、租や調が王都在住の旧支配者を通じて納められていることからも、新羅律令制の限界がわかる。これらのことを各種の政治組織で見てみたい。

新羅の兵制は比較的新しいものが多い。その理由はすでに述べたように、新羅の主要な軍事力が貴族や地方豪族の私兵であったためである。とくに、花郎を中心とする宗教的な軍隊が随時でき、ときにはこの花郎部隊が数千名に達することもあったという。

一般的に貴族の私兵は王の支配下に入ることを好まず、また王権もそこまで発達していなかったので、貴族連合体制の時期は上級貴族の支配下に入らない下級貴族や新付の地方豪族を対象に王朝の軍団が成立した。貴族の私兵軍団を指揮する者は貴族連合会議（和白《わはく》会議）で、具体的な軍団形成は随時各貴族や花郎の判断で決定された。このような形で最初に作られたものが六停の大幢で、地方勢力を糾合したものが三千幢《さんぜんどう》で、いずれも真興王五年（五四四）に設置されたという。

王権が諸軍団をある程度、指揮しうるようになったのは六世紀中葉の統一戦争期に入ってからである。この時期になると、百済・高句麗の降服したものや州を単位とし、一般住民を徴兵したものを中心とする九誓幢《きゅうせいどう》や九州制度に対応する十停・五州誓・萬歩幢・九州軍などがあいついで設置された。しかしその後も、貴族の私兵団を中心とする六停が、なお新羅の最強の軍団とされていたことからも、新羅の律令制は軍事力さえ完全に掌握できなかった王権の上に成立していたことが知られる。

権力構造の基盤となる軍事力が、貴族側に保留されている以上、古代の専制王権は絶対成立しないし、それを基盤とした律令官僚体制は形骸的なものにしかなりえない。

官庁名	前身の設立年次	創立年次	職掌
執事部	565	651	国政の総括
兵部	516	544？	兵事
調部	584	651	貢賦
倉部	—	651	財政・徴税
礼部	586	651	儀礼・教育
乗府	584	584？	王の行幸
司正府	544	659	官吏糾弾
例作府	—	686	製造・営繕
船府	583	678	航海
領客府	591	651	外交
位和府	581	682	官吏の人事
左理方府	—	651	立法
右理方府	—	687	立法

表10　中央上級行政官庁表

律令制の官制

次に行政官職制度について、その律令化の過程を概観してみたい。中央の上級官庁の創立年次とその前身の設立年次およびそれぞれの職掌は表10のようである。

表10の各官庁の前身の設立年次とは、貴族合議政体の時期に同様の職務を貴族が請け負いはじめた時期をいい、それは律令的な組織でなかった。六世紀に多少なりとも律令的な性格をもったと思われるのは兵部と乗府だけで、さきにあげた真興王碑文と一致する。他の官庁が律令的な性格をもつのはすべて六五一年以降で、六八七年の右理《うり》方府《ほうふ》創立までの三十六年間で行政官庁はいちおう整備された。

各官庁の創立当初は官職は日本と同様、長官の令《れい》・次官の卿《けい》・三等官の大舎《たいしゃ》・四等官の史《し》の四等官制であった。新羅の律令体制が整備されるに従ってその業務も激増し、六七一年ごろから実務を担当する四等官の史の増員が各官庁で行われた。このような律令官庁の実務の増大にともなって、四等官の史を指導監督するため、新たに史の上に舎知《しゃち》の官職を作り、六八五年以降、多くの官庁に設置した。

このように、新羅の律令制導入は実情に即しながら官庁・官職の増加がみられ、日本の律令導入のような観念的に整備されたものとはいちじるしく相違している。ちなみに、日本の律令官庁は四等官制で統一されているが、その方式は唐の制度にみえず、おそらく六五一〜六八五年までの新羅四等官制を模倣したものであろう。

八世紀に入ると、官庁の新設もなく、各官庁の増員も倉部《そうぶ》の史を除いてまったくみられない。このことは、八世紀をいちおう新羅律令制の安定期とみることができる。とくに倉部の史の増員が注目される。倉部設立の六五一年に史はわずか八人であったが、六七一年に三人が増加され、翌年にはさらに七人が追加され、六九九年にも一名の増員が認められている。これは倉部の実務である国家財政や租・庸・調の徴税業務が当初の予想をはるかに上まわり、史の定員を倍増してもなお追いつかぬほど多忙であったことによる。

そこで六九九年には新たな四等官租舎知一人を新設して、十九人にもおよぶ倉部の史の指導・監督をさせている。さらに、他の官庁には見られないが、倉部だけは八世紀に入っても業務が増大したらしく、七五二年に三人の史が増員となり、さらに七七〇年ころに八人の定員増が認められている。

このように新羅政府の財政業務が増大し、徴税量が増加していることは、種々な問題を内包しながらも、八世紀には新羅の律令体制がいっそう発展していることを示している。

ところが八世紀末尾になると上級官庁の定員が削減されはじめた。元聖《げんせい》王十三年（七九七）に左理方府《さりほうふ》の史十五名中五名が削減され、ついで哀荘《あいそう》王六年（八〇五）には例作府《れいさくふ》の大舎二名と船府の史二名とが削減されている。これらの諸官庁は、それぞれ新羅の律令体制を支える重要な部門であるにもかかわらずあいついで削減されていることは、個々の事情は不明であっても、新羅律令体制の没落を物語る指標とみることができよう。

地方行政と九州・五小京制

新羅の地方行政の基本は九州・五小京制である。これについては、表11・表12および二四二ページの図を参照してほしい。

まず目立つことは州庁の所在地がかなり変動していることである。六六一年までの州庁所在地の変遷は三国対立の軍事的な要求が第一の要件となっており、百済・高句麗の軍事的圧力で州庁の所在地を変更したことも少なくない。それに対し六八〇年代での州庁所在地の変更は、地方行政を優先したためである。

これは新羅の地方行政に対する考え方をもっとも端的に示したものでもある。六世紀以来、対唐戦争が終わるまでは新羅の地方行政は軍政的色彩の強いもので、六八〇年代に入ってようやく軍事的な危機が去り、民政を主とした地方行政が実施されはじめた。このことは

創設の州名	同州治の現在の名	創設年次	州治の変遷	685年の九州名	687年の九州名	756年の九州名	同現在地名
上州	尚州	525	沙伐(尚州)—(557)甘文(開寧)—(614)一善(善山)—(687)沙伐	一善州	沙伐州	尚州	尚州
下州	昌寧	555	比斯伐(昌寧)—(556)大耶(陜川)—(648)押督(慶山)—(661)大耶—(665)歃良(梁山)	歃良州	歃良州	良州	梁山
新州	広州	553	漢山(広州)　(568)南川(利川)—(604)漢山	漢山州	漢山州	漢州	広州
悉直州	三陟	505	悉直(三陟)—(512)何瑟羅〔別名，河西〕(江陵)	何瑟羅州	河西州	溟州	江陵
比烈忽州	安辺	556	比烈忽(安辺)—(568)達忽(高城)—(637)牛首(春川)—(661)比烈忽—(686)牛首	牛首州	牛首州	朔州	春川
居列州	居昌	665	居烈(居昌)—(685)菁州(晋州)	菁州	菁州	康州	晋州
完山州	全州	685		完山州	完山州	全州	全州
所夫里州	扶余	671(?)	所夫里(扶余)—(686)熊川州(公州)	所夫里州	熊川州	熊州	公州
発羅州	羅州	671(?)	発羅州(羅州)—(686)武珍州(光州)	発羅州	武珍州	武州	光州

表11　九州の成立過程

小京名	同現地名	同創設年次	前地名	所在州名
国原(中原)小京	忠州	557	高句麗国原城	漢州
北原小京	原州	678	高句麗平原城	朔州
金海(金官)小京	金海	680	加耶金官国都	良州
西原小京	清州	685	百済娘臂城	熊州
南原小京	南原	685	百済古竜郡	全州

表12　五小京

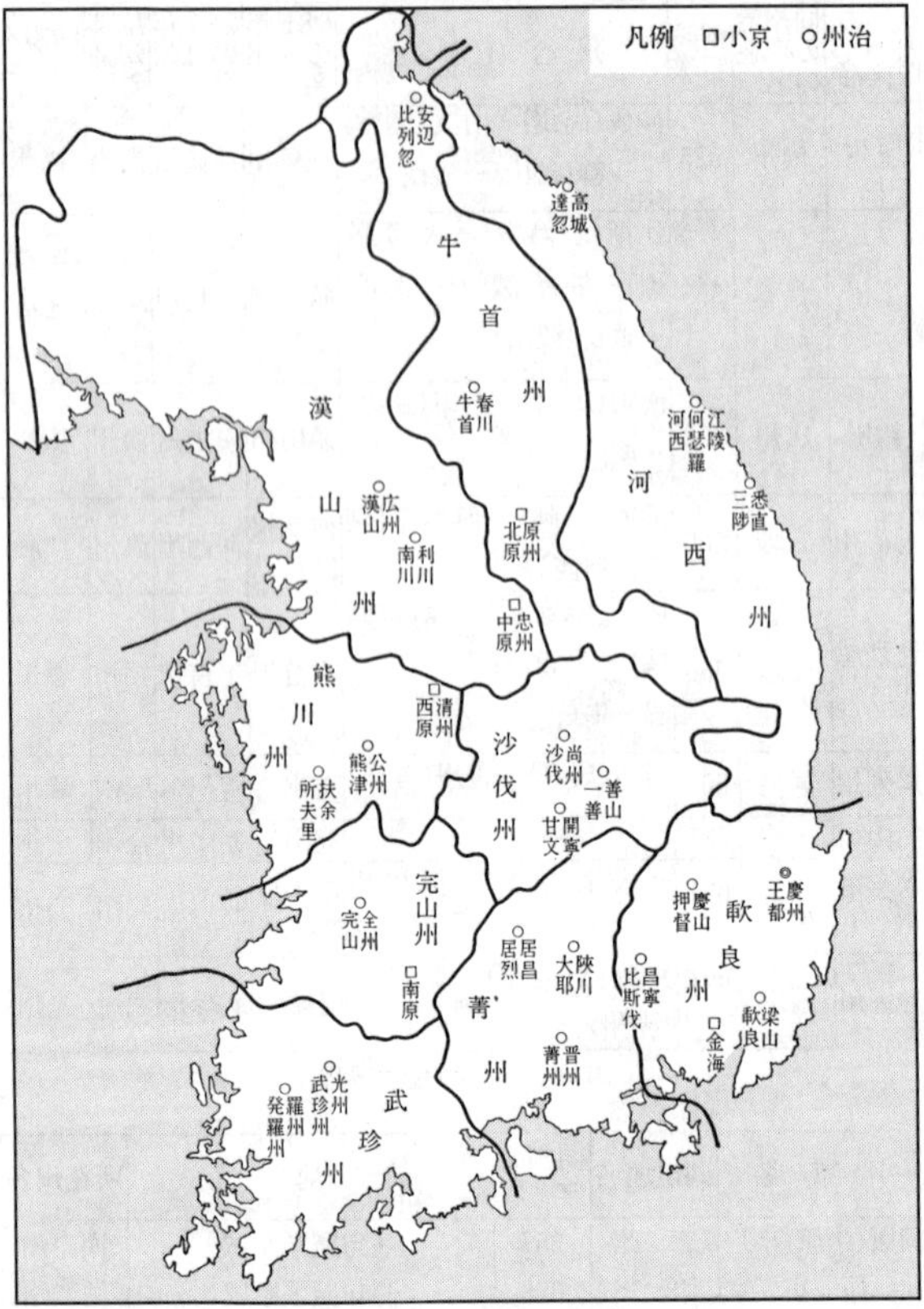
凡例 □小京 ○州治
安辺
比列忽
高城
達忽
牛首州
春川
牛首
江陵
何瑟羅
河西
漢山州
広州
漢山
原州
北原
利川
南川
悉直
三陟
河西州
忠州
中原
熊川州
清州
西原
公州
熊津
扶余
所夫里
沙伐州
尚州
沙伐
善山
一善
開寧
甘文
完山州
全州
完山
南原
慶州
王都
歃良州
慶山
押督
居昌
居烈
陝川
大耶
昌寧
比斯伐
梁山
歃良
金海
菁州
晋州
菁州
光州
武珍州
羅州
発羅州
武珍州

新羅九州・五小京の沿革

小京の設置が雄弁に物語っている。

新羅の小京は地方に王都慶州の文化を伝える起点の役割をもち、王都の貴族や住民がしばしば移住を命ぜられている。五小京の前代の地名をみると、高句麗と百済にそれぞれ二つあり、加羅地方にも一つの小京をおいている。このことは新羅王朝が積極的に新羅文化を地方――とくに旧敵対国――にひろめようとしたものである。これは州の性格が民政中心に変わる時期と時を同じくしている点で、同一の性格をもつ地方行政の転換といえる。

州の制度はかなり成果をあげたようであるが、小京に関する史料はほとんど残っていない。おそらく、貴族文化としてはもっとも遅れていた旧新羅が戦争に勝ったことから、他国より文化程度が高いという誤認の上になりたった地方文化政策――小京制――は、各地域で反撃にあったのではなかろうか。

律令田制の沿革

神文王五年（六八五）に九州・五小京制がいちおう完備すると、律令制の重点は田制へ移行する動きがみえはじめた。律令制支配の基本は土地と人民とを国家が直接支配することで、それまで貴族が私有していた土地と人民とを政府の支配下におかなければならない。しかし、それは王朝を支持する側の下級貴族や地方豪族でさえ、容易に賛成しないことであった。

そこで神文王七年（六八七）、まず文武の官僚に職田《しきでん》（畑）を与え、従来の食邑——旧支配地などで土地と人民を全面的に支配することを王朝から認められている地域——を漸次縮小させようとした。ついで、神文王九年（六八九）、新羅王朝は下級官僚に与えていた禄邑《ろくゆう》——共同で支配していた地域——をやめて、彼らに租米を与えることにした。これは、官僚が直接土地や人民を支配することをやめさせるためであった。

これらの政策を全面的に行うためには全国の農民に租・庸・調を課さねばならない。しかし従来の慣行や貴族層の抵抗にあって、農民から租・庸・調をとる前提となる農民への公田の支給が容易に実行されなかった。ようやく、聖徳《せいとく》王二十一年（七二二）八月になって、はじめて農民一人々々に規定の土地を与えることができるようになった。しかし、当時なお、貴族や豪族たちは多くの土地と人民を支配していたので、実際にはどの程度の土地を国家が農民に支給していたかはよくわからない。

さいわい奈良東大寺の正倉院から景徳王十四年（七五五）に作られたとみられる西原小京《せいげんしょうきょう》（現在の忠清北道清州《チョンジュ》市）付近の四ヵ村の帳籍が発見された。この帳籍には、村の戸数、人口、牛馬数、土地面積、桑・柏・楸《ひさぎ》の本数およびその出入りが記入されている。この帳籍でとくに注目されることは、十〜十五個の自然村落を単位にして書かれている点である。

この帳籍は租・調などの徴収、兵役や労役に徴発するための台帳であるが、この場合は村落を単位としているのにたいし、日本の場合は小家族（房戸）ないしは大家族（郷戸）を単位に作られている。もし、新羅の帳籍の書き方が全般的に村落単位のものであるとするならば、新羅の律令支配は村落＝村落共同体の抵抗にあって、まだ本来の目的である土地と人民とを国家が直接支配することができない状態にあったといわなければならない。

このことはその後わずか二年しかたたない景徳王十六年（七五七）三月に、下級官僚の租米による月俸制度をやめ禄邑制度を復活したという『三国史記』の記事につながる。国家が一括して班田収授を行うにしても、村落共同体を単位に班田収授をするのであれば、班田収授に国家権力が介入する直接の目的――国民の個別人身支配――を果たすことはできない。それゆえ禄邑制が復活したのであるが、これを復活させる政治勢力は何であったのであろうか。

恵恭王代の内乱

景徳王十六年は新羅政治史上かなり目立った動きのあった年である。まず、この年の正月に上大等金思仁《じょうだいとうきんしじん》が病気のためにその官職を免ぜられている。上大等の官職は当時かなり変質しているけれども、貴族会議の議長であり、国政を総攬する首相格でもある新羅の最高官位であった。

上大等は実質的に王を凌ぐ巨大な権力をもつので、種々制限が加えられた。たとえば王が即位するとき新たな上大等が任命されるが、その王の退位（死去）とともに上大等も退職しなければならなかった。上大等は、邪馬台国の卑弥呼《ひみこ》女王に仕え実際の政治を行った男弟と類似した性格をもち、その王代では終身辞任することを許されなかった。実際の政治責任は上大等のもとで政務を遂行する執事部《しゅつじぶ》長官侍中《じちゅう》がとり、天災地変を含めた政治的過失には侍中に責任をとらせて罷免するのが原則であって、上大等はその王代中は死亡以外に辞職することが許されていなかった。

この一王代一上大等制の原則が動揺したのは、新羅律令体制のもっとも整備したとみられる聖徳・景徳両王代である。聖徳王二十七年（七二八）、上大等裴賦《はいふ》が老衰を理由に辞職を求めて許されている。彼は前年にも同様の辞職願を出したが、このときには許されなかった。これは死亡以外で上大等が職を去った最初の史料である。景徳王十六年（七五七）正月には、上大等金思仁が病気を理由に職を免ぜられている。これは裴賦の場合と事情を異にしており、たんに上大等の地位が律令制の王権に脅かされるようになったというだけでなく、上大等の地位が律令体制で官僚化されつつあったことを物語っている。

金思仁はその前年の二月に天災地変がしばしば起こっていることから、政治の当否を極論した上表文を出している。このとき王はその上表文を喜んで受けとったとあり、これに関連があるかのように翌十六年から一連の政治改革が行われることになる。しかし、従来の形式を破って上大等を病気を理由に免職していることからみれば、この年からの改革は金思仁の上表文とは異なった方向の改革であったらしい。

景徳王十六年からの改革とは、同年三月、禄邑《ろくゆう》制を復活し、同年十二月には州名を改めるとともに州の区域も若干改定している。このことはたんに州名の美化など貴族の観念的な改革ではなく、それまでは地方行政を三国時代の伝統を考慮して行っていたが、このときの改革はすでにそれを乗り越えて、律令体制の立場で地方行政の改革されたことがうかがわれる。ついで十八年正月に、中央官庁の諸官職名——とくに実務にたずさわる下級官職名——が大幅に改称せられている。

禄邑制の復活は、他の改革が律令制への方向をたどったのに反して、地域支配を基盤とする貴族連合への復帰をめざしているといえる。おそらく上大等金思仁の免職も、病気を理由にしているが、律令制推進派と貴族連合体制への復帰派との政争にまきこまれたためではなかろうか。

景徳王二十二年（七六三）八月にも上大等信忠《しんちゅう》の免職記事がある。これは明らかに政治的責任を追及されての免職である。上大等信忠が政策的に責任を追及されたとすれば、彼が就任した景徳王十六年以降の、主として律令制推進のための改革に対するものであろう。

上大等の免職の例はすでにあるにしても、それぞれ表面的な理由として、老衰や病気をあげてきた。しかしここではもはやなんの理由もあげていないだけでなく、侍中金邕《きんよう》とともに免職になっている。上大等の職はもはや律令制官僚の一官職にすぎない存在になっている。

さきにも見てきたように、この時期ではまだ律令制の根底をなす班田収授の法が村落単位であり、地縁的な村落共同体の分化が、中央貴族の華々しい文化とは裏腹に、それほど進展していなかったと思われる。そのため、政治的な対立は宮廷内部の貴族間で主要な官職の就任をめぐって争われることになった。

恵恭王《けいきょう》代（七六五～七八〇）には六個の内乱があいつぎ、それがいずれも有力貴族のものであり、その規模も大きく、個人的な政権欲によって起こされたものというよりは、貴族階級を二分し、律令制を推進しようとする新興貴族と、統一戦争で政治的指導権を奪われた旧貴族――貴族連合体制を復活しようとする階層――との対立抗争とみることができる。

まず恵恭王四年（七六八）七月三日、大恭《たいきょう》・大廉《たいれん》兄弟によってひきおこされた内乱は、王都の貴族だけでなく地方の豪族までまきこみ、三ヵ月にもわたり、その間、王宮を囲むこと三十三日という大規模な内乱であった。

ついで同王六年八月には大阿湌《だいあさん》金融《きんゆう》の反乱がある。金融は金庾信《きんゆしん》の後裔で、久しくおさえられていた金庾信系の貴族が地方豪族などにおされて、この動揺期に再び勢力を回復しようとしたのである。おそらく、さきの大恭らの反乱が王都慶州の基盤となっている沙梁《さりよう》・牟梁《むりよう》の地域を根拠にしていることから、貴族連合体制復活派の内乱と推測できる。これにたいし、金融の反乱は金庾信の政策を受け継ぐものであるならば、律令体制推進派の内乱といってよかろう。

恵恭王十一年（七七五）六月、さきの侍中《じちゅう》金隠居の反乱があり、つづいて同年八月に、以前、侍中であった廉相《れんそう》と正門《しょうもん》とが反乱をはかったとして誅殺されている。

金隠居は大恭の反乱後に侍中となり、金融の反乱後侍中を退いている。またその在職中、貴族連合体制の時代にしばしば行ったように、群臣を臨海殿に集めて宴会をしたり、蝗害や旱害がひどくなると百官に各自の政策を奏上させたりしている。おそらく、金隠居の貴族連合体制的な政策に反対して金融らの律令推進派が反乱を起こしたのであろう。金隠居の反乱の理由はその侍中時代の政策からみて、貴族連合体制への復帰を要求した反乱とみられる。二ヵ月後の廉相と正門の反乱計画も、時間的に近いことやその間に政策の変更がなかったことから、金隠居の反乱と同質のものとみてよかろう。

これら一連の内乱の結果、翌恵恭王十二年（七七六）正月には百官の名称をことごとく旧称に復したという。これは、景徳王十八年（七五九）正月から二月にかけて中央官庁の官職名を唐風に改めたものを、旧称に復帰させたことを意味する。それはおそらくたんなる名称にとどまらず、律令体制強化の政策を中止したことを意味するのであろう。

しかしこの政策転換が単純な貴族連合体制への復帰でなかったことは、同年三月、律令体制の財政基盤をになう倉部実務担当官の史を八人も増員していることからうかがえる。いわば、律令官人と旧貴族との間に一時的な妥協がなりたって、名目的な律令体制の推進を中止することとしながら、両階層に共通した国家財政や農民支配の強化では一致していたことを示している。

しかし新羅の支配階級がこのような妥協策で完全に一致したわけではなく、翌十三年（七七七）三月、上大等の金良相《りようそう》が時の政治を極論した上奏文をだしている。この上奏文の内容は不明であるが、その後の金良相の活躍からみて、旧貴族派の意見を強調したものと思われる。上大等金良相のこのような動きをチェックし、律令派との提携を保つために、同年十月王族の周元《しゆうげん》を侍中にしている。

このような妥協策によって、しばらく小康を保つが、同王十六年（七八〇）二月に志貞《してい》が反乱を起こして宮中を包囲した。四月になって、上大等金良相は敬信らと挙兵し、志貞らを誅殺した。しかし、恵恭王も乱戦の中で殺害されてしまった。

恵恭王代の十六年間は、このように支配階級内の対立に終始したが、律令推進派であれ、旧貴族復活派であれ、被支配階級の農民を収奪する点では差がなかった。そして、最後に上大等金良相が恵恭王を殺害し、王位について宣徳王と称した。上大等と王とは性格の違うものと考えてきた新羅政界で、上大等が王位につくという新しい事態が生じたのである。このことはすでに新羅時代から注目され、太宗武烈王から恵恭王までを中代と呼び、宣徳王以後を下代と呼んでいる。

中代の特色は律令体制の進展期であり、下代の特色は律令体制の一面である人民の収奪を残しながら、貴族の王位争奪の時代となったと見られる。下代の王位争奪期は、王の呪術的な側面や、上大等の貴族会議の議長格としての性格を失い、政治権力の面だけが大きく浮びあがった。下代の指導権をとった貴族連合体制復帰派も、やはり村落共同体の代表者としての性格を失い、貴族の特権を擁護する支配権力者の面が強くあらわれてくる。

2　骨品制度の形成

骨制の成立

新羅社会の身分制度を普通、骨品《こつぴん》制度といい、骨は血縁関係、品は地位・身分をさすと考えられている。この骨品制度が具体的にあらわれてくるのは、新羅の支配階級内部の特権や制約の基準となる制度である。しかも、この骨品制度が新羅国家形成以来、一貫して存続したと考えてきた従来の研究は、世界の各地域における社会発展の理論を借りて推測したもので、新羅の支配階層の成立・発展に即して考えられたものではない。

新羅の骨品制度は王族の血縁関係を示す骨制度と、王畿の住民に与えられた特別の身分制度である頭品《とうひん》制度とをあわせた名称である。

骨制度の成立はさきに述べた毗曇《ひどん》の内乱に金庾信が善徳女王を擁立する時期にはじまっている。新羅時代は今日の朝鮮と異なり、貴族でも血縁関係を主張する姓氏の使用がおくれており、七世紀中葉以降にはじめてあらわれる。しかも貴族が国内支配のために姓氏を用いはじめたのではない。唐や日本への使節となったときに姓氏を用いていることが注目される。

このことは新羅王の場合にもいえる。新羅王が金氏を名乗ったのは、『北斉書《ほくせいしょ》』の金真興《きんしんこう》からはじまる。しかし、国内むけの真興王四碑には金氏を示唆するものは何一つ見あたらない。当時はすべての貴族が所属の部をもっている。そして、その部名は後世の例からすれば、出身地名ないしは居住地名である。このような経過から、新羅の貴族社会では血縁観念より地縁意識が基本になっており、対外関係を通じて血縁観念が導入されたといえる。

さきにも述べたように、善徳女王は唐の太宗の指示をうけた新羅の貴族会議で退位を決定された。これにたいし、下級貴族や地方豪族の勢力を糾合して善徳女王を擁護した金庾信たちによって、王統系譜の尊厳を政治スローガンとして持ちだしたのが、新羅の骨制の起りである。いわば新羅律令の第一歩が骨制の成立にあるといってよかろう。

元聖王時代

元聖《げんせい》王は恵恭王十六年に、宣徳王とともに反乱を起こして、恵恭王や王妃を殺害したことは前節でのべた。これをついだ宣徳王は、わずか六年で薨じ、恵恭王代の政治的混乱を収拾する以外に積極的な政策を打ちだす余裕はなかった。宣徳王代の上大等金敬信は宣徳王のあとをついで七八五年に元聖王となった。

この王位継承には、はじめ群臣が太宗武烈王の五世の孫周元を擁立しようとした。たまたま大雨のため周元が王城に入れないでいる間に、敬信が王位についたという説話が『三国史記』『三国遺事』に残っている。おそらくこれは、元聖王即位の段階では恵恭王代の内乱の影響がまだ色濃く残っており、元聖王の即位を喜ばなかった貴族が少なくなかったことを示している。

元聖王は即位するとすぐ、自己の祖先や父母に大王号を贈り、恵恭王から始まった五廟《ごびょう》の制をうけついだ。この五廟の制は「天子七廟、諸侯五廟」の儒教の制度に従ったものであり、律令体制的な性格を持つものである。さらに、元聖王四年（七八八）春には「読書三品」の制度を定め、科挙に類似した制度を採用している。また王都や地方の不作には、租粟《ぞく》を放出して国民の飢餓を救っている。

同王四年秋には早くも地方に盗賊があらわれ、同王七年正月には前の侍中悌恭《ていきょう》らの反乱もあるが、元聖王代は律令体制をしだいに縮小しながらもなおこれを尊重して、下代への方針を打ちだした時代といえる。

元聖王の死後嫡孫の昭聖王が即位したが、わずか二年で薨じている。これをついだ哀荘《あいそう》王はわずか十三歳で位に即き、叔父の彦昇《げんしょう》が摂政となった。

この王代で目立った業績は五廟の制の確立と公式二十余条の頒布と王母・王妃の姓氏の冊《さく》命《めい》とであろう。哀荘王二年（八〇一）二月に新羅統一の功労者太宗大王と文武大王の二廟を別にたて、哀荘王直系の四世の祖までと始祖とをあわせて五廟としている。これは新羅の歴史的伝統を別置して、儒教的な五廟制を遵守したもので、律令的な王権のあり方を示すものといえる。

同王六年（八〇五）八月に頒布された公式の内容は不明であるが、式は律令の施行細則で、律令の実施にさいしてなくてはならないものである。さきにもふれたが、ちょうどこの年、例作府の大舎《たいしゃ》二名と船府の史二名とが削減されたことは律令体制の退潮を示すものであり、これに反し、公式二十余条の頒布は律令体制の強化発展を意味するものである。ここに象徴されたように、下代《げだい》初頭の哀荘王までの時期は、基本的に貴族連合体制への復帰をめざしながら、国民の支配には律令体制の有利さを認め、これを利用しようとする努力もつづけられていた時期である。

この王代で注目される今一つのことは、王母・王妃の姓氏についてである。『三国史記』によれば、哀荘王六年正月に王母金氏を大王后とし、王妃朴氏を王后としたとある。しかしこれにつづく是年条では、王母が叔氏になっており、その分注には王母の姓は金氏であるが、父の名前の叔明《しゅくめい》を借りて叔氏と名付けたとある。このような王母の姓氏の変造は、唐王朝から王母に冊命を受けようとすれば、同姓の金氏では同姓不婚の風習をもつ唐の王朝では承認することができない。そこで王母はその父親の名の一字を借りて、冊命を受けるために別の姓氏を名乗った。このようなことは、九世紀前半にはかなり広範囲に行われている。その状況は次ページの系図で理解できよう。

そのため王母・王妃の姓氏は国内と国外で異なることとなり、対外的な姓氏は臨時のものであるため、初期には各個人によって異なっていたが、やがて王妃を朴氏とする定形が生まれてきた。このように新羅における姓氏は九世紀になってもなお不安定なもので、王族の姓氏さえ定着していない状態であった。

さきに骨制《こっせい》の成立を毗曇の内乱においたが、これがただちに広範な貴族階級に浸透していたものとはいえない。おそらくこのころまでは、王族および有力な貴族と下級貴族などとを身分上分離するために、骨制度だけが実施されていたものといえよう。

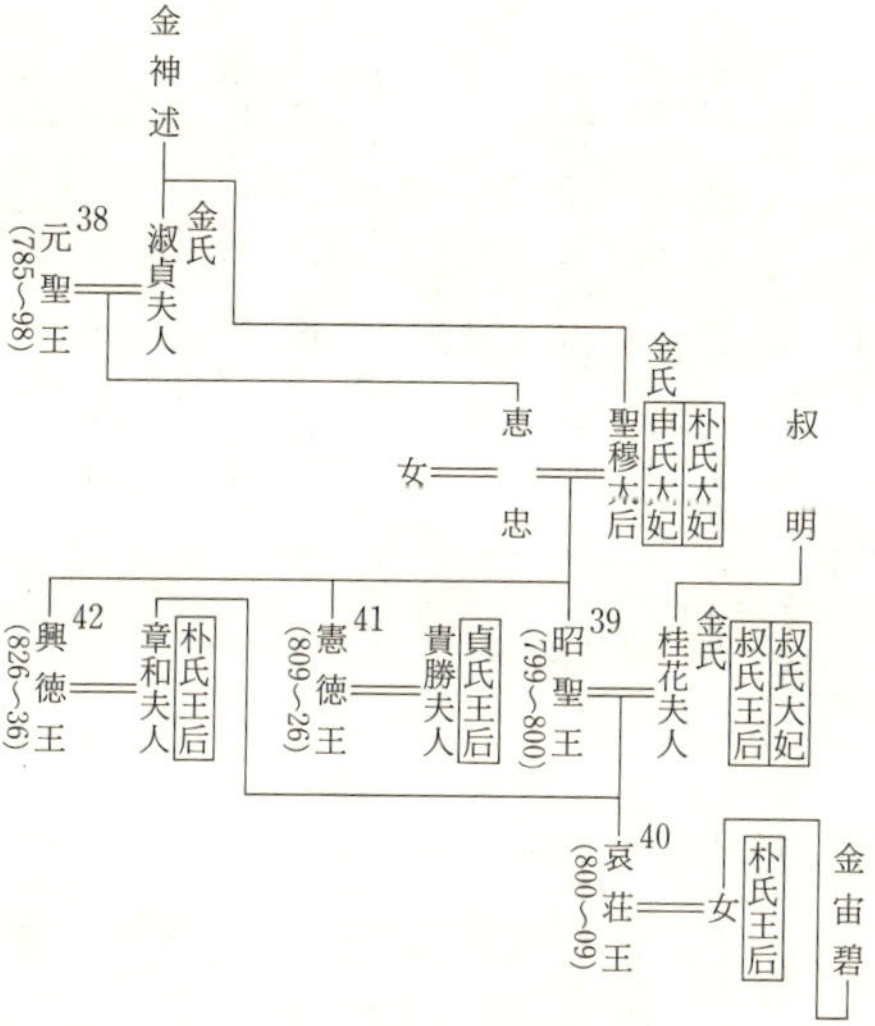

新羅下代前期の王室系譜
（ワク内は中国史料によるもの）

金憲昌の乱

哀荘王十年（八〇九）七月、王の叔父彦昇《げんしょう》と悌邕《ていよう》の私兵が宮中に乱入して、王と王の弟体明《たいめい》と侍衛《じえい》とを殺害した。その理由はおそらく、彦昇が摂政の地位に甘んじられなくなったためであろう。だが、哀荘王はその政策からみれば、なお律令体制的な政策をとり、地方の住民への関心を失わなかったといえる。

しかし、彦昇が即位して憲徳王となると、律令的な政策はまったく見いだせず、地方住民の離反していく記事があいついで見られる。たとえば、憲徳王七年（八一五）八月には「旧百済地方が大飢饉で盗賊が群がり起こったので、軍隊を出してこれらを討伐した」とある。このときから、地方の天災地変にたいする政策は租粟《そぞく》の支給から盗賊の討伐へと変化している。これは新羅の中央貴族が地方をたんなる支配領域とみて、収奪の対象以上のものとして考えなくなったことを示している。

この時期の地方行政の実情を詳細に知る史料はないが、食邑制や禄邑制には中央貴族と地方住民との間になんら共通する利害も意識も見あたらない。日本の平安貴族と共通した面もあるが、彼らの意識には慶州王都、すなわち初期の新羅領域を中心に政治を考える地域的なセクショナリズムがあり、それが露骨にあらわれてくる時代である。

このような貴族の王都慶州中心主義に対抗するため、地方住民は種々の対応策をとっている。同王八年（八一六）には飢饉にみまわれたので、唐の浙東《せっとう》地方（現在の中国浙江省南部）に食糧を求めて移住した者が百七十人もいたとある。またこの年、日本に移住してきた者が三百名以上であった。このように支配階級が地方行政に関心が薄らぐと、住民は自活のために遠く祖国を離れることもやむをえないと考えている。

このような非常手段をとる前には、同王十三年（八二一）春のように、飢饉にみまわれるとまず子供や孫を売って自活するのである。もっともこれらの子供たちは新羅の奴婢として多数が唐に売られていたという。

新羅時代の農民が個人として抵抗しうる限界は海外への逃避であったが、国内に残るものは凶作がつづき、王朝がこれに無関心である以上、盗賊となって対決せざるをえなかった。さきに述べた憲徳王七年の盗賊鎮圧後わずか四年の同王十一年（八一九）三月には、「各地の賊軍がいっせいに蜂起した。各州の都督や郡の大守に命じて、彼らを捕らえさせた」とあり、伝統的な地域の自立勢力の台頭が認められる。

当時の新羅王朝は地方への関心が薄らいだとはいえ、なお律令支配が全国的にゆきわたっていたので、個々の地域での反乱は容易に鎮圧されてしまった。地方勢力が王朝に対抗するためには、全国の反貴族勢力を結集する中心がなければならなかった。それは太宗武烈王五世の孫金周元《きんしゅうげん》の子金憲昌であった。

彼は哀荘王八年（八〇七）正月に執事部長官侍中に任命され、十二道に使者を派遣して郡や邑《ゆう》の境界を明確にするなど地方行政に尽力した。憲徳王五年（八一三）正月には武珍《ぶちん》州都督となり、翌年八月、再び侍中によびもどされたが、同王八年正月にはみずからすすんで侍中をやめて菁《せい》州都督として地方行政の現場にでむいている。同王十三年（八二一）四月には、菁州都督から熊川《ゆうせん》州都督に転出している。

このように金憲昌は新羅の代表的な貴族であり、この時期が慶州中心の政治体制であったにもかかわらず、彼は武烈王以来の律令体制の基盤となった地方行政に非常な熱意をもやしていた。あるいは彼の父親周元が元聖王と王位を争ったのち溟《めい》州（前名河西州。現在の江原道江陵市）に隠居したことも、彼の地方行政にたいする関心をよびおこした直接の原因かもしれない。

憲徳王十四年（八二二）三月、金憲昌は父周元が王になれなかったことを理由に反乱を起こし、百済の旧都熊津《ゆうしん》を都とし、国号を長安といい、元号を慶雲と建てた。その支配領域は旧百済領域の熊川《ゆうせん》・武珍《ぶちん》・完山《かんざん》の三州と旧加耶地方の菁・沙伐《さばつ》両州および、中原・西原・金官（金海）の三小京とにおよび、新羅の九州五小京の過半を制圧している。おそらく当時の新羅王朝の地方政策に反対していたこの地方の多くの豪族たちは、彼を支持し擁立するほど積極的であったと思われる。

これに対し新羅王朝側は、八人の将軍を派遣して、王都の八方を守護した。ここにも明瞭に、新羅王朝の王都中心政策がみられる。また金憲昌討伐軍は貴族の私兵と花郎《かろう》兵団で、律令兵制がまったく姿を消し、貴族連合時代の兵制にたちもどっている。

この内乱は一ヵ月ばかりで鎮圧されるが、乱後に論功行賞されたものは、この反乱をはばる王朝に伝えてきた完山州の長史の崔雄《さいゆう》らであり、ここにも王朝中心の考えが露骨にでている。また歃良《そうりょう》州屈自《くつじ》郡（現在の慶尚南道昌原《チャンウォン》市）は賊軍に近かったにもかかわらず反乱に関係しなかったとして、租税を七年間免除している。ここではもはや、地方行政官の功績やこの地方の豪族の功労ともしないで、直接地域住民の租税免除という報奨方法をとっている。これは地方行政の弛緩を意味するだけでなく、地域の自治を王朝側から公認したものでもある。

高麗・朝鮮両王朝で、王朝との結びつきの強さ――たとえば王妃の出身地域――によってその地域の行政的な地位が向上したり、反対に反乱を起こせばその地域が部曲《ぶきょく》となるだけでなく、その構成員の身分がすべて奴婢《ぬひ》におとされる例が少なくない。この屈自郡の場合は、その前徴とみることができ、朝鮮における身分制が血縁より地縁を重視したものであることを知りうる。

頭品制の成立

金憲昌の乱はその後にもあとをひき、憲徳王十七年（八二五）正月に彼の子梵文《ぼんぶん》が高達山を根拠にする寿神ら百余人と共謀して、都を平壌におく新たな国をたてようとしたが、失敗に終わっている。また興徳王三年（八二八）四月、漢山州瓢川《ひょうせん》県に速富之術という新興宗教が起こり、全国的に広まったので、その教祖を捕らえて遠島に流したという。この種の宗教が広まることは、宗教性の強い古代王権としてはもっとも警戒すべきことであった。このような新興宗教の流行は実質的な反乱であり、その背景には地方行政の失敗による民心の離反がある。

同王七年（八三二）八月、春・夏の旱《ひでり》と秋七月の大雨で、収穫の皆無になった農民たちは盗賊とならざるをえなかった。興徳王はこれにたいし、十月、安撫の使節を派遣して民心を安定させようと努力した。翌八年もまた凶作がつづいたので、同王九年正月には王みずからが南方の諸州郡を巡幸し、穀物などを与えて民心の安定をはかった。

このように、興徳王は一見、地方行政に強い関心を持っているかのようであるが、この年（八三四）に法令を出して、衣服・車騎・生活用具・家屋など広範な生活分野を骨品制度で規定した。従来の研究ではこの骨品制度の身分序列は、新羅社会固有の習俗に根ざしているものと見てきたが、興徳王の規定した骨品制度は、この時代の新羅政治に必要な身分序列であった。骨制度はすでに七世紀中葉に成立し、新羅の支配階級を規制する身分序列として当時もなお生きていた。このとき新たに設定されたのが頭品《とうひん》制度である。

興徳王九年の教書（布告文）によれば、「人に上下があり、位にも尊卑があり、法律も同一ではない。衣服もまた人によって異なる。（中略）卑しくも故意に犯すようなことがあれば、刑罰を加える」とあって、国家権力をもって骨品制度を強制していることがわかる。

ここで示された骨品制度の身分的な区分は、真骨《しんこつ》・真骨の女性・六頭品・六頭品の女性・五頭品・五頭品の女性・四頭品・四頭品の女性・平人（百姓）・平人の女性、となっている。(注1)

そのほか外真村主《がいしんそんしゅ》は五頭品と同じで、次村主《じそんしゅ》は四頭品と同じである。外真村主とは王都以外の地方の正式な村主で、次村主は外次村主の略、地方の副村主のことである。(注2)このように王都以外の地方では頭品制度はなく、この制度は王都の住民を対象とした特殊な制度である。

新羅では六村が連合してできた斯盧《しろ》時代の地域住民――のちには王都その周辺を含めた王畿の住民――を他の地方住民と区別することが多かった。たとえば初期の身分制を表示するものとして官位があるが、統一戦争のはじまるころまでは王都の住民に京官位《きょうかんい》が授けられ、地方の住民には外官位《げかんい》しか授けられなかった。統一戦争を経過するなかで、外官位は京官位に吸収されて廃絶した。

さきにも述べたように、この時期は地方豪族の勢力が台頭し、律令制的政治体制の中で、王都の住民と地方の住民の格差をいちおう払拭していた。八世紀後半、元聖王代以降しだいに地方行政が軽視され、金憲昌の乱を契機に再び王都を中心とする政治が行われるようになった。その具体的なあらわれが興徳王九年の教書の頭品制度である。このように新羅社会では地域による身分制度が行われていた。

今日の学界では身分序列の一般的な規準を血縁関係に求めている。しかし、新羅の場合、血縁関係を表示する姓氏が対外関係から生じ、日常生活では貴族層でも姓氏の使用がほとんどなかったとみられる。このように新羅の身分制度は村落ないしは地域を単位とする地縁関係を重視するものであった。その理由は新羅の国家成立が六村の連合によるという神話に示されているように、新羅の支配層には村落共同体の意識がきわめて強く作用しているからである。

骨制度は王権擁護のスローガンから生じた律令的発想によったものである。頭品制は貴族連合体制を明示する王都中心の身分制度である。骨制は血縁関係により、頭品制は地縁関係によるもので、原則の異なる身分制度を結合させたものが骨品制度であり、その制度によって象徴されるのが九世紀以降の新羅の政治である。

（注1） 骨品制で規定された生活用具の中で、一例として家屋の条を紹介する。

真骨＝部屋の長さや幅は二十四尺（約七・五メートル）を越えてはならない。唐風の瓦や飛簷《ひえん》（高く反り返った軒）や懸魚《けぎょ》（切妻の飾り）を用いてはならない。金・銀・鍮石《とうせき》（真鍮《しんちゅう》）・五彩をもって飾ってはいけない。階石《きざはしのいし》は磨いてもいけないし、三段以上おいてもいけない。塀には梁《はり》や棟《むね》を作ってはいけないし、石灰を塗ってもいけない。簾縁《すだれのへり》には錦・罽《けい》（毛織物）・繡《しゅう》（ぬいとり）・羅《ら》（薄絹）などを用いてはいけない。屏風に刺繡をすることを禁じ、床《とこ》に玳瑁《たいまい》（べっこう）や沈香《じんこう》（香木）を飾りつけてはならない。

六頭品＝部屋の長さや幅は二十一尺（約六・五メートル）を越えてはならない。唐風の瓦・飛簷・重《じゅう》栿《ふく》（かさねばり）・栱牙《きょうが》（斗栱か）・懸魚を用いてはならない。金・銀・鍮石・白鑞《はくろう》（錫）・五彩をもって飾ってはいけない。幅の広い階《きざはし》や二段の階をおいてはいけない。階石は磨いたものではいけない。塀の高さは八尺（約二・五メートル）以下で、梁や棟を作ってもいけないし、石灰を塗ってもいけない。簾縁に罽・繡・綾《りょう》（あや、薄絹）を使ってはならない。屏風に刺繡をしてはならないし、床を玳瑁・紫檀・沈香・黄楊《こうよう》（つげ）で飾ってはならない。また錦薦《きんせん》（錦の敷物）を禁じ、二階建ての門や四方門（東西南北の門）をおいてはならない。厩《うまや》は馬五頭用のものとする。

五頭品＝部屋の長さや幅は十八尺（約五・六メートル）を越えてはならない。山楡《やまにれ》の木を用いてはならない。唐瓦・獣頭（飾り瓦）・飛簷・重栿・花斗牙（飾り斗栱か）・懸魚を用いてはならない。金・銀・鍮石・銅鑞（青銅）・五彩を飾りに使ってはいけない。磨いた階石を用いてはいけないし、塀は七尺（約二・二メートル）以下で、梁を作らず、石灰を塗ってはならない。簾縁には錦・罽・綾・錦絁《きんし》（錦のつむぎ）を用いてはならない。大門や四方門を作らず、厩は馬三頭用のものとする。

四頭品から百姓にいたる＝部屋の長さや幅は十五尺（約四・七メートル）を越えてはならず、山楡の木を用いてはいけない。藻井《そうせい》（天井）を作ってはいけない。唐瓦・獣頭・飛簷・栱牙・懸魚を施さず、金・銀・鍮石・銅鑞で飾ってはいけない、階砌《かいせい》（階の石だたみ）には山石を用いない。塀は六尺（約一・九メートル）以下にし、梁を使わず、石灰を塗らない。大きな門や四方門を作らず、厩は馬二頭用のものにせよ。

（注2）九世紀の史料では真村主・次村主のほかに第三村主もある。村落行政はこの村主層の合議制で行われたが、この制度は新羅だけでなく加羅・百済など古代の朝鮮南部の村落では、村落を支配するものが階層をなしており、重要な事項は村落全体会議に付すが、日常の村落行政はこの村主層の合議制によることが多かったと思われる。

3　後三国と新羅の滅亡

王権の争奪

骨品制度を生みだした基本は、中央貴族の強大な武力と、これに対抗する政権の存在しなかったことである。

軍事的・政治的圧力となっていた唐王朝は安史《あんし》の乱（七五五〜七六三）を契機に急速に衰えた。また、高句麗滅亡後、唐の支配政策に反対して東北朝鮮から中国東北地方の東南部にかけて、高句麗人大祚栄《だいそえい》を中心に六九八年に渤海《ぼっかい》《パルヘ》が建国した。この渤海も第十代宣王の時代（八一九〜八三二）は中興期といわれ、北方に領土を拡大したが、いずれも新羅に直接影響するところはなかった。また『唐書』によれば新羅の中央貴族は律令時代でもその勢力を保持するだけの禄が保証されていた。この時期になると、有力な貴族には奴婢が三千人もおり、それに見あうだけの兵士や牛・馬・豚がいた。彼らは穀物を農民に貸してその利息をとっており、その利息の支払いが遅れると奴婢としたとある。

このように新羅の支配階級にとっては団結して対応すべき対象を見失い、骨品制度の制定によって地方行政の制約から解放されたと考えた中央貴族は、もっぱら王都内における権力争奪に集中した。

中央貴族の権力争奪はもっとも露骨な形態をとって王位争奪戦となった。八三六年、僖康《きこう》王の即位には激しい王位争奪戦が展開されている。興徳王が薨《こう》ずると、従来のような貴族会議によって次王を推戴する形式を捨てて、王位に即こうと思う者たちはそれぞれ支持する貴族の軍事的支援をうけて対立し、その戦勝者が即位した。このような新羅の王位継承では特異な事態がこの時期に集中している。

興徳王の薨後、王位に即こうとした者は、左の図に見られるように叔父の均貞《きんてい》とその甥の悌隆《ていりゅう》とであった。均貞を支持する者はその子祐徴《ゆうちょう》（のちの神武《しんぶ》王）と均貞の妹婿礼徴《れいちょう》と周元の曾孫金陽《きんよう》などであった。これにたいし、悌隆を支持する者は又従兄弟《またいとこ》の金明（のちの閔哀《びんあい》王）をはじめ利弘《りこう》・裴萱伯《はいけんぱく》らであった。はじめ均貞らが内裏にはいり、各貴族の私兵が防衛にあたっていた。そこへ、悌隆らの軍がおしよせ、衆寡敵せず均貞らの軍が敗退し、均貞はその戦乱の中で殺害された。このように悌隆は王位継承戦に勝利をえて僖康王となった。

この戦いで敗退した均貞の子祐徴らは翌年の五、六月ごろまで王都にとどまっていた。おそらく、当時の新羅貴族の社会では、王位継承での対立は一般の反乱と異なるもので、鋭い政策的な対立と受

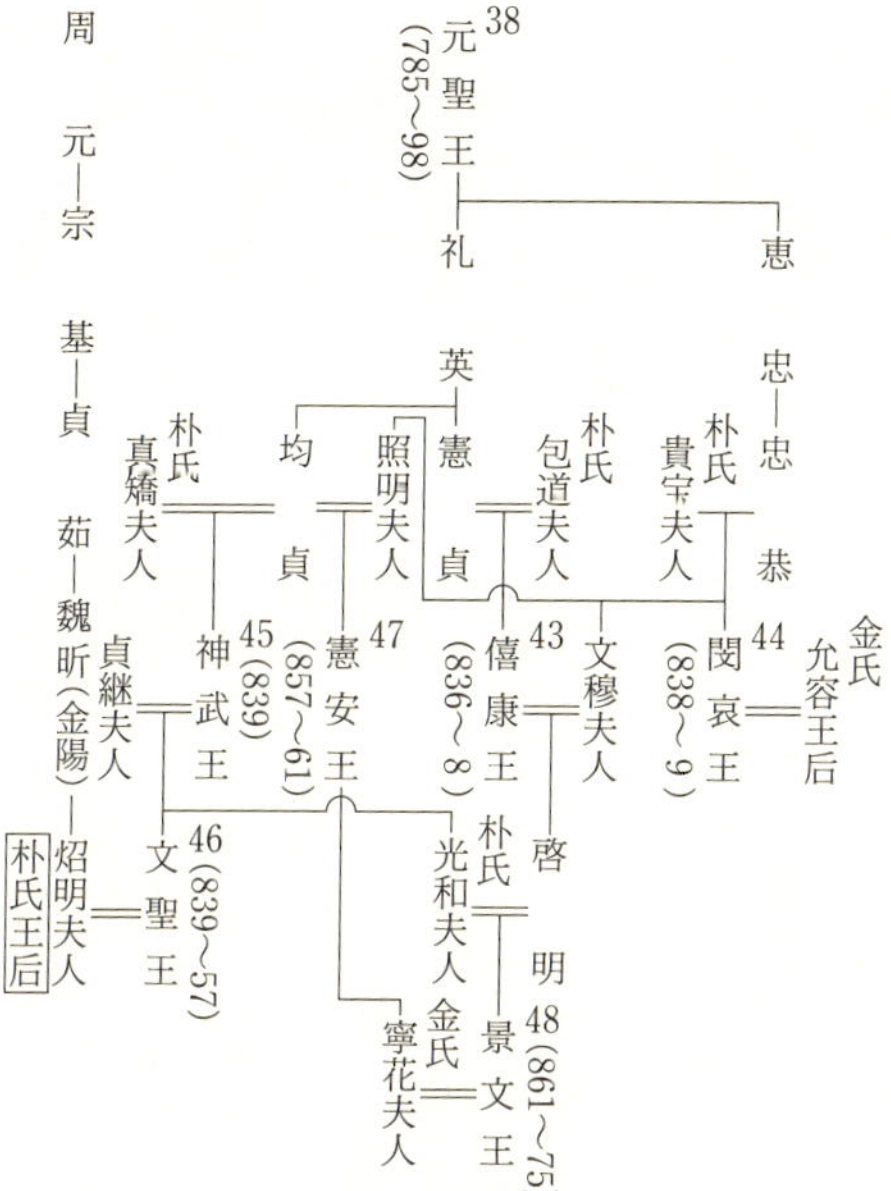

新羅下代中期の王室系譜
（ワク内は中国史料によるもの）

けとられるのでなく、たんなる利権の争奪と見られていたようである。

さらに王位に対する考え方の変化は僖康王退陣の場合にもあらわれている。同王三年（八三八）春正月、僖康王即位に尽力した上大等金明と侍中利弘らが、私兵を動員し、僖康王の側近を殺害した。王には直接危害を加えなかったけれども、王は擁立したこれらの貴族勢力から見放されただけでなく、王自身のもつ私兵が抹殺されてしまった以上、王位にとどまることの許されないことを自覚して、自らその命を絶った。

僖康王を自殺させた金明は、貴族層の擁立をまたず自ら立って王位に即き、閔哀《びんあい》王となった。このような即位の形式は王権の性格はもちろん、政治体制にも大きな変動を与えるものであるが、わずか一年で彼もまた僖康王のあとを追うことになり、新羅の政治体制に大きな変動を与えることなく終わった。

閔哀王を倒した勢力は、さきに均貞を擁立した貴族たちである。均貞の子祐徴は僖康王二年（八三七）八月、清海鎮《せいかいちん》（現在の全羅南道莞島《ワンド》郡）大使の弓福《きゅうふく》（別名、張保皐《ちょうほこう》）を頼って亡命し、ついで均貞派の諸将も清海鎮に集まった。翌年三月、武州（もと武珍州。現在の全羅南道光州《クワンジュ》市）を降し、武珍州全体を支配すると、さらに軍を進めて南原《なんげん》小京もおとしいれた。同年十二月、弓福の軍をあわせて再び出陣し、まず武州鉄冶《てつや》県（現在の全羅南道羅州《ナジュ》市）で王朝の軍を破り、ついで四年正月十九日、達伐《たつばつ》（現在の慶尚北道大邱市）で王朝の軍に壊滅的な打撃を与えた。この報を聞いたとき閔哀王は、王都西の郊外の大樹の下にいたが、従ってきた百官が皆な王のもとを去った。これを見た王は呆然自失して宮廷に逃げ帰り、月遊宅《げつゆうたく》にひそんでいたところを兵士に殺された（金陽伝）。

祐徴は王都に帰ると、まず閔哀王の屍を王の儀礼に則って埋葬し、ついで即位の礼も古式に則って行い、旧礼の復活によって王位の尊厳を保とうとした。また閔哀王討伐にもっとも大きな功績のあった清海鎮大使弓福に、神武王は感義軍使《かんぎぐんし》の称号と食封二千戸を与えた。

わずか半年で薨去した神武王のあとをついで、太子慶膺《けいよう》が即位し文聖王となった。彼は即位をするとすぐ弓福に鎮海将軍の称号を与え、先約に従って弓福の娘を王妃として迎えようとした。しかし貴族たちはこれに反対して、「弓福は海島に住む身分の卑しい者である。どうしてその娘を王妃などに迎えられようか」と、最大の功臣でさえも骨品制度の王畿中心の政治思想によってにべもなく排除している。

このように、神武王や文聖王は王位の尊厳や地方勢力との結合をはかろうとしているが、貴族たちは骨品制度の権威の上に安住して、積極的な政策を持たないままに、貴族内部の権力闘争のみに終始していた。

弓福の活躍と藤原政権の新羅政策

弓福は別名張保皐《ちょうほこう》ともいい、唐や日本でも活躍していた当時の国際人で、日本では張宝高の名で知られている。この弓福はその出身地さえも明らかでない新羅の地方人で、武芸をもって名をあげようと唐に渡り、その武芸を認められ武寧軍《ぶねいぐん》小将となった。

八二九年に帰国した弓福は、興徳王に謁見して「広く中国では新羅人を奴婢に使っています。清海地方に鎮守して、新羅人が唐に連れ去られないようにしたい」と申し出た。興徳王は弓福に一万の軍隊を授けて、清海鎮の太守とした。このようにして、ようやく唐の新羅奴婢の売買の禍根を絶つことができた。新羅人は唐に渡る者が多く、円仁《えんにん》の『入唐求法巡礼行記《にっとうぐほうじゅんれいこうき》』にも唐の山東半島に新羅人集落のあることや、弓福の活躍などを伝えている。

弓福は神武・文聖両王を支援して反対派を倒し、彼らを王位に即けたが、文聖王は前約を破って弓福の娘を王妃にしなかった。そこで、八四一年、弓福は清海鎮で反乱をおこしたが、刺客のためにあえない最期を遂げた。

彼は武人として新羅で認められたが、唐や日本では国際的な商人として高く評価されている。彼は新羅の貿易をほぼ独占し、中国・日本とを結ぶ海上交通をもほぼ独占する状態であった。これによって得た巨大な財力をもって、中国の山東半島の新羅人町赤山村《せきざんそん》に赤山法花院《ほうかいん》を建て、寺荘を寄進するほどであった。また日本の入唐僧《にっとうそう》円仁が日本帰還の便船を依頼するほど広く海上交通を握っていた。

八四〇年十二月に、弓福は大宰府《だざいふ》に使者を派遣し、国交を求めてきたが、太政官では新羅の家臣と国交を結ぶことができないとして追い返してしまった。ただ私貿易として、ある程度の商品を民間で交易することは黙認されていた。

八四一年の彼の死は、日本の貿易界にもかなり大きな波紋を投じている。前筑前守《さきのちくぜんのかみ》文室宮田麻呂《ふんやのみやたまろ》は、弓福の博多にある支店と貿易を行っていた。彼は、唐の商品を入手するために代価を前納していた。ところが、弓福が殺されたことを聞くと、宮田麻呂は弓福の支店にある商品を前納金のかわりに差し押さえてしまった。弓福の博多支店はその所有権をめぐって争いがおこり、紛糾したため、朝廷は宮田麻呂の処置を不当なこととして没収した商品を返却させた。これは朝廷が国際上の問題になることを避けるため、商習慣として許されている行為まで宮田麻呂の責任にしてしまったのである。彼は八四三年の暮れに、反乱を企てたとして伊豆に流されている。

当時、朝廷は外交関係を閉ざしていたが、平安貴族の要請によって新羅との私貿易は黙認されていた。そのため、奢侈品《しゃしひん》貿易を中心にしながらも、新羅との貿易はかなり大量かつ広範囲に行われていたとみられる。それは、宮田麻呂と弓福との売買方式がかなり高度な商習慣の上になりたっていることからも知られる。

このような私貿易ではあるが、新羅と日本との貿易が抑圧されるだけでなく、新羅を敵対国としてその侵冦の恐怖をあおる事件が起こった。それは八六六年閏三月に起こった応天門の変である。応天門の変の実相はなお不明な点も多いが、藤原良房・基経が政権を確立するためにこの事件を利用して、大伴・紀両氏をはじめ藤原一族さえもおさえた事件である。

乱後、藤原氏がかなり強引な政策をとったこともあって、貴族や国民の中で藤原氏に対する批難がくすぶっていた。そのようななかで、同年四月、太政官は大宰府に「近頃京都でしきりに変事がおこるが、その原因を陰陽師《おんみようじ》は隣国の軍隊が来襲しようとしているからだとうらなった。北九州、山陰地方の警戒を厳重にするように」と命じた。同年七月十五日には、これにおもねるように大宰府から「肥前の国の郡領たちが新羅にいって兵器製造の術を教わってきたが、これは対馬を占領するためのものである」と報告した。

さらに同年、隠岐《おき》国の浪人安曇《あずみの》福雄は、前隠岐守越智貞厚《さだあつ》が新羅人と共謀して反逆を企てていると密告した。この密告はあやまりであることが判明したが、地方役人や民間人までが中央政界の動揺に敏感で中央政府の新羅の侵冦説などを受け入れるだけでなく、これに便乗して実体のない侵冦説を拡大したことにも注目しなければならない。

藤原良房の策謀だけでなく、その後の日本でも国内に重大な政治問題が発生すると、これを正面からとりくむことを避け、しばしば対外問題がこれにかわって登場してくる。この場合も西国の防衛強化や伊勢神宮・石清水八幡宮をはじめ全国の主要な社寺に、新羅の侵略排除を祈願させている。

さらに八六九年五月、新羅の海賊二隻が博多を襲撃したことから、帰化した新羅商人三十名を捕らえ、「みな外面帰化に似ているが、内心は逆謀を懐き、もし新羅が侵入してくれば、必ず内応するだろう」として太政官は死罪としたが、大宰府の仲介で陸奥国などへ流されることになった。

北九州などはつねに朝鮮と交流をもち、私的な関係はいつの世にも存在する。それが危険なものとして取りあげられるのは、日本の国内政治の危機、権力者の危機だからであって、新羅からの侵略を裏付けるものはまったく見いだせない。このような危険から身を守ろうとした帰化人さえも、権力者たちは日本の安全のためと称して、彼らを抹殺しようとしたのである。

後三国の興亡

九世紀中葉は、新羅の国政が地方行政に大きな関心を払わず、王都を中心とする貴族の政権争奪がつづく時期である。九世紀の後半になると、王位を簒奪するほどの強力な勢力も生まれず、不安定な政局がつづいた。しかしその間、地方では新羅の王朝を必要としないほどの自立化をたどっていた。それゆえ九世紀前半のような流亡民や盗賊と郡県や王朝そのものとの対立が表面化しなかったのである。

真聖《しんせい》女王三年（八八九）、このような地方の実情を無視して、王朝は国内の諸州郡に律令の規定する徴税を命じた。この徴税の強行を契機に、不安定な政局は地方から大きく変動することになった。

全国各地で徴税を阻止する盗賊がいっせいに蜂起した。そのなかで大規模なものは、沙伐州（現在の慶尚北道尚州《サンジュ》市）で起こった元宗《げんそう》・哀奴《あいぬ》らの反乱である。王はこの内乱を鎮圧するため奈麻《なま》令奇《れいき》を派遣した。しかし彼は反乱軍が強大なのを見て、進撃することができなかった。ただこの地方の村主の祐連《ゆうれん》だけは全力を尽くして戦い、戦死したという。

この記録に象徴されているように、貴族や中央の官僚は、租税が納められない者たちの内乱が起こっても、地方行政にまったく無関心であった。これにたいし、地方の豪族にあたる村主・県令たちは、それぞれの地方の社会秩序と権力の維持のためには、侵略者であれ、反乱者であれ、死を賭して戦わねばならなかった。

とくに骨品制度を主張する九世紀後半の新羅王朝ではこの傾向が強く、地方の自立は容易であり、各地で蜂起する反乱軍はほとんど新羅王朝の軍と戦うことなく、ひたすら地方勢力相互の対立抗争をくりかえすことになった。この地方での抗争が次第に優秀な指導者を作りあげ、農民の意志もまたその中に生かされ、新しい時代を生み出してくるのである。

まずこの内乱期の初期（八九二年ごろ）には、北原《ほくげん》（現在の江原道原州《ウォンジュ》市）に梁吉《りょうきつ》およびその配下の弓裔《きゅうえい》、竹州《ちくしゅう》（現在の京畿道安城《アンソン》郡竹山《チュクサン》面）に箕萱《きけん》、完山（現在の全羅北道全州《チョンジュ》市）に甄萱《けんけん》などがいた。彼らは在地の勢力や軍隊などから自己の私兵を作りあげ、その私兵を率いて各地に進出した。

おそらく彼らは新たな権力者となる野望をいだいていたのであろうが、その反面、当時の地域住民の要求をいれ、名目的な新羅の支配から脱して、新たな政治体制を創造する努力が払われたものであろう。

とくに、新しい政治体制の創造に成功したのは、甄萱と弓裔との二人であった。甄萱は後《ご》百済《ひゃくさい》を、弓裔は後《ご》高句麗《こうくり》国（のちの泰封《たいほう》国）を建国したので、新羅とあわせてこの時期を後三国時代という。

甄萱は尚州加恩県（現在の慶尚北道聞慶郡加恩《カウン》面）の出身者で、父はこの地の自営農民であった。甄萱は軍人となり、西南海方面の防衛で功績をたて、副将にまでなった。真聖女王六年（八九二）、西南地方の州や県を襲うとともに同志を糾合したところ、十日間で五千人もの軍隊が集まったという。そこで武珍州治を占領し、さらに完山州を奪ってここを根拠地とした。

そうして九〇〇年に百済義慈《ぎじ》王の恨みをはらすとのスローガンを掲げ、後百済国を建国し、官職などを設置した。彼はその後、大耶《だいや》城を攻め、徳津浦《とくしんぽ》で弓裔と戦い、旧百済領の大半を支配することになったが、九〇九年、弓裔に珍島を奪われ、翌年、錦城も弓裔に降り、甄萱は中国や日本への海上交通路を遮断された。

九一八年に王建《おうけん》が弓裔にかわって高麗王朝を創立すると、甄萱は高麗に使節を派遣し、和議を結んだ。九二四年、甄萱は子の須弥強《すみきょう》に大耶・聞韶《もんしょう》二城の兵を率いて高麗の曹物《そうぶつ》城を攻めさせた。翌年、また曹物城の攻防をめぐって両国は激しく戦ったが、勝敗の決しないまま和議がなり、人質の交換をしている。

しかし、甄萱は後百済の人質が突然死んだこともあって、九二七年から再び高麗と対立した。甄萱は竹嶺《ちくれい》に近い近品城《きんぴんじょう》を攻めるとともに、新羅の高鬱府《こううつふ》（現在の慶尚南道蔚山市《ウルサン》）を襲い、すすんで王都慶州を襲った。新羅の景哀王《けいあい》は高麗の王建に援軍を求めたが、間にあわず、景哀王は殺され、新羅王都は壊滅的な打撃をうけた。

甄萱は景哀王の一族金傅《ふ》を王位に即けてひきあげたが、その後、洛東江西方旧加羅地方を手中に収めると、義成府（現在の慶尚北道義城郡義城邑）を陥れ、古昌郡《こしょう》（現在の慶尚北道安東市）にせまった。九三〇年正月、高麗太祖王建は古昌郡瓶山《へいざん》の麓で甄萱と戦い大勝を得た。その後、高麗は後百済を運州（現在の忠清南道洪城郡洪城邑）で破り、しだいに圧迫していった。

後百済の甄萱はその子神剣《しんけん》らと対立し、金山寺《きんざんじ》（現在の全羅北道金提市金山面）に甄萱は幽閉された。神剣は自立して大王を称した。甄萱はここを遁がれ、高麗太祖のもとに亡命した。三十年にわたる宿敵王建のもとに実子神剣らに追われた甄萱が亡命し、宿敵の力を借りて実子を攻め滅ぼそうとする、政治家父子のすさじい権力欲を、ここにいかんなく発揮している。

新羅は骨品制度を採用して以来地方の騒乱にほとんど関心を示さなかったし、それに対応する手段をも持っていなかった。甄萱が景哀王を殺害しても、これに対応する気力さえ失っていた。九三五年十月、もはや自立できなくなった敬順王《けいじゅん》は群臣にはかって、高麗に帰順することを決定した。

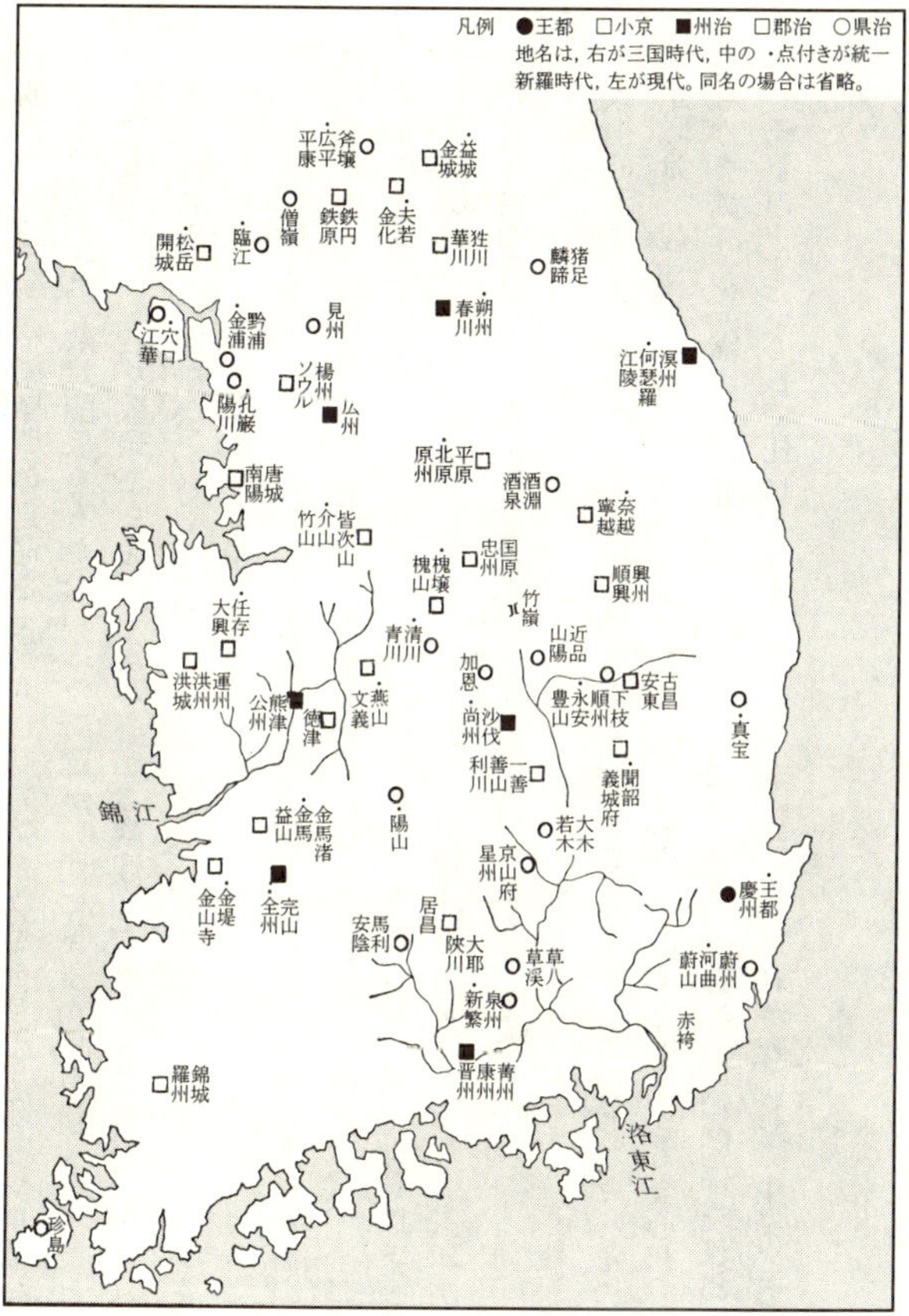
凡例 ●王都 □小京 ■州治 □郡治 ○県治
地名は，右が三国時代，中の・点付きが統一新羅時代，左が現代。同名の場合は省略。
斧壌 広平 平康
益城 金城
夫若 金化
鉄円 鉄原
僧嶺
臨江
松岳 開城
狌川 華川
猪足 麟蹄
朔州 春川
見州
黔浦 金浦
穴口 江華
溟州 何瑟羅 江陵
楊州 ソウル
広州
孔巌 陽川
唐城 南陽
平原 北原 原州
酒淵 酒泉
奈越 寧越
皆次山 介山 竹山
国原 忠州
槐壌 槐山
興州 順興
竹嶺
任存 大興
清川 青川
近品 山陽
加恩
古昌 安東
下枝 順州 永安 豊山
運州 洪州 洪城
熊津 公州
徳津
燕山 文義
沙伐 尚州
真宝
一善 善山 利川
聞韶 義城府
錦江
金馬渚 金馬 益山
陽山
大木 若木
京山府 星州
王都 慶州
金堤 金山寺
完山 全州
居昌
馬利 安陰
大耶 陜川
草八 草渓
蔚州 河曲 蔚山
泉州 新繁
赤袴
菁州 康州 晋州
錦城 羅州
洛東江
珍島

後三国と新羅の滅亡

高麗太祖王建は、宿敵甄萱の亡命さえ歓迎し、尚父《しょうふ》の尊号を与え、邸宅や食邑などを給付している。まして、敵対関係をもたなかった新羅がいかに見るかげもなくなったとはいえ、国をあげて帰順してきた敬順王らを、王建が心から歓迎しないわけはない。王建は敬順王に太子の上位にあたる正承公《せいしょうこう》の尊号を贈り、その長女楽浪公主を王妃として迎え、新羅の王族・貴族たちをそれぞれ厚礼をもって迎えている。

翌九三六年には、復讐の鬼となった甄萱が、四十四年にわたって培った後百済の領土を高麗に渡すため、高麗軍の先鋒となって実子神剣《しんけん》の討伐にむかった。同年九月、一善《いちぜん》郡（現在の慶尚北道亀尾《クミ》市善山邑）の一利川の戦いで後百済の軍を殲滅し、国王神剣以下高麗太祖のもとに降服し、ついに高麗太祖王建は三国を統一し、高麗王朝を確立した。王建が三国を統一した具体的な行動として、『三国史記』は次のように述べている。

太祖の下す命令はわかりやすいものであるが、きわめて厳格に行われた。そのため高麗の軍隊は一般住民に少しも迷惑をかけなかったので、どの地方の住民も安心し、老人も幼児もみな歓呼して高麗軍を迎えた。太祖は将兵の安否を問い、信頼関係を深めるとともに、部下の才能に応じて任務を与えた。そして国民それぞれが安心して生業につけるようにした。

乱世を統一し新しい社会を作るには、常人にはおよびもしない明快な見通しと的確な政策とを、随時うちだす必要があろう。また、厳しい武力闘争に打ち勝つ強靭な肉体と精神とが要求されるであろう。しかし、それだけでは後三国時代の争乱を治めて統一することはできないと、『三国史記』は述べている。

王建は最後まで敵対した後百済の神剣にも、官位を与えて抱擁している。このように、王建が敵対者といえども温かく迎え、どのように困難な情況の下でも直接住民の生活を侵さないところに、前近代の支配者としての典型を見いだすのである。

古代朝鮮

古代朝鮮を、日本の学界の通説に従って、統一新羅の滅亡をいらおうその終着点としておく。しかし、いままで見てきたように、これまでの時期の朝鮮では社会的・軍事的・政治的な諸様相で、各地域を中心とした動きがめだっている。これは封建的な性格を示すものとみることもできる。この観点にたって北朝鮮の学界では、三国時代以降を朝鮮の封建社会の時代と規定している。しかし、各地域が自主的な動向をとるのは必ずしもこの時期に限られた特徴的なものではない。むしろ、朝鮮の地形のもたらした朝鮮史全般に見られる性格ともいえる。

古代を規定する要件として奴隷制社会があげられるが、その明瞭な形態を朝鮮史の中で指摘することは困難である。専制君主が全国民から収奪する形式ないしは総体的奴隷制を古代の完成期と考えるならば、不安定な新羅の律令時代よりは高麗朝初期にこれを求めるのが、より合理的でないかと考えている。ここでは政治制度を中心に古代朝鮮を考えてきたが、古代朝鮮が多くの面から分析研究され、それが総合されるには、なお多くの基礎的な研究が残されている。

とくに、ここでは文献史学の立場を深めたいと思い、現在残されている文献だけでなく、そのもとになった原典まで遡って考えてみた。そうすることによって、従来、一般的にいわれていたような朝鮮古代社会とはかなり相違したものが見いだされた。

たとえば、新羅社会を規制するものといわれてきた骨品制度は九世紀中葉以降の政策によって作り出されたものであることが明らかになった。また新羅社会を規定するものは血縁関係でなく地縁関係であり、その基礎になる村落共同体が強く生きている社会であることに気づいた。また、統一戦争で唐軍と戦って勝利をかちとった人々は、新羅王朝へ忠誠を誓うためではなく、それぞれの地域社会の自己防衛に主眼があったと考えられる。

血縁社会に対する研究はかなりすすんでいるが、地縁社会に対する研究はほとんど進展していない。古代朝鮮――おそらく日本史においても同様であろうが――を理解するためには、今後は地域社会や地縁関係の研究が必要となろう。

また本書ではほとんどふれることのできなかった経済・文化にも、あらためて視野を広める必要がある。とくに、六九八年から九百二十六年十五王代にわたって継続した渤海国については、これまた当然、古代朝鮮の一環として考察しなければならないが、前者とともに、後日を期し、総合的な古代朝鮮の歴史を完成したい。

原本あとがき

私はここに、大胆な古代朝鮮の展望を試みた。それは読者に〝古代〟と〝朝鮮〟とを考えていただきたいためである。

古代を現代人のノスタルジアの対象にしてはいけない。私たちにとって古代社会とは現代社会のいきづまりを打開する手掛かりを教えてくれる貴重な人類の体験談である。また、朝鮮は外国であり、その歴史は外国史である。外国史を学ぶことは、外国をたんに理解するだけでなく、自国史の特色を明らかにするものである。

朝鮮を〝近くて遠い国〟という人がいる。これは客観的な事実ではなかろう。客観的な事実は私たち日本人が朝鮮を〝近いのに遠くしている国〟なのである。しかし、このような客観的な事実は日本人仲間だけではなかなか気づかないことである。

観点を異にする朝鮮人からの指摘で教えられることはまことに多い。朝鮮史の場合も同様である。神話は支配者の権威を飾るものであるという規定は、日本史の中でこそ通用するが、朝鮮の神話では的はずれの規定といわなければならない。

島国という地理的条件で、他民族から遮断されてきた日本人が、外国を多角的・相対的に、理解することは容易ではない。他民族にもそれぞれ特有の偏見・独善性はあるにせよ、とりわけ、われわれ日本人の独善的な国民性を諸外国から指弾されることは多い。

私は古代も現代もおそらく将来も、人間が根底から変わるとは思えない。古代も未来も、けっして理想郷ではあるまい。そこに住む人たちが、その時代に応じた形で努力を積み重ねてゆくことと思う。その努力がそれぞれの理想に近づくためには、当然、慎重な見通しが要求される。とくに、世界の各地域が植民地支配や前近代的体制から解放され、それを支える生産力が技術革新によって保証されつつある今日では、人類史は一見順調な発展を期待できるように見える。

しかし、一瞬にして世界を壊滅する水爆戦争の脅威は依然として重苦しくのしかかり、世界は八億人を越す飢餓状態の人たちを現実にかかえている。また、日本の国内では産業の高度成長と裏腹に一日平均四十人をこえる交通事故死亡者の数は依然として減る傾向さえみせていない。このような現代社会にたいし、さまざまな角度からの検討がなされている。

私は古代史研究の立場から、現代社会が複雑・多岐な発展をとげたため、ややもすると見失われがちな社会の基本的な構造、とくに国家のもつ機能と限界などで見失われているものがあるのではなかろうかと思っている。また国際社会から隔絶された日本人が国際人となるために不充分な面があるのではないかと恐れている。

とくに、私たちの年代の者は、昭和の十五年戦争期に成長した。その間、日本は朝鮮・中国をはじめアジア諸国に無謀な侵略をくりひろげてきた。しかし当時の日本人は必ずしも侵略の意味を解していなかったし、それだけに、敗戦後、アジアへの復帰を願いながら、アジア諸国民からの批判の意味も理解できないでいるところが少なくない。私自身その傾向をすくなからず持っていることは、数回にわたる短期間の韓国旅行でも痛感するところである。私は自分の仕事を通じて、まず私自身が持つ弱点をきびしく反省したいと願っている。

ところで、ここで一言付け加えておきたいことがある。それは、おそらく一般の読者にとって、本書に出てくるおびただしい人名や地名は、ほとんど馴染みのないものばかりであろうということである。

ここ数年、とりわけ一九七二年三月の明日香村高松塚古墳の発掘以来、朝鮮古代史に対する関心がにわかに高まりつつある。しかし、その関心のもたれ方には、ある共通した傾向があるように思われる。それは、序でもふれたように朝鮮の古代史をひたすら日本文化や日本国家の形成といった問題との関わりの範囲内で見ようとすることである。逆にいえば、日本と関わりない部分については無関心であるということでもある。これは一種のナショナリズムの延長といってもよい現象ではなかろうか。

これはいったいどうしたことであろうか。私たち日本人は、異民族を正当に理解することに欠けているのではないだろうか。いいかえれば、日本人的な発想だけでアジア諸民族をとらえようとし、諸民族から学ぶことを忘れているのではないだろうか。たとえば、日朝関係史を考えるのに、日本史の立場だけで考えていないだろうか。

日朝関係史は日本史と朝鮮史との交叉するところであり、当然、朝鮮史の理解なくしてはなりたたない。この当然なすべきことを怠っていながら、あたかも日朝関係史が理解されたと考えてきたことに、日本史の研究や日本人の発想の基本的な誤りがある。この誤りを是正し、朝鮮史の研究が進められないかぎり、どのような立場にたとうとも、日朝関係史にはならないことに気づいてほしい。

むろん日朝関係史は、日本人にとっても、朝鮮人にとっても重要な歴史的領域である。私もまたそうした研究に従事している。しかし、本書でも繰り返し述べてきたように、六世紀以前の朝鮮の歴史にとって、日本列島に住む民族の政治的動向・文化形態は、とくに重要な影響を与えなかったことは事実なのである。朝鮮の古代史に落とした中国の影と日本のそれとは、いうまでもなく比較にはならない。朝鮮古代史の大部分は、いわば日本ぬきで存在したといってよい。

本書でも、もちろん、日本との関係について触れた箇所がある。その関係は、従来、日本史家の側から通説としていわれていたこととは反対の立場をとったものが多い。しかし、それはあくまでも朝鮮の古代史にとって不可欠の要素である場合に限られている。繰り返しいえば、本書は古代朝鮮それ自体の歴史を描こうとしたのであって、日本にとって古代朝鮮が何であったかを問うた書ではない。そのあたりを誤解なきように願いたい。

たとえば中国の古代について、われわれはかなりの程度、その事件や人物について常識的に知っている。日本の歴史と直接にはまったく関係ない部分についてさえそうである。にもかかわらず、朝鮮古代史をわれわれは必ずしもそのようには扱ってこなかった。さきに触れた馴染みのない人名や地名ということも、もちろんこのことと無関係ではないのである。

朝鮮の歴史について、日本人はいったいどれだけ知っているのだろうか。試みに中学校の社会科の教科書を見てもらいたい。日本に地理的にもっとも近い国、もっとも近い民族である朝鮮の歴史についてあまりにも知らなすぎるということについて、その知らなすぎること自体についてすら、自覚していないのではないかという苛立ちを覚える。朝鮮の人名や地名への馴染みのなさは、そうした日本人の歴史感覚の跛行性の長い長い積み重ねの病痕のようなものではなかろうか。

朝鮮の古代についての関心が深まったことは、むしろ喜ばしいことである。しかし、再三再四、繰り返せば、〝日本〟の視点からのみ〝朝鮮〟を見る姿勢は誤っている。朝鮮文化は日本文化を説明するためにのみ利用されてはならない。その独立した歴史的展開、さらに古代の東アジア全体の国際関係の中への位置づけ、それをぬきにして朝鮮古代史への正しいアプローチはありえないと思う。そして、そうした観点からする歴史的探索・実証の上に、新たなる日本史像、新たなるアジア史像、さらに新たなる世界史像の形成がなされていくにちがいない。

本書は、そうした遠い未来の目標のための一里塚である。戦後、朝鮮古代史研究にきびしい反省がなされてきたが、その成果はまとめられないままである。いささか私には手にあまることであるが、朝鮮での研究をも私なりに理解したうえで、朝鮮古代史を考えてみたのが本書である。そのため、一般書の範疇にある本としては、注・人名・事項等にあまり説明を加えなかったのも、詳しくは入手しやすい専門書を参照してもらいたいためでもある。読者のご寛恕を願うとともに、一人でも多くの日本人が、古代朝鮮さらには朝鮮の歴史・文化全般について正しい知識と関心をもってほしいと思わずにはいられない。

元来ひっこみ思案で、とかく自分の関心に没入しがちな私を叱咤激励して、とにかく書き終えさせてくださったのは、ひとえに日本放送出版協会編集部の熊谷健二郎氏の御尽力によるものと厚く感謝している。また考古学関係について福岡県教育庁の西谷正氏に、現代地名の読みなどでソウル大学の池川英勝氏に、写真の選定や年表の作成などで大阪市立大学の鄭早苗氏に、種々お世話いただいたことを深く感謝する次第である。

参考文献一覧

今西龍『朝鮮史の栞』国書刊行会　一九七〇年
今西龍『百済史研究』国書刊行会　一九七〇年
今西龍『朝鮮古史の研究』国書刊行会　一九七〇年
三品彰英『朝鮮史概説』弘文堂　一九五二年
旗田巍『朝鮮史』岩波書店　一九五一年
朝鮮史研究会・旗田巍編『朝鮮史入門』太平出版社　一九七〇年
李基白『韓国史新論』宮原兎一・中川清訳　清水弘文堂書房　一九七一年
金元龍『韓国考古学概論』西谷正訳　東出版　一九七二年
金廷鶴編『韓国の考古学』河出書房新社　一九七二年
金錫亨『古代朝日関係史』朝鮮史研究会訳　勁草書房　一九六九年
井上秀雄編『セミナー日朝関係史』桜楓社　一九六九年
井上秀雄・長正統・秋定嘉和編『セミナー日本と朝鮮の歴史』東出版　一九七三年
井上秀雄『任那日本府と倭』東出版　一九七三年

参考文献追加（一九七四年以降）

井上秀雄『新羅史基礎研究』東出版　一九七四年

井上秀雄「新羅律令体制の成立」『日本史研究』一三四・一四〇　一九七四年
三品彰英・村上四男撰『三国遺事考証』上・中・下（一～三）塙書房　一九七五～一九九五年
井上秀雄「夫餘国王と大使——東アジアの古代王者」『柴田實先生古稀記念　日本文化史論叢』柴田實先生古稀記念会　一九七六年
井上秀雄「古代韓國文化외特徵」『文理大學報白初洪淳昶博士還暦記念號』嶺南大學校文理科大學　一九七七年
井上秀雄「古代朝鮮の文化——日本と比較して」『朝鮮学報』第九四輯　朝鮮学会　一九八〇年
井上秀雄・鄭早苗『三国史記』一～四　平凡社　一九八〇～一九八八年
井上秀雄「『三国志』の東夷王者観」『一九八一年度東北大學文學部研究年報』第三一号　東北大學文學部　一九八二年
井上秀雄「『史記』・『漢書』の東夷王者観」『朝鮮学報』第一〇三輯　朝鮮学会　一九八二年
井上秀雄「『後漢書』の東夷観」『小野勝年博士頌壽記念　東方學論集』龍谷大學東洋史学研究會　一九八二年
井上秀雄『変動期の東アジアと日本』日本書籍　一九八三年
寺田隆信・井上秀雄編『好太王碑探訪記』日本放送出版協会　一九八五年
井上秀雄『倭・倭人・倭国』人文書院　一九九一年
井上秀雄『実証　古代朝鮮』日本放送出版協会　一九九二年
井上秀雄・鄭早苗『韓国・朝鮮を知るための55章』明石書店　一九九二年
井上秀雄『古代東アジアの文化交流』渓水社　一九九三年

古代朝鮮史年表

西暦	朝鮮	中国および日本
		（四〇三）戦国時代はじまる。
		（二二一）秦の始皇帝中国を統一。
紀元前一九四頃	漢人が東方に進出し、朝鮮に王国をつくる。燕の衛満が衛氏朝鮮をはじめる。	（二〇六）秦滅び漢おこる。
一二八	漢、滄海郡をおく。	（一二六）張騫、大月氏から帰国。
一二六	漢、滄海郡を廃止。	
一〇九	漢、王倹城を包囲。	
一〇八	漢、衛氏朝鮮を滅す。○楽浪・臨屯・玄菟・真番の四郡設置。	
八二	真番・臨屯二郡を廃止し、玄菟郡を西に移す。	（九一）司馬遷、史記を完成。
七五	漢、遼東郡に玄菟城を築城し、郡治をそこに移す。	
五七	新羅建国、辰韓六村が赫居世を推戴、国号を徐那伐とする。	
三七	高句麗の始祖、朱蒙（東明王）、卒本で建国。	（前二）仏教が大月氏国より漢に伝わる。
一八	百済始祖、温祚が慰礼城で建国。	
紀元後		（八）王莽、新皇帝を称す。
		（一〇）王莽、漢の諸侯王を廃す。
一二	王莽、匈奴侵略に高句麗の出兵を要求。高句麗従わず。王莽、高句麗王騶を殺す、これにより各地の異民族反乱。	（一二）洛陽を東都、長安を西都とす。
		（一四）匈奴と和親。

二二	高句麗、扶余を討ち、その王を殺す。
三〇	漢、楽浪郡の嶺東七県を放棄す。
四二	駕洛（金官）国建国。
四四	韓国廉斯の蘇馬諟ら楽浪郡に朝貢。
四七	高句麗蚕支落が楽浪郡に朝貢。
一〇五	高句麗、漢の遼東六県を侵す。
一一一	扶余、楽浪郡を襲う。
一一八	高句麗、濊貊と共に漢の玄菟郡を襲う。
一二一	高句麗・馬韓・濊貊、漢の玄菟城を包囲。
一二二	扶余、玄菟郡を救い、高句麗・馬韓・濊貊を討つ。
一三二	高句麗、漢の西安平を討ち、帯方県令を殺し、楽浪太守の妻子を捕える。
一六九	漢の玄菟太守耿臨、高句麗を討つ。
一九七	高句麗、丸都城（輯安）を築城。
二〇四	高句麗、延優（山上王）が兄の発岐と対立。延優、新国を丸都に建てる。
二〇五	この頃、公孫康、楽浪郡南部を分割し、帯方郡を設置。
二〇九	発岐、公孫氏に降り、延優、高句麗をつぐ。
二三六	高句麗、呉王孫権の使者を殺し、魏に送る。
二四四	魏の幽州刺史毌丘倹、高句麗に来侵し、丸都城を攻略す。
二四五	毌丘倹、再度高句麗を侵略。楽浪・帯方両群が濊を侵略。
二四六	魏、濊貊を侵す。韓の那奚ら数十国朝貢。

（二三）劉玄帝を称す、王莽敗死す。
（二五）後漢光武帝即位す。
（四五）烏桓・鮮卑、匈奴とともに後漢と交易を開く。
（五七）倭奴国、後漢に朝貢。
（一〇六）鮮卑、後漢を攻む。
（一〇七）倭国王帥升ら後漢に朝貢。
（一二四）鮮卑、玄菟を襲う。
（一三二）耿曄、鮮卑を大破す。
（一五六）鮮卑の檀石槐、モンゴルを支配。
（一七八）檀石槐、倭人国を襲う。
（一八四）皇甫嵩、黄巾賊を破る。
（一九六）五斗米道、漢中を支配（～二一五）
（二〇八）劉備、赤壁で曹操と戦う。
（二二〇）漢滅び魏おこる。
（二三八）魏、公孫氏を滅す。
（二三九）魏、卑弥呼を親魏倭王とす。

二六一	韓・濊貊、魏に朝貢。	（二六三）魏、蜀を滅す。
二七七〜九〇	馬韓・辰韓ら晋に朝貢。	（二六六）倭女王壱与、晋に朝貢。
二八五	慕容廆、扶余を侵す。扶余王依慮自殺す。	（二八〇）晋、呉を滅して天下を統一す。
二九三	慕容廆、高句麗を侵す。	（二八九）鮮卑慕容廆に降る。
三〇〇	高句麗国相倉助利、王を廃して乙弗（美川王）をたてる。	（三一一）匈奴洛陽を陥す。
三一三	高句麗、楽浪郡を亡ぼす。	（三一六）西晋亡ぶ。五胡十六国時代はじまる（〜四三九）。
三一四	高句麗・馬韓・濊貊、帯方郡を亡ぼす。	
三一五	高句麗、玄菟城を攻め破る。	（三一七）江南に東晋おこる。
三三五	高句麗、国北に新城を築く。	
三三六	慕容皝、慕容仁を討滅。仁の家臣佟寿ら高句麗に逃げる。	（三三七）慕容皝燕王を称す（前燕）。
三三八	慕容皝、趙を討つ。趙の宋晃ら高句麗に逃げる。	
三三九〜四二	慕容皝、高句麗を討ち、丸都を荒掠し美川王の墓をあばく。	
三四六	百済、近肖古王立つ。燕王皝、扶余を侵す。	（三五一）前秦おこる。
三五五	高句麗、燕に朝貢、王母を返還。高句麗王釗を征東大将軍営州刺史楽浪公に封ず。	（三五三）敦煌千仏洞の建設。
三五六	新羅、奈勿王立つ。	
三六九	高句麗、百済を攻め、雉壌で戦い敗北す。	
三七〇	秦の符堅、燕を滅す。慕容評、高句麗に逃亡。	（三七〇）前燕滅亡。
三七一	百済、高句麗の平壌城を攻む。故国原王流矢で死ぬ。○百済、漢山に都を移す。	

三七二	秦王符堅の使者、および僧順道、高句麗に来る（仏教伝来の初）。〇高句麗、大学を建てる。〇東晋、百済王余句を鎮東将軍領楽浪太守とする。
三七七	高句麗・新羅、秦に朝貢。
三八二	新羅王楼寒（奈勿麻立干）秦に朝貢。
三八四	胡僧、摩羅難陁、晋から百済に来る（百済仏法の初）。
三九一	高句麗、広開土王即位。
三九二	新羅、実聖を高句麗に送り質子となす。〇高句麗、百済の北部を攻め、石峴等十余城を占領す。
三九六	高句麗、百済を討ち五十八城を奪い、王弟を人質。
三九七	百済、倭国と結好し、太子腆支を質子として送る。
四〇〇	燕王盛、高句麗に来侵し、新城・南蘇二城を攻略す。
四〇二	新羅、倭国と通好し、未斯欣を質子として送る。
四〇四	高句麗燕を攻む。〇倭、帯方郡に侵入
四〇八	高句麗、燕王雲と修好す。
四一七	新羅、訥祇が王を殺し自立し、麻立干と号す。
四二七	高句麗、平壌に都を移す。
四三六	燕王馮弘、高句麗に逃げ、魏が燕王を求む。
四三八	高句麗、燕王馮弘を殺す。
四五〇	新羅何瑟羅城主、高句麗の辺将を殺す。高句麗、新羅の西辺を侵す。
四五五	高句麗、百済を討つ。新羅、百済を救う。
四五八	百済王余慶、宋に冢臣十一人の賜除を求む。
四六三	倭人、新羅の歃良城を討つ。

（三七六）前秦、華北を統一。
（三八三）淝水の戦い。前秦、東晋に破る。
（三八六）鮮卑の拓跋氏、北魏をおこす（〜五三四）。
（三九二）前秦、後秦を討つ。
（四〇二）柔然の社崙、可汗を称し、六世紀中葉までモンゴルを支配。
（四一三）倭王、東晋に入朝。
（四二〇）東晋亡び宋おこる。
（四二一）倭王讃、宋に入朝。
（四二五）倭王讃、宋に入朝。
（四三〇）倭国王、宋に入朝。
（四三六）魏、華北を統一す。このころ倭国王珍、宋に入朝。
（四三八）倭国王珍、宋に入朝。
（四三九）南北朝対立の形勢おこる（〜

四七〇	新羅、三年山城を築く。
四七二	百済王余慶、魏に高句麗出兵を要請。
四七五	高句麗、長寿王、百済の王都漢城を攻め陥し、百済王を殺す。〇百済、文周王即位し、熊津に都を移す。
四七七	百済、兵官佐平解仇、文周王を弑虐し、三斤王をたてる。
四七九	加羅王荷知、斉に朝貢。斉、輔国将軍加羅国王を与う。
四九〇	魏、数十万騎で百済を攻む。
四九四	扶余王、高句麗に来降す。
四九五	高句麗、百済の雉壌城を包囲、新羅、百済を救援。
四九六	高句麗、新羅の牛山城を討つ。新羅これを泥河で破る。
五〇三	新羅はじめて国号を新羅と定め王の称号を用いる。百済武寧王、大和朝廷に遣使。
五〇五	新羅、州都県を定め、はじめて悉直州に軍主をおく。
五一七	新羅、兵部をはじめて置く。
五二三	百済、武寧王死し聖王たつ。
五二八	新羅、はじめて仏法を行う。
五三一	新羅、上大等の官をおく。
五三二	任那の金官国、新羅に降る。
五三六	新羅はじめて年号を称し、建元元年とす。
五三八	百済、泗沘に遷都し、国号を南扶余とす。〇百済、日本に仏教を伝う。
五四〇	新羅、真興王即位。
五四一	百済、梁に仏典・儒学者・医者・工匠・画師などを求

五八九）。
（四四三）倭国王済、宋に入朝。
（四五〇）宋の王玄謨、魏を討つ。
（四五一）倭王済、宋に入朝。
（四五二～九）倭王世子興、宋に入朝。
（四六〇）倭国、宋に朝貢。
（四六二）倭王世子興、宋に入朝。
（四六三～四七六）倭国王武、宋に入朝。
（四六八）魏、宋を討つ。
（四七七）倭国、宋に入朝。
（四七八）倭王武、宋へ上表文、高句麗討滅の意を伝う。
（四七九）宋亡び斉おこる。倭王武、斉に入朝。
（四九八）武烈天皇即位。
（五〇二）斉亡び梁おこる。梁、倭王武を昇官さす。
（五〇七）継体天皇即位。
（五三一）継体天皇死す。
（五三四）東魏おこる。北魏滅亡。
（五三五）西魏おこる。
（五四〇）欽明天皇即位。

む。

五四五	新羅、居柒夫等に命じ国史を撰修す。
五四八	高句麗、濊とともに百済を討つ。新羅、百済を救援す。
五五一	新羅、高句麗の十郡を取る。
五五四	百済王、新羅の管山城を討ち敗死す。○高句麗、百済の熊川城を討つ。
五六二	新羅、異斯夫に命じ大伽耶など加羅諸国を支配。
五六五	斉、新羅王金真興を使持節東夷校尉楽浪郡公新羅王とす。
五九一	新羅、南山新城を築造す。
五九八	高句麗、靺鞨を率いて隋の遼西を討つ。
六〇三	高句麗、新羅の北漢山城を討つ。
六〇七	百済、高句麗への出兵を隋に請う。
六〇八	新羅、高句麗への出兵を隋に請う。
六一二	高句麗の将、乙支文徳、薩水にて隋兵を殲滅。
六一三	隋煬帝、再び高句麗を討つも失敗。
六一四	隋、第三回高句麗侵略戦失敗。
六一六	百済、新羅の母山城を討つ。
六二一	新羅日本と正式な国交を始める。
六二七	唐、三国が和解することを勧む。
六二九	新羅将軍、金庾信、高句麗の娘臂城を破る。
六三二	百済、新羅を討つ。
六三六	百済、新羅の独山城を襲う。
六三八	高句麗、新羅の七重城を破る。

（五五〇）	東魏滅亡、北斉たつ。
（五五七）	梁亡び陳おこる。
（五八七）	蘇我馬子、物部氏を討ち、崇峻天皇を擁立。
（五八九）	隋、天下を統一す。
（五九二）	蘇我馬子、崇峻天皇を殺し、推古天皇を即位。
（六〇三）	日本、冠位十二階を制定。
（六〇四）	隋、煬帝即位。○聖徳太子憲法十七条を作る。
（六〇七）	日本、遣隋使を派遣。
（六〇九）	隋、吐谷渾を討ち、西域貿易路を確保。
（六一〇）	隋、大運河完成。
（六一八）	隋亡び唐おこる。
（六一九）	唐、租庸調法を定む。
（六二四）	唐、武徳律令を頒布。
（六二六）	唐、玄武門の変。
（六二八）	唐、中国を統一。
（六三六）	唐、府兵制度を完成。
（六三七）	唐、貞観律令を制定。

六三九	新羅、何瑟羅州を北小京とする。	
六四二	高句麗の泉蓋蘇文、王を弑虐し、王甥宝蔵をたてる。	
六四三	新羅、唐に援兵を求む。	
六四五	唐、高句麗の安市城を包囲するが勝てず。	（六四五）日本、大化改新。
六四七	新羅、金春秋およびその子文王を唐に送る。〇新羅、毗曇の内乱。	（六四九）日本、八省百官をおく。冠位十九階を制定。
六四八	新羅、はじめて唐の衣冠を用いる。	
六四九	新羅、高句麗、百済、唐に使を遣す。	（六五一）唐、永徽律令を制定。
六五二	高句麗、靺鞨とともに契丹を討つ。	
六五四	新羅、金庾信、百済の刀比川城を討つ。唐に援軍を要請。	
六五五		
六五七	百済、王庶子四十一人を佐平とす。	
六五八	唐の薛仁貴高句麗を攻む（～六五九）。	
六六〇	新羅・唐、百済を亡ぼす。	
六六一	唐の蘇定方、高句麗の平壌城を包囲す。	
六六二	高句麗の泉蓋蘇文、虵川で唐軍を大破す。	（六六三）唐、劉仁軌帯方州刺史となる。
六六三	日本、白村江で唐軍に敗れる。	
六六八	新羅、唐軍とともに平壌城を陥落さす。高句麗滅亡す。	（六六四）日本、冠位二十六階を制す。九州に防烽を築く。
六七〇	新羅、唐と戦う（～六七六）。〇新羅、安勝を高句麗王とし金馬渚に置く。〇日本国使来朝す。	（六六八）唐、安東都護府を平壌に設置。
六七一	新羅・高句麗・百済・耽羅より日本へ、日本よりこれらの国へ、それぞれ使節を派遣（七〇〇ごろまで）。	（六七〇）日本、庚午年籍を作成。
六七五	新羅、百済の故地に州都をおく。	（六七一）日本、近江令を施行。
六七七	唐、新羅侵略をやむ。	（六七二）日本、壬申の乱。

六八二	国学をたてる。
六八六	高句麗の降人に官位を与える。
六八七	文武官に職田を班賜す。
六八九	内外官の禄邑をやめ、逐年に租を与う。
六九八	渤海始祖大祚栄、国をたて震国と号す。
七一三	開城を築造す。○震、国号を渤海と改む。
七二二	百姓にはじめて丁田を班給す。○毛伐郡に築城し、日本の侵略に対応す。
七二七	渤海、日本とはじめて通交。
七三一	日本の兵船三百隻新羅を襲うという。
七三三	渤海、唐の登州を討つ。唐の玄宗、渤海を討つが、勝てず。
七四二	日本使来朝するが納めず。
七四七	執事省中侍を侍中と改む。
七四九	天文博士・漏刻博士をおく。
七五一	大相金大城、仏国寺を創建す。
七五二	新羅、王子金泰廉を日本へ派遣す。
七五三	日本使来朝するが、王、引見せず。
七五六	渤海、都を上京龍泉府に移す。
七五七	内外官僚の月俸をやめ、再び禄邑を賜給す。○九州、郡県の名称を改む。
七五八	律令博士をおく。
七五九	官職名を唐風に改む。 日本、新羅侵略計画を進める（～七六二）。

（六八一）	日本、律令撰定の詔を発す。
（六八二）	突厥、帝国を再建。
（六八五）	日本、位階を定む。
（六九〇）	唐、則天武后が即位。日本、飛鳥浄御原令の官職を実施。
（七〇〇）	日本、大宝律令を制定。
（七〇五）	則天武后退位。唐の復活。
（七一二）	日本『古事記』撰述。
（七一三）	日本『風土記』撰進を命ず。
（七二〇）	日本『日本書紀』の撰述。
（七二三）	日本、三世一身法を定める。
（七四三）	日本、墾田永代私有法を定める。
（七五二）	日本、東大寺大仏開眼。
（七五五）	唐、安禄山叛す。
（七五九）	唐、史思明の乱。

七七五	伊湌廉相、侍中正門ともに謀叛するが、誅せらる。	
七七六	百官の号を復旧す。	（七八〇）唐、両税法を行う。
七八〇	上大等金良相、恵恭王を殺し、王となる。（宣徳王）	（七八四）日本、長岡京に遷都。
七八五	上大等敬信、自立して王となる。（元聖王）	（七九四）日本、平安京に遷都。
七八六	渤海、都を東京龍原府に移す。	
七九四	渤海、都を再び上京龍泉府に移す。	
八〇二	伽耶山海印寺を創建す。	
八〇九	金彦昇、哀荘王を殺して即位す。（憲徳王）	
八二二	金憲昌の内乱。	
八二五	金梵文ら叛し、都を平壌に建つ。	
八二八	弓福、清海鎮大使となる。漢山州瓢川県の速富の術が流行。	
八三六	王位争奪戦に勝ち悌隆が王となる。（僖康王）	
八三八	上大等金明叛し、王となる。（閔哀王）	
八三九	金祐徴、弓福らの支援で王となる。（神武王）	（八四五）唐、武宗の仏教弾圧。
八四一	弓福、清海鎮で叛す。	（八五八）日本、藤原良房、摂政となる。
八七七	王建（高麗太祖）松岳郡で生れる。	（八六六）日本、応天門の変。
八八九	諸州郡、貢賦を納めず、国用窮乏す。盗賊が四方に蜂起す。	（八七五）唐、黄巣の乱（〜八八四）。
八九一	憲安王の庶子弓裔、北原の賊梁吉に投じて活躍す。	（八八七）日本、藤原基経、関白となる。
八九二	甄萱、武珍州によりて自立す。	（八九四）日本、遣唐使を廃止。
八九五	弓裔、漢山州管内の十余郡を取り、内外官職を設置す。○王建、弓裔に投じ鉄圓郡太守となる。	
八九六	赤袴賊起こる。	

八九九	梁吉、弓裔を討つが敗れる。	
九〇〇	甄萱、後百済国王と称す。	
九〇一	弓裔、後高句麗国王と称す。	(九〇七)唐滅亡す。
九一八	王建即位す。国号を高麗とす。○弓裔殺害さる。	
九二〇	新羅、使を遣し、高麗と交聘す。	
九二四	渤海、契丹をうち、遼州刺史を殺す。	(九二三)晋、後唐と改称す。
九二六	契丹、渤海国都忽汗城を包囲し、渤海滅亡す。	(九二六)契丹、渤海の故地に東丹国をたてる。
九二七	甄萱、新羅王都を侵す。	
九三〇	王建、甄萱を破る。(安東の戦)	(九二八)契丹、東丹国を遼陽に移す。
九三五	甄萱、高麗に来投す。○敬順王、高麗に降り、新羅滅亡す。	(九三五)日本、平将門の乱。
九三六	王建、後百済を平定して、朝鮮を統一す。	

学術文庫版あとがき

『古代朝鮮』は、昭和四十七年に日本放送出版協会から、NHKブックス172として刊行されたものである。本書はその後、韓国の延世大学校教授・金東旭氏と同大学に留学中の金森襄作氏によって翻訳され、『古代韓国史』のタイトルで、韓国の日新社から出版された。

この春、講談社学術文庫出版部の稲吉稔氏から、突然、本書の文庫化をすすめられたとき、私はわが耳を疑い、かつ驚き、そして逡巡した。その最たる理由は、本書の執筆からずいぶん時間がたっており、私の朝鮮研究が過去のものになっているかもしれないとの懸念である。

歴史の研究とは、過去の史実をたんに追究することではない。史実を探り出す目は、時代により、また環境によって変化するものである。ましてや、この三十二年間の社会の変化や、日本の歴史環境の変化は大きく、このようななか、あらためて本書を世に送り出すことにどんな意義があるのだろうかと、自問したのである。また、平成十年に大病を患って以来、しだいに研究活動から遠ざかり、現在では日常生活にも難渋している身では、加筆や校正も十分にできかねることも、不安であった。

ただ、私自身、思い入れの深い一冊であり、また稲吉氏の熱心なお誘いに折れる形で、古くから私の研究を支えてくれた大谷大学教授・鄭早苗先生に相談し、解説の執筆と校訂をお願いすることにした。これによって、視点が複眼的になり、さらに昭和三十〜四十年代の研究のテーマや方法と、現在の状況との違いも明らかになったのではないかと考えている。

本書の執筆にあたっては、興味をもっていただいた章や項目から読みはじめても不便がないように、それぞれの独立性に配慮している。また内容面では、生産様式と国際関係を重視し、その結果、貴族の奢侈文化に重点をおいた従来の研究とは、違ったものになった。それと同時に、古代朝鮮を理解するのに必要な基本的事象は、できるだけとりあげるようにつとめた。そのことで、多少、詰め込みすぎで窮屈なところもあるが、入門書としての性格を加えることになったかと思う。

古代の朝鮮にも、多くの国の興亡や盛衰があり、人々はその変動に必死に対応した。時には生活のために、集団で国境を越えることもあった。その情景に思いを馳せるとき、千五百年の時間をこえて、現在と重なりあうような気がする。

歴史を考えるということは、私たちが、過去の特定の事象にどのように光を当てるか、ということである。同じ事象でも、ライトの当て方により、ときには光り輝き、ときには暗い影を作り、重要なことも無用なものとして見落としてしまうことがある。

日本列島と朝鮮半島との間には、近代にかぎらず、古代でも、中世・近世などいつの時代でも、国境を接する国としての争いがあった。しかし一方では、文化の受容や伝播、そして経済交流を重ねた、おたがいなくてはならないパートナーであった。

本書を読んでくださる方々には、従来の歴史観にとらわれることなく、過去の事象をできるだけ正確に知り、そのうえで現在の問題を考え、未来を見通すことの重要性を感じられることをせつに願っている。

日本であれ、朝鮮であれ、古代史研究の目的は、未来像を創立し、われわれの社会が進むべき方向を探ることにある。本書が、新しい古代の朝鮮像を作るうえで少しでも役立ち、日本と朝鮮がともに繁栄する未来像を作る一助となれば、望外の喜びである。

最後に、本書の出版にたずさわってくださった多くの方々に、心から謝意を表したい。

平成十六年六月十日

井上秀雄

解　説

鄭　早苗

　高松塚古墳で鮮やかな壁画が発見された年の十一月、本書の原本は刊行された。この一九七二年という年は、七月に南北共同声明文が出され、南北の分断解消は早くなるのではないかと期待された時期でもあった。

　いまだ朝鮮半島の統一は実現していないが、この三十数年間、世界は実に大きく変わった。社会主義陣営と自由主義陣営の対立は過去のこととなり、パソコンが小学校の授業でも取り上げられるようになり、自宅にいながらにしてインターネットで、韓国のリアルタイムのニュースを読むことができ、上映映画を探して何が人気ある映画なのかすら分かるのである。

　韓国・朝鮮史分野も一国史の視点ではなく、東アジアの視点から検証するという作業が考古学、民俗学の成果も取り入れて多くの研究者によって積極的に論述されてきた。

　ただし、本書『古代朝鮮』は、あくまでも文献に基づいて論考された歴史である。たとえば、「朝鮮」という名称が中国の文献以前には見出せないこと、「倭」の名称も中国文献から記述されたものであること、また、「日本」という呼称が百済人によって付けられたことなどが、何ヵ所か記述されている。

民族的感情からすれば、自民族の呼称が他者から付けられたことを認めるのに躊躇する場合もあるだろう。そのようなことを理解しながら、文献的に立証されないことは採用できないという井上先生の姿勢は、今なお一貫して変動しない。

『日本書紀』の「百済記」「百済本記」「百済新撰」の三書の分析についても、「百済記」がなぜ「百済本記」より大和朝廷に迎合的なのかを検証されている。本書の性格上、若干説明不足気味であるのは致し方ないとしても、著者の持論が展開されている。

井上先生の学生時代だけでなく現在も、少数の大学を除くと、多くの大学の史学科では韓国・朝鮮史を学ぶことができない。井上先生は学生時代、日本史を学ばれたうえで、韓国・朝鮮史を研究なさっている。これは、一国史の視点ではなく、アジア史の視点から韓国・朝鮮史を論考するには有利であるという立場を生かしておられると思う。

中国遼寧省、吉林省方面の考古遺物や遺跡の特異性をめぐって、北朝鮮はこの地域独自の発展と解釈し自国の歴史であるとみなして、古朝鮮時代に含んでいるのに対して、中国では中国文化の変容であるという見解で相違している。もちろんこの問題は今も解決していない。むしろ、最近では渤海国だけでなく高句麗も中国史に含まれるという中国側の見解に対して、韓国側から厳しい反論がなされているのが実情である。

古代中国の文献から「高句麗は中国の地方政権である」という中国の主張を立証するのは、かなりむつかしいことであろう。歴史解釈は、まさに現代を動かそうとする意思の問題であり、歴史そのものから乖離してゆくだけである。

本書が出版された頃には、このように対立的な見解の相違は見られなかった。その後、一国史の視点ではなく、東アジアの視点で各国史を見ようという流れが生じてきたが、皮肉にも従来の国別の歴史観に流動的な齟齬《そご》をきたしてもいるのである。

東アジアの歴史の流動性は古代からのものであるという問題点と、考古学を見ても日本の科学技術を駆使した研究方法と同じ手法を他の地域の研究者が用いることは当分の間は無理であろうという問題点、そして現実の国ごとの思惑が表面化しているという問題点、という三点が事実としてあるのが現状である。

この問題に関連して、本書の「日本と朝鮮、朝鮮と中国などでは、有史以前から人々の往来や文物の移動が絶え間なくおこなわれてきた。そのことは、たとえ国交が閉ざされていても、基本的にとどまることはなかったと思われる。そのような交流の中で相互に重大な影響を与えあうことは少なくない」（九九ページ）という指摘は、現在も充分通じることである。

国家と人民の歴史は違うのである、ということを本書は示唆している。国家意識を人民がもち始めると、国家を動かす者にとってはありがたいだろうが、人民の幸福とは次元が異なることにもなる。本書の高句麗の歴史を読まれた方々が、上記の問題も含めて古代朝鮮史に関心をもっていただけるのではないかと考えて、まさに現在のホットな東アジアの問題を紹介した。

本書が発行されてから三十二年である。その間、古代朝鮮史の研究も格段に発展した。日本、韓国、中国の多くの研究者が東アジアをかなり自由に行きかい、時には北朝鮮の研究者とも語らい、相互に研究を深めている。校訂にあたって、その研究成果を紹介すべきかとも考えたが、本書は文献を基礎に解釈された古代朝鮮史である、ということを重視したので、他の研究者の見解はあえて紹介しなかった。

さいわいにも、今では日本の古文献の『日本書紀』『続日本紀』、朝鮮の古文献では『三国史記』『三国遺事』が注釈付きで現代語訳され、出版されている。三十数年前に著者が解釈した見解と、読者が独自の見解をもって比較することも容易になった。これも学問発達の業績の結果である。

私事になるが、この著書が三十二年を経たということは、私は恩師井上先生と四十年近くお付き合いさせていただいているのだと、改めて思い直している。在日コリアンの立場に固執する私に対して、時に先生は手を焼かれたこともおありだろう。はじめから結論があるようでは論文はいりませんね、資料を読んでいくうちに結論は見えてくるものでしょう等々、いろいろ気長に話しながら、付き合ってくださったのだと思う。

その学恩のごく一部をお返しするつもりで、今回、校訂を引き受けさせていただいた。しかし、作業を終えた今、満足感はなく、相変らず不充分で申し訳ないという思いだけが残る。不肖の弟子とは私のことかと自嘲するばかりである。

（大谷大学文学部教授）

本書の原本は、一九七二年、日本放送出版協会より刊行されました。

井上秀雄（いのうえ　ひでお）
1924年生まれ。京都大学文学部史学科卒業。東北大学名誉教授・樟蔭女子短期大学名誉教授。専攻は朝鮮古代史・古代日朝関係史。著書に『任那日本府と倭』『新羅史基礎研究』『古代朝鮮史序説』『古代東アジアの文化交流』などがある。

講談社学術文庫

定価はカバーに表示してあります。

古代朝鮮《こだいちょうせん》

井上秀雄《いのうえひでお》

2004年10月10日　第1刷発行
2009年2月19日　第7刷発行

発行者　中沢義彦
発行所　株式会社講談社
東京都文京区音羽2-12-21　〒112-8001
電話　編集部（03）5395-3512
販売部（03）5395-5817
業務部（03）5395-3615

装　幀　蟹江征治
印　刷　豊国印刷株式会社
製　本　株式会社国宝社

ISBN4-06-159678-0

「講談社学術文庫」の刊行に当たって

これは、学術をポケットに入れることをモットーとして生まれた文庫である。学術は少年の心を養い、成年の心を満たす。その学術がポケットにはいる形で、万人のものになることは、生涯教育をうたう現代の理想である。

こうした考え方は、学術を巨大な城のように見る世間の常識に反するかもしれない。また、一部の人たちからは、学術の権威をおとすものと非難されるかもしれない。しかし、それはいずれも学術の新しい在り方を解しないものといわざるをえない。

学術は、まず魔術への挑戦から始まった。やがて、いわゆる常識をつぎつぎに改めていった。学術の権威は、幾百年、幾千年にわたる、苦しい戦いの成果である。こうしてきずきあげられた城が、一見して近づきがたいものにうつるのは、そのためである。しかし、学術の権威を、その形の上だけで判断してはならない。その生成のあとをかえりみれば、その根は常に人々の生活の中にあった。学術が大きな力たりうるのはそのためであって、生活をはなれた学術は、どこにもない。

開かれた社会といわれる現代にとって、これはまったく自明である。生活と学術との間に、もし距離があるとすれば、何をおいてもこれを埋めねばならない。もしこの距離が形の上の迷信からきているとすれば、その迷信をうち破らねばならぬ。

学術文庫は、内外の迷信を打破し、学術のために新しい天地をひらく意図をもって生まれた。文庫という小さい形と、学術という壮大な城とが、完全に両立するためには、なおいくらかの時を必要とするであろう。しかし、学術をポケットにした社会が、人間の生活にとってより豊かな社会であることは、たしかである。そうした社会の実現のために、文庫の世界に新しいジャンルを加えることができれば幸いである。

一九七六年六月

野間省一

上垣外憲一著（解説・井上秀雄）
倭人と韓人 記紀からよむ古代交流史

古代日韓の人々はどんな交流をしていたのか。記紀神話を〝歴史〟として読みなおし、そこに描かれた倭と半島の交流の様子を復元する。比較文学・比較文化の手法を駆り描き出す、刺激的かつダイナミックな論考。

1623

エドゥアルド・スエンソン著／長島要一訳
江戸幕末滞在記 若き海軍士官の見た日本

若い海軍士官の好奇心から覗き見た幕末日本。慶喜との謁見の模様や舞台裏も紹介、ロッシュ公使の近辺で貴重な体験をしたデンマーク人の見聞記。旺盛な好奇心、鋭い観察眼が王政復古前の日本を生き生きと描く。

1625

ジョアナ・ストラットン著／井尾祥子・当麻英子訳（解説・松尾弌之）
パイオニア・ウーマン 女たちの西部開拓史

開拓は男たちだけの仕事ではない！ 大草原の開墾、自然の猛威、先住民との摩擦——。開拓時代、女性にとって生活とは戦いだった。開拓の困難とそれを克服した家族の絆、コミュニティの絆を描く貴重な証言集。

1626

宮地佐一郎著
龍馬の手紙 坂本龍馬全書簡集・関係文書・詠草

幕末の異才、坂本龍馬の現存する手紙の全貌。動乱の世を志高く駆け抜けていった風雲児の手紙は何を語るのか。壮大な国家構想から姉や姪宛の私信まで、計一三九通。龍馬の青春の軌跡が鮮やかに浮かび上がる。

1628

ヨーゼフ・クライナー著／安藤　勉訳
江戸・東京の中のドイツ

江戸・東京を舞台に活躍したドイツ人の事績。「八重洲」にその名を残すヤン・ヨーステン、帝都改造に参与したエンデとベックマン……。日本の発展に貢献したドイツ人たちの足跡をたどり、その功績を検証する。

1629

桑田忠親著
武士の家訓

乱世を生き抜く叡知の結晶、家訓。戦国の雄たちは子孫や家臣に何を伝えたのか。北条重時、毛利元就から、信長・秀吉・家康まで、戦国期の大名二十三人の代表的家訓を現代語訳し、挿話を交えて興味深く語る。

1630

黒田勝弘・畑　好秀編
昭和天皇語録

昭和天皇の「素顔」を映し出す折々のことば。践祚の勅語から日航機墜落事故への感想まで、歴代最長となる在位期間中の発言の数々に、周辺の事情を伝える新聞記事等を添えて綴った、臨場感溢れる昭和天皇語録。

1631

森田　悌《てい》著
王朝政治

十世紀前後、摂関期の本格的な平安時代政治史。律令支配体制崩壊の中、試行錯誤の末、摂政・関白の制度を案出し、王朝政治が確立。藤原氏覇権獲得の経緯や財政、軍事、民衆の生活など王朝政治の実態を解明する。

1632

市井三郎著
思想からみた明治維新　「明治維新」の哲学

明治維新を思想史の系譜のなかで捉えなおす。自力による史上唯一の革命はいかにして成しえたか。前史的思想家山県大弐や維新思想の源流・松陰をはじめ、事の成就に力あったさまざまな人物の思想に光をあてる。

1637

横井勝彦著
アジアの海の大英帝国　一九世紀海洋支配の構図

アジアにおけるイギリス「海洋帝国」の全貌。一九世紀中葉、極西の島国イギリスが、なぜ東アジアの海までも制し得たか。海軍、海運、造船技術の歴史の検討を通じ、アジアでの海洋支配の構図の全体像に迫る。

1641

上田　雄著
渤海国　東アジア古代王国の使者たち

謎の国渤海と古代日本の知られざる交流史。七世紀末中国東北部に建国され二百年に三十回も日本に使者を派遣した渤海。新羅への連携策から毛皮の交易、遣唐使の往還まで、多彩な交流を最新の研究成果で描く。

1653

鶴間和幸著
始皇帝陵と兵馬俑

巨大陵墓と地下軍団の発掘で解く始皇帝の謎。八千体に及ぶ兵馬俑や城壁に囲まれた巨大な皇帝陵はなぜ作られたか。新たに確認された地下宮殿や彩色俑の驚異とは。第一人者が現地踏査で得た最先端成果を解説。

1656

ナポレオン（上）（下）　英雄の野望と苦悩
エミール・ルートヴィヒ著／北澤真木訳（解説・アンリ・ビドゥー）

人間ナポレオンの実像に迫る世界的な名著。一兵士から皇帝に上り詰めた英雄。その生誕から臨終までの全生涯をドラマティックに記述。克明で、辛辣な心理描写。揺れ動く心の内面に光を当てたナポレオン伝。

1659・1660

古代国家と軍隊　皇軍と私兵の系譜
笹山晴生著

軍事力の変遷から古代日本の変動を説く名著。大伴、佐伯の世襲軍隊から軍団兵士制へ。さらに貴族の私的武力が衝突した内乱の時代を、権門の武力と訣別した頼朝が収束するまで、軍隊の質的変化で解き明かす。

1661

長安
佐藤武敏著

盛時は人口百万、世界最大の古代都市の全貌。前漢の都となって以来八王朝が都した長安。史的文献や考古学的発掘の成果をもとに、前漢・唐の長安の都市計画の実態を検証し、政治・経済・文化等の特色を探る。

1663

飛鳥の朝廷
井上光貞著（解説・大津　透）

文化の飛躍的発展が開く古代統一国家への道。仏教伝来、聖徳太子の施策、大化の改新、白村江の戦いと壬申の乱、そして古代天皇制の確立へ。中国・朝鮮との濃密な関係をふまえ、六～七世紀の日本を活写する。

1664

古代ギリシアの歴史　ポリスの興隆と衰退
伊藤貞夫著

西欧文明の源流・ポリスの誕生から落日まで。先史文明から諸王国の崩壊を経て民主政を確立した都市国家。ペルシア戦争に勝利し黄金期を迎えたポリスがなぜ衰退したか。栄光と落日の原因を解明する力作。

1665

上海物語　国際都市上海と日中文化人
丸山　昇著

上海の近現代を彩った人々が織りなすドラマ。帝国主義対半植民地、革命対反革命。矛盾・対立が渦巻く「中国の中の外国」上海租界を舞台に展開された、魯迅、郭沫若、金子光晴、内山完造らの活動の軌跡を追う。

1667